PETER FRISCH

Das Fahrlässigkeitsdelikt und das Verhalten des Verletzten

Strafrechtliche Abhandlungen · Neue Folge

Herausgegeben von Dr. Eberhard Schmidhäuser
ord. Professor der Rechte an der Universität Hamburg
in Zusammenarbeit mit den Strafrechtslehrern der deutschen Universitäten

Band 13

Das Fahrlässigkeitsdelikt
und das Verhalten des Verletzten

Von

Dr. Peter Frisch

DUNCKER & HUMBLOT / BERLIN

Zur Aufnahme in die Reihe empfohlen
von Prof. Dr. Gerald Grünwald, Bonn

Alle Rechte vorbehalten
© 1973 Duncker & Humblot, Berlin 41
Gedruckt 1973 bei Feese & Schulz, Berlin 41
Printed in Germany
ISBN 3 428 02960 7

Vorwort

Diese Arbeit hat der Rechts- und Staatswissenschaftlichen Fakultät der Rheinischen Friedrich-Wilhelms-Universität Bonn im Februar 1970 als Dissertation vorgelegen. Rechtsprechung und Literatur bis Ende Januar 1973 sind — soweit möglich — eingearbeitet worden.

Ich danke Herrn Professor Dr. Grünwald für die zahlreichen wertvollen Anregungen, mit denen er das Entstehen dieser Arbeit gefördert hat. Mein Dank gilt aber auch Herrn Professor Dr. Schmidhäuser und dem Verlag Duncker & Humblot für das große Verständnis, das sie für die Verzögerungen bei der Drucklegung gezeigt haben.

Der Universität Bonn danke ich für einen namhaften Druckkostenzuschuß.

Bonn, den 4. Juni 1973

Peter Frisch

Inhaltsverzeichnis

Einleitung 11

Erster Teil

Lehre und Rechtsprechung zum Verhalten des Verletzten

A. Die Einwilligung des Verletzten 13
    I. Die Lehre 13
    II. Die Rechtsprechung 18
    III. Kritik 21

B. Erlaubtes Risiko und Sozialadäquanz 26
    I. Anwendungsbereich 26
    II. Abgrenzung zur „Einwilligung" 31

C. Die Einhaltung der im Verkehr erforderlichen Sorgfalt 36

D. Das verkehrsrichtige Verhalten 38

E. Die Selbstgefährdung 39

F. Das Mitverschulden 41

G. Die „Einwilligung des Verletzten" im Zivilrecht 42
    I. Die Lehre vom Handeln auf eigene Gefahr 42
    II. Die Meinung von Hans Stoll 46
    III. Neuere Wege im Zivilrecht 49

H. Die Problematik der bisher vertretenen Ansichten 51

Zweiter Teil

Das Unrecht beim Fahrlässigkeitsdelikt

A. Die Meinungen über den Aufbau des Fahrlässigkeitsdelikts 54
    I. Das Wesen der Fahrlässigkeit 54
    II. Fahrlässigkeit als Schuldmerkmal 54
    III. Fahrlässigkeit als Rechtswidrigkeits- und Schuldmerkmal 55
    IV. Besondere Lösungen zur Systematik des Fahrlässigkeitsdelikts .. 56

B. Die Elemente des Deliktsmerkmals Sorgfaltspflichtverletzung 57
    I. Der Inhalt der Sorgfaltspflicht 57

II. Die unterschiedlichen Auffassungen über Objektivität und Standort der Sorgfaltspflichtverletzung 61
C. Der Unrechtsbereich beim Fahrlässigkeitsdelikt 62
    I. Der Tatbestand 63
    II. Die Rechtswidrigkeitsstufe 66
D. Ergebnisse der Untersuchung 75
    I. Allgemeine Eingrenzung des Unrechts 75
    II. Konsequenzen der unterschiedlichen Meinungen zum Standort der Sorgfaltspflichtverletzung 76
    III. Die Anerkennung eines Handlungsunwertes 76
    IV. Der Grund für die Einschränkungen 78
E. Einordnung der objektiven Sorgfaltspflichtverletzung 83

Dritter Teil

Die Verletzung der im Verkehr erforderlichen Sorgfalt

A. Allgemeine Voraussetzungen 86
B. Die im Verkehr konkurrierenden Interessen 87
C. Relevante Interessenkollisionen 87
D. Grundsätze für die Wertabwägung 98
E. Besonderer Wert der Interessen an der Handlungsfreiheit 99
    I. Handlungen im Vertrauen auf regelgerechtes Verhalten anderer 99
    II. Die Sozialerforderlichkeit 105
    III. Sozialübliche Gefährdungshandlungen 113
    IV. Rechtfertigungssituationen 114
F. Gemindertes Interesse am Rechtsgüterschutz 116
    I. Allgemeines 116
    II. Interessenmangel 117
    III. Interessenverletzung 118
    IV. Gemeinsame Probleme der „Interessenpreisgabe" 127
    V. Verkehrstypische Interessenpreisgabe bei Massengefährdungen .. 153
G. Vergleich mit den bisher vertretenen Meinungen 156
    I. Die Einwilligung des Verletzten 156
    II. Die Selbstgefährdung 160
    III. Das Mitverschulden 161
    IV. Erlaubtes Risiko und Sozialadäquanz 162

Literaturverzeichnis 163

Abkürzungsverzeichnis

a. A.	anderer Ansicht
a.a.O.	am angegebenen Ort
AcP	Archiv für die zivilistische Praxis
AT	Allgemeiner Teil
BayObLG	Bayerisches Oberstes Landesgericht
BGHSt	Entscheidungen des Bundesgerichtshofs in Strafsachen
BGHZ	Entscheidungen des Bundesgerichtshofs in Zivilsachen
BT	Besonderer Teil
DAR	Deutsches Autorecht, herausgegeben vom Allgemeinen Deutschen Automobilclub
Diss.	Dissertation
GA	Goltdammer's Archiv für Strafrecht
GS	Der Gerichtssaal
h. M.	herrschende Meinung
HRR	Höchstrichterliche Rechtsprechung
i. e. S.	im engeren Sinne
i. w. S.	im weiteren Sinne
i. S.	im Sinne
JR	Juristische Rundschau
Jus	Juristische Schulung
JW	Juristische Wochenschrift
JZ	Juristenzeitung
KG	Kammergericht
LB	Lehrbuch
LK	Leipziger Kommentar
LM	Nachschlagewerk des Bundesgerichtshofs, herausgegeben von Lindenmaier - Möhring
MDR	Monatsschrift für Deutsches Recht
NdsRpfl	Niedersächsische Rechtspflege
NJW	Neue Juristische Wochenschrift
OGH	Deutscher Oberster Gerichtshof für die britische Zone
OLGSt	Entscheidungen der Oberlandesgerichte in Strafsachen
RGSt	Entscheidungen des Reichsgerichts in Strafsachen
RGZ	Entscheidungen des Reichsgerichts in Zivilsachen
Rspr	Rechtsprechung
RZ	Randziffer
SchlH.	Schleswig-Holstein

SchlHA	Schleswig-Holsteinische Anzeigen
SchwZStr	Schweizer Zeitschrift für Strafrecht
s. o. S.	siehe oben Seite
StuB	Studienbuch
s. u. S.	siehe unten Seite
VersR	Versicherungsrecht, Juristische Rundschau für die Individualversicherung
VDA	Vergleichende Darstellung des deutschen und ausländischen Strafrechts, Allgemeiner Teil
Verein.Gr.Sen.	Vereinigte Große Senate
VRS	Verkehrsrechtssammlung, Entscheidungen aus allen Gebieten des Verkehrsrechts
WarnRspr	Warneyer, Die Rechtsprechung des Reichsgerichts
ZfRV	Zeitschrift für Rechtsvergleichung (Wien)
ZStW	Zeitschrift für die gesamte Strafrechtswissenschaft

Einleitung

Die Entwicklung von Wissenschaft und Technik verbesserte die menschlichen Lebensbedingungen entscheidend. Der Fortschritt schuf aber auch eine Fülle neuer Gefahrenquellen für die Menschheit. Diese Gefahrenherde werden auch im Zeitalter der Automation verantwortlich von Menschen bedient. Die dadurch steigende Zahl der gefährdenden Menschen und die Schwierigkeiten, sich an die technische Entwicklung anzupassen, ließen die Menge der Fahrlässigkeitsdelikte erheblich ansteigen — augenfällig dokumentiert durch das Zunehmen der Straßenverkehrsdelikte.

Für den Einzelnen wuchs damit das Risiko, als Fahrlässigkeitstäter straffällig zu werden. Gleichzeitig erhöhte sich für ihn die Gefahr, Verletzungen seiner Rechtsgüter erleiden zu müssen. So kann heutzutage am sozialen Leben nur teilnehmen, wer seine Rechtsgüter im weitaus stärkeren Maße als früher gefährden läßt. Jeder Einzelne setzt sich fast täglich intensiven Gefahren aus. Teils bewußt, teils unbewußt, teils aus beruflichen Gründen, teils auch zum Vergnügen — oft genug aber auch nur, weil viele Gefahrenquellen ein nicht mehr hinwegzudenkender Bestandteil unseres täglichen Lebens geworden sind.

Allerdings sind nicht nur die Gefahrenbereiche technischer Art zu erwähnen. Heute wie früher neigen die Menschen in allen Lebensbereichen bewußt oder unbewußt zu Handlungen, die Risiken für sie selbst oder andere in sich bergen.

Realisiert sich nun eine Gefahr in einem schädlichen Erfolg und wird untersucht, ob ein Fahrlässigkeitsdelikt begangen wurde, so kann nicht an der Prüfung vorbeigegangen werden, welche Bedeutung dem Verhalten des Verletzten zukommt.

Es ist unbestritten, daß bei Fahrlässigkeitsdelikten eine mehr oder weniger *bewußte* Selbstgefährdung des Verletzten die Strafbarkeit des Täters beeinflussen kann. Die Verflechtung von Fremd- und Selbstgefährdungen im heutigen Sozialbereich berechtigt aber auch zur Frage, ob Verhaltensweisen des Verletzten erheblich sind, mit denen er sich *unbewußt* einer Gefahr aussetzte. Denn oft sind Verletzender und Opfer gleich nachlässig gewesen, oft könnten ihre Rollen schon am nächsten Tage vertauscht sein. Dann erscheint es unbillig, mit strafrechtlichen Sanktionen den Rechtsgüterschutz allein dem mehr oder weniger zufälligen Täter aufzubürden und das Verhalten des Verletzten außer Acht zu lassen.

Wieweit Lehre und Rechtsprechung das schon berücksichtigen — wenn auch vielleicht unter anderen Aspekten — und ob hier noch weitergehende Folgerungen zu ziehen sind, soll im folgenden untersucht werden.

Bei den „bewußten" Selbstgefährdungen stellt sich die Frage, ob diesen Verhaltensweisen nicht in einem größeren Umfange Bedeutung für die Strafbarkeit des Täters zuerkannt werden muß, als dies bisher durch Lehre und Rechtsprechung geschehen ist.

Erster Teil

Lehre und Rechtsprechung zum Verhalten des Verletzten

Zunächst soll untersucht werden, wie Lehre und Rechtsprechung bisher das Verhalten des Verletzten in seinem Einfluß auf die Strafbarkeit des Täters bei Fahrlässigkeitsdelikten bewertet haben.

Für diese Untersuchung bieten sich zwei Wege an: Man könnte versuchen, einen Katalog sämtlicher denkbarer Verhaltensweisen des Verletzten aufzustellen. Gliederungspunkte könnten dabei die verschiedenen intellektuellen und voluntativen Beziehungen des Verletzten zu dem vom Täter ausgelösten Geschehen sein. Dann müßte man prüfen, wieweit diese Sachverhalte von Lehre und Rechtsprechung jeweils schon in bestimmten Begriffen erfaßt sind und welche Bedeutung sie im einzelnen Falle für die Strafbarkeit des Täters besitzen. Damit würde aber ein Überblick über die verschiedenen entwickelten Begriffe und Rechtsinstitute entscheidend erschwert, da die einzelnen Meinungen in Lehre und Rechtsprechung von verschiedenen Ansatzpunkten ausgehen. Die Wiedergabe dieser Meinungen anhand einer bestimmten — hier an den Lebenssachverhalten ausgerichteten — Systematik würde damit die den einzelnen Meinungen eigentümliche Grundkonzeption sprengen. Es empfiehlt sich daher der andere Weg, nämlich von den vorhandenen und in Betracht kommenden Begriffen auszugehen. Deren Funktionen und Anwendungsbereiche sollen jeweils untersucht werden. Dabei wird dann geprüft, welche Fälle unberücksichtigt bleiben oder welche ausdrücklich als irrelevant für die Strafbarkeit des Täters bezeichnet werden.

A. Die Einwilligung des Verletzten

Bei der Aufzählung der Begriffe, unter denen dem Verhalten des Verletzten Einfluß auf die Strafbarkeit eines Fahrlässigkeitstäters zuerkannt wird, liegt es nahe, mit dem Strafausschließungsgrund der „Einwilligung des Verletzten" zu beginnen.

I. Die Lehre

In der Literatur wird die „Einwilligung des Verletzten bei Fahrlässigkeitsdelikten" meistens am Rande der Erörterungen über die Einwilligung bei Vorsatzdelikten behandelt[1]. Die einzelnen Autoren wenden dabei die zur Einwilligung bei Vorsatzdelikten erarbeiteten Erkenntnisse weitgehend auch auf die Einwilligung bei den Fahrlässigkeitsdelikten entsprechend an.

Insgesamt ergibt sich folgendes Bild:

Nach herrschender Lehre ist die Einwilligung des Verletzten bei fahrlässig begangenen Taten als Rechtfertigungsgrund wirksam[2]. In der älteren Literatur wurde der Einwilligung des Verletzten teilweise strafausschließende Wirkung zuerkannt, ohne daß sie ausdrücklich einer bestimmten Deliktsstufe zugeteilt wurde[3]. Weiter wird die Einwilligung bei Fahrlässigkeitsdelikten als Schuldausschließungsgrund[4] oder auch nur als Strafmilderungsgrund[5] erwähnt.

Im älteren Schrifttum wurde die Einwilligung des Verletzten bei Fahrlässigkeitsdelikten auch häufig für irrelevant gehalten[6]. In der neueren Literatur wird die Einwilligung als Strafausschließungsgrund im weiteren Sinne bei Fahrlässigkeitsdelikten dagegen nur noch vereinzelt abgelehnt[7].

---

[1] Soweit ersichtlich, liegen lediglich von *Stellrecht* und *Hansen* Dissertationen über diesen Problemkreis vor. Besonders zu erwähnen sind noch *Zipf* (Einwilligung und Risikoübernahme), *Geppert* (ZStW 83, 947 ff.), *Rost* (Diss. S. 74 ff.) sowie *Bechtold* (Diss. S. 159 ff.), *Geerds* (Diss. S. 59 ff.), *Geilen* (S. 31 ff.), *Honig* (S. 174 f.), *Keßler* (S. 96 f.), *Noll* (S. 120 f.), *Schröder* (Schönke - Schröder, § 59, RZ 164 u. 167) u. *Traeger* (GS 94, 140 f.); ferner noch *Mahling* (Diss. S. 68 ff.), *Kohlhaas* (DAR 1960, 348 ff.) u. *Bickelhaupt* (NJW 1967, 713 f.).

[2] *Allfeld*, LB, S. 143, Anm. 35; *Alsen*, S. 7; *Baumann*, LB, S. 307; *Bechtold*, S. 167; *Bickelhaupt*, NJW 1967, 713; *Bühring*, S. 49; *Dalcke - Fuhrmann - (Schönke - Schröder*, § 59, RZ 164 u. 167) u. *Traeger* (GS 94, 140 f.); ferner *Geerds*, Diss., S. 60; *Geppert*, ZStW 83, 968; *Hansen*, S. 112 f.; *Hartung*, NJW 1954, 1225; LK - *Hirsch*, § 226 a, RZ 1; *Honig*, S. 174; *Jescheck*, LB, S. 446; *Köhler*, S. 412; *Lackner - Maaßen*, § 226 a, Anm. 1; *Mahling*, S. 51 u. S. 68 ff.; *Maurach*, LB AT, S. 553; *Lackner - Maßen*, § 226 a, Anm. 1; LK - *Mezger*, Anm. III, 10 e, aa vor § 51; *Mezger - Blei*, StuB II, S. 46; *Noll*, S. 121; *Plümpe*, S. 92; *Renner*, S. 47, *Rost*, S. 87; *Schrey*, S. 55; *Schönke - Schröder*, Vorbem. § 51, RZ 36; § 59, RZ 164 u. 167; *Stellrecht*, S. 30; *Stratenwerth*, LB, RZ 1190; *Traeger*, GS 94, 140; *Wachenfeld*, S. 132, Anm. 2; *Weigelt*, DAR 1962, 233; *Welzel*, LB, S. 97. Tatbestandsausschluß durch Einwilligung: *Hirsch*, ZStW 74, 104; *Kientzy*, S. 19 und 81; *Schmidhäuser*, LB, RZ 8/130; *Zipf*, S. 30.

[3] *v. Bar*, III, S. 60; *Hartwig*, GS 83, 82; *Joski*, S. 20; *Keßler*, S. 96; *Klee*, GA 49, 248; *Roedenbeck*, GS 37, 146.

[4] *Kohlrausch - Lange*, § 226 a, Anm. III.

[5] *Rozycki*, S. 33 f.

[6] *Breithaupt*, S. 27; *Gerland*, VDA 2, 492; *Hälschner*, GS 35, 176; *Holer*, S. 80; *M. E. Mayer*, S. 291, Anm. 15; *v. Olshausen*, § 226 a, Anm. 1; *Pfersdorff*, S. 20; *Schaper* in Holtz. Handbuch, S. 131; *Schönke* (4. Aufl.), § 226 a, Anm. I; *Schäfer - Dohnanyi*, S. 48.

[7] *Haefliger*, Schw.ZStr 1952, S. 94; *Kohlhaas*, DAR 1960, 349; den Anwendungsbereich sehr einschränkend: *Eb. Schmidt*, JZ 1954, 369.

Der Grund für die unrechtsausschließende Wirkung der Einwilligung des Verletzten wird von der überwiegenden Meinung im Verzicht auf Rechtsschutz durch den Verletzten gesehen. Man geht dabei davon aus, daß bestimmte Rechtsgüter rechtlich nur geschützt werden sollen, wenn der Betroffene es will, so daß bei einem Verzicht auf Rechtsschutz durch den Berechtigten die Rechtswidrigkeit entfällt[8].

Nach anderer Ansicht läßt sich auch der Rechtfertigungsgrund der Einwilligung des Verletzten auf das Prinzip der Güterabwägung zurückführen; hier überwiege der Wert des Selbstbestimmungsrechtes des — verfügungsberechtigten — Rechtsgutsinhabers den Wert des betreffenden Rechtsgutes[9].

Einzelne Autoren sehen schließlich das Unrecht der Straftaten, die sich nur gegen Einzelne richten, in der Mißachtung fremder Selbstbestimmung[10]. Nach dieser Ansicht schließt dann die Einwilligung die Mißachtung der Selbstbestimmung und damit das Unrecht aus[11].

In der älteren Literatur, die das Wesen der Einwilligung in der Willensübereinstimmung zwischen Täter und Verletztem sah, herrschte großer Streit darüber, ob sich die Einwilligung auf die Handlung[12], auf den Erfolg[13] oder auf Handlung und Erfolg[14] beziehen müsse. Soweit als Gegenstand der Einwilligung der Erfolg angesehen wurde, hielt man teilweise für die Fahrlässigkeitsdelikte eine Einwilligung des Verletzten nicht für möglich[15].

Jetzt ist man sich weitgehend darüber einig, daß der Täter eines Fahrlässigkeitsdeliktes wegen Einwilligung des Verletzten gerechtfer-

---

[8] *Baumann*, LB, S. 315; *Bechtold*, S. 174; *Bockelmann*, JZ 1962, 525 (527); *Dreher*, Vorbem. § 51, Anm. 2 A; *Geerds*, ZStW 72, 43; *Maurach*, LB AT, S. 338, LK - *Mezger*, Anm. III, 10 e, aa vor § 51; *Oehler*, Zweckmoment S. 174; *Renner*, S. 46; *Schönke - Schröder*, Vorbem. § 51, RZ 36; *Welzel*, LB, S. 95; mit gleicher Begründung kommt *Zipf* zum Ausschluß des Tatbestandes (S. 30).

[9] *Noll*, S. 48, 74 ff.; *Geppert*, ZStW 83, 953; *Hansen*, S. 29.

[10] *Stratenwerth*, ZStW 68, 41 (45); LB, RZ 377; *Klee*, GA 48, 347. *Schmidhäuser*, LD, RZ 8/131, stellt es auf den autonomen Herrschaftsbereich eines Betroffenen hinsichtlich der seiner Verfügung unterworfenen Objekte ab. Diese autonome Herrschaft sieht er als das eigentliche Rechtsgut an. Gibt der Betroffene das Objekt frei, so fehlt es am Rechtsgutsanspruch und die objektsverletzende Handlung kann den Tatbestand nicht erfüllen. Im Ergebnis ebenso: *Kientzy*, S. 82 f.

[11] *Stratenwerth*, a.a.O.

[12] z. B.: *Alsen*, S. 7; *Joski*, S. 20; *Keßler*, S. 98; *Mezger*, GS 89, 207; *Schrey*, S. 55.

[13] *Allfeld*, LB, S. 143, Anm. 35; *Roedenbeck*, GS 37, 146; *Wachenfeld*, LB, S. 132, Anm. 2.

[14] *v. Bar*, III, S. 62; *Creifelds*, S. 67; *Honig*, S. 174 f.; *Traeger*, GS 94, 140.

[15] *Gerland*, VDA 2, 492; *Hälschner*, GS 35, 176; *Holer*, S. 80; jetzt noch *Haefliger*, SchwZStr. 1952, 94.

tigt sei, wenn der Verletzte in die Handlung des Täters eingewilligt bzw. dieser Handlung zugestimmt habe[16]. Mit der so verstandenen Einwilligung sollen z. B. Sportverletzungen[17], Verletzungen der Teilnehmer von gefährlichen Fahrten (insbesondere mit Kraftfahrzeugen)[18] und andere Verletzungen gerechtfertigt werden, die darauf zurückzuführen sind, daß der Verletzte sich gefährlichen Handlungen ausgesetzt hatte[19]. Überwiegend erachtet man es dabei als ausreichend, wenn der Verletzte das Risiko richtig eingeschätzt hatte, d. h., wenn er eine hinreichende Vorstellung von Bedeutung und Tragweite seines Verzichtes gehabt hatte[20].

Die richtige Einschätzung des Risikos bedeutet, daß der Verletzte mit der Möglichkeit eines bestimmten Erfolges gerechnet haben muß. Mehr verlangen aber auch die Autoren nicht, die als Gegenstand der Einwilligung neben der Handlung auch noch den Erfolg ansehen. Nach ihrer Ansicht hat derjenige, der in eine gefährliche Handlung einwillige, obwohl er die später eintretenden Folgen als möglich erkannt habe, diese Folgen „in Kauf genommen,"[21].

Gerade gegen diese Folgerung wenden sich diejenigen, die eine Einwilligung des Verletzten bei Fahrlässigkeitsdelikten selten oder nie für gegeben halten[22]. Auch sie beziehen die Einwilligung auf den Er-

---

[16] *Bechtold*, S. 163; *Bickelhaupt*, NJW 1967, 713; *Dalcke - Fuhrmann - Schäfer*, § 226 a Anm. 2; *Dreher*, § 226 a, Anm. 1 A b; *Geilen*, S. 35; *Hansen*, S. 112 f.; *Jescheck*, LB, S. 446; *Lackner - Maaßen*, § 226, Anm. 1; LK - *Hirsch*, § 226 a, RZ 4; *Maurach*, LB AT, S. 553 f.; *Mezger*, LB, S. 209; LK, Anm. III, 10 e aa vor § 51; *Mezger - Blei*, StuB I, S. 124 f.; *Plümpe*, S. 92; *Renner*, S. 48; *Rost*, S. 87; wohl auch *Baumann*, LB, S. 306 f. Anders *Zipf*, S. 21; *Geppert*, ZStW 83, 974.

[17] z. B.: *Maurach*, LB AT, S. 554; LK - *Schäfer*, § 226 a, Anm. I; *Renner*, S. 108; *Baumann*, LB, S. 307; *Jescheck*, LB, S. 446.

[18] z. B.: *Bickelhaupt*, NJW 1967, 713; *Dalcke - Fuhrmann - Schäfer*, § 226 a, Anm. 2; *Hansen*, S. 119.

[19] z. B. der vielgenannte Tellschuß des Kunstschützen: *Keßler*, S. 98 ff.; *Klee*, GA 49, 248; LK - *Mezger*, Anm. III 10 e, aa vor § 51; *Hansen*, S. 119, läßt es hier schon an der Vorhersehbarkeit scheitern.

[20] *Baumann*, LB, S. 299; *Bickelhaupt*, NJW 1967, 713; *Dalcke - Fuhrmann - Schäfer*, § 226 a, Anm. 2; *Dreher*, § 226 a, Anm. 1 A b; *Keßler*, S. 105; *Hansen*, S. 114; *Krumme*, Anm. zu BGH LM Nr. 2 zu § 226 a; LK - *Hirsch*, § 226 a, RZ 4; *Lenckner*, ZStW 72, 458; *Renner*, S. 46; *Welzel*, LB, S. 96; *Mezger - Blei*, StuB I, S. 125. *Schmidhäuser*, LB, RZ 8/144 sowie RZ 8/149, macht darauf aufmerksam, daß sehr oft die Einwilligung sich nur auf ein *maßvolles* Risiko erstrecke (wie es wohl häufig der Vorstellung der Betroffenen entsprechen mag), bezieht aber dann die Einwilligung auf den Erfolg.

[21] *Bühring*, S. 50; *Fuchs*, DAR 1956, 151; *Geerds*, Diss., S. 59 ff.; *Hartung*, NJW 1954, 1225; *Noll*, S. 119 ff.; *Schönke - Schröder*, § 226 a; RZ 3. Gegen eine solche Folgerung wendet sich *Jescheck*, LB, S. 446. Vgl. auch KG, VRS 7, 184 (186); OLG Celle NJW 1964, 736.

[22] Besonders *Eb. Schmidt*, JZ 1954, 369; *Kohlhaas*, DAR 1960, 349. *Bühring* (S. 50) bezieht die Einwilligung zwar — als Eventualeinwilligung — auf den

A. Die Einwilligung des Verletzten

folg und meinen, daß in den genannten Fällen der Sportverletzungen, Kraftfahrzeugunfälle usw. der Verletzte wohl das Risiko erkannt haben könne, durchweg den Erfolg aber nicht „gewollt" haben werde. Denn wer einem Risiko zustimme, willige noch längst nicht in die damit erkennbar verbundenen Verletzungen ein. Bei den Sportverletzungen zeige es sich besonders deutlich, daß die Kämpfer sich gegen die Verletzungen wehrten und nicht mit ihnen einverstanden seien[23].

Hat der Verletzte nicht in den Erfolg, wohl aber in die zu dem tatbestandsmäßigen Erfolg führende Handlung eingewilligt, so wird das entweder für unerheblich gehalten, oder für diese Fälle werden andere Rechtfertigungsgründe genannt, auf die noch einzugehen sein wird[24].

Fahrlässige Tötungen sollen nach h. M. durch eine Einwilligung nicht gerechtfertigt werden können. Denn über sein Rechtsgut „Leben" dürfe der Einzelne nicht verfügen[25]. Allerdings lassen einige Autoren, die aus diesem Grund eine Einwilligung in eine fahrlässige Tötung für unbeachtlich halten, fahrlässige Tötungen unter besonderen Umständen gerechtfertigt sein, sofern der Getötete der lebensgefährdenden Handlung zugestimmt hatte[26].

Der Wirkungsbereich der Einwilligung soll schließlich nach allgemeiner Ansicht bei den Fahrlässigkeitsdelikten, zumindest aber bei der fahrlässigen Körperverletzung, entsprechend der Vorschrift des § 226 a durch die Einhaltung der guten Sitten beschränkt sein[27].

Erfolg, meint aber, daß sie nur selten gegeben sein werde. Auch *Hansen* (S. 98) und *Plümpe* (S. 92) meinen, daß eine „echte" Einwilligung in den Erfolg bei Fahrlässigkeitsdelikten kaum vorhanden sein wird. Ähnlich *Geppert*, ZStW 83, 974 u. 981; *Zipf*, S. 75.

[23] *Eb. Schmidt*, a.a.O.

[24] *Eb. Schmidt*, nennt z. B. das „richtige Handeln zum richtigen Zweck" — s. u. S. 17.

[25] *Baumann*, LB, S. 306; *Bickelhaupt*, NJW 1967, 713; *Dalcke - Fuhrmann - Schäfer*, § 222, Anm. 2 d; *Dreher*, § 222, Anm. 3; *Geerds*, Diss. S. 61; *Geppert*, ZStW 83, 983; *Hansen*, S. 54; *Jescheck*, LB, S. 446; *LK - Lange*, § 222, RZ 8; *Maurach*, LB AT, S. 553; *Mezger - Blei*, StuB I, S. 125; *Mahling*, S. 76; *Renner*, S. 36; *Rost*, S. 83; *Schmidhäuser*, LB, RZ 8/137 und 149; *Schönke - Schröder*, § 222, RZ 3; *Dreher*, § 222, Anm. 3; *Welzel*, LB, S. 98; *Plümpe*, S. 40 f.; *Kohlhaas*, DAR, 1960, 349; *Zipf*, S. 73. a. A.: *Bechtold*, S. 180 f.; *Keßler*, S. 98; *Bemmann*, VersR 57, 584; *Kientzy*, S. 99; *Stellrecht*, S. 65 ff. *Noll*, S. 122, nimmt Schuldausschluß an.

[26] *Baumann*, LB, S. 307; *Plümpe*, S. 91; *Schönke - Schröder*, § 59, RZ 167; *Stratenwerth*, LB, RZ 390. Für Ausschluß der Pflichtwidrigkeit: *Dreher*, § 222, Anm. 3; *LK - Lange*, § 222, RZ 8. Differenzierend *Rost*, S. 84 ff. *Bechtold*, *Bemmann*, *Keßler* und *Stellrecht* begründen ihre Ansicht damit, daß es bei der Einwilligung überhaupt nur auf die (gefährliche) Handlung ankomme (jeweils a.a.O.). Ausdrücklich gegen Einwilligung in lebensgefährdenden Handlungen: *Hansen*, S. 118; *Geppert*, ZStW 83, 987; *Maurach*, LB AT, S. 553; *Mezger - Blei*, StuB I, S. 124; *Welzel*, LB, S. 98.

[27] Für alle Delikte: *Maurach*, LB AT, S. 345 f.; *LK - Mezger*, Vorbem. 10 e, cc vor § 51; *Renner*, S. 48; *Geerds*, ZStW 72, 44, Anm. 8; Diss., S. 170 ff. mit

18   1. Teil: Lehre und Rechtsprechung zum Verhalten des Verletzten

II. Die Rechtsprechung

Das Reichsgericht hat in Strafsachen — soweit ersichtlich — nur zweimal zu Fragen der Einwilligung bei *Fahrlässigkeitstaten*[28] Stellung genommen[29].

Im sogenannten „Memel-Fall" hatte ein Fährmann trotz gefährlichen Hochwassers zwei Männer die Fähre besteigen lassen, die selbst auf eindringliches Warnen nicht vom Besteigen des Kahnes abzubringen waren. Beide ertranken, als das Boot kenterte[30]. Das Reichsgericht meinte, daß angesichts des Drängens der Fahrgäste und der Gegenvorstellungen des Fährmannes eine Pflichtwidrigkeit des Fährmannes nicht zu erkennen sei und sprach ihn frei[31]. In der Literatur wird diese Entscheidung als Anhaltspunkt dafür gewertet, daß das Reichsgericht der Einwilligung damit bestimmenden Einfluß auf die Schuld eingeräumt habe[32]. Eine solche Folgerung wird aber aus dieser Entscheidung nicht gezogen werden können, da das Reichsgericht gar nicht gehalten war, ein bestimmtes Verbrechensmerkmal zu verneinen. Festzuhalten bleibt hier nur, daß das Reichsgericht eine fahrlässige Tötung u. a. auch wegen des Verhaltens des Verletzten bzw. der Getöteten verneinte.

In einem späteren Fall trat das Reichsgericht einer ggf. zu weiten Auslegung seiner Entscheidung im Memel-Fall entgegen: Es wies darauf hin, daß die Einwilligung des Verletzten nur unter besonderen Umständen die Pflichtwidrigkeit eines Handelns beseitigen könne[33].

---

weiteren Nachweisen. Nur für Körperverletzungen: *Bechtold*, S. 86; *Jescheck*, LB, S. 280 f.; *LK - Schäfer*, § 226 a, Anm. 1; *Schönke - Schröder*, Vorbem. § 51, RZ 44. *Schmidhäuser*, LB, RZ 8/131, weist auf die unverzichtbare Würde des Menschen als Grenze seiner Autonomie über die seiner Verfügungsmacht unterliegenden Objekte hin. § 226 a ist für ihn deshalb auch nur ein gesetzlicher Niederschlag dieser Begrenzung (a.a.O.; RZ 8/139).

[28] RGSt 57, 172; RG JW 1925, 2250.

[29] Eine rechtfertigende Wirkung der Einwilligung bei Vorsatzdelikten hat das RG zunächst abgelehnt: vgl. RGSt 2, 442 (443); RGSt 6, 61 (63). Später hat es dann — bis zur Einfügung des § 226 a in das Strafgesetzbuch — diese Frage offengelassen, z. B. in RGSt 24, 369 (70); 25, 375 (381); 28, 200 (213). Als grundsätzlich zustimmend könnten jedoch die Entscheidungen RGSt 55, 188 (189); RGSt 38, 34 (35) und RG JW 1928, 2229 (2231) gewertet werden. In RG JW 1929, 1015 (1017) wurde die Einwilligung ausdrücklich als Schuldausschließungsgrund gekennzeichnet.

[30] RGSt 57, 172 (174).

[31] RGSt, a.a.O., S. 174.

[32] *Bechtold*, S. 170; *Hansen*, S. 123 ff.; *Kohlrausch - Lange*, § 226 a, Anm. 3; *Rost*, S. 82; *H. Mayer*, LB, S. 187; vgl. aber Anm. 29: Bei Vorsatzdelikten nahm das RG einmal Schuldausschluß an. *Stoll*, S. 308, hält es für „nicht ganz klar", ob der Fährmann vom Reichsgericht als gerechtfertigt oder als entschuldigt angesehen wurde.

[33] RG JW 1925, 2250 (2252): „Die Einwilligung des Gefährdeten sei einer der Umstände, unter denen man eine gefährliche, aber aus irgendwelchen

A. Die Einwilligung des Verletzten

Der Bundesgerichtshof hat mehrfach betont, daß eine rechtfertigende Einwilligung in eine fahrlässige Körperverletzung möglich sei[34]. Zur Begründung stützt er sich dabei auf die Bestimmung des § 226 a StGB[35]. Nicht ganz klar ersichtlich ist, worauf sich nach Meinung des BGH die Einwilligung erstrecken muß. In seiner ersten Entscheidung stellte es der 4. Senat nicht ausdrücklich auf eine Einwilligung in den Erfolg, sondern darauf ab, ob der Verletzte eine zutreffende Vorstellung vom voraussichtlichen Verlauf und den möglichen Folgen der Handlung des Täters gehabt habe[36]. Das Kammergericht meint mit einem gewissen Recht, daß der BGH damit als Bezugsobjekt der Einwilligung die Handlung anerkannt habe[37].

In seiner nächsten Entscheidung erstreckte der 4. Senat die Einwilligung expressis verbis auf die Körperverletzung[38], bezog sich jedoch auf seine vorherige Entscheidung. Schließlich bejahte er später die Wirksamkeit der Einwilligung, wenn der Verletzte in Kenntnis der Gefahr dem Verhalten des Täters zugestimmt habe. Dann habe er in die als möglich erkannte Verletzung eingewilligt, er habe sie in Kauf genommen[39]. Hier finden wir die gleiche Konstruktion, wie sie auch in der Lehre mit der Folgerung vertreten wird, daß bei Kenntnis der Gefährlichkeit eines Handelns, dem zugestimmt werde, der schädliche Erfolg in Kauf genommen werde.

Der 1. Senat des BGH hat dagegen im sogenannten „Pockenarzt-Fall" die Einwilligung ausdrücklich auf das Verhalten des Täters bezogen[40].

Für § 222 hat der BGH die Wirksamkeit einer Einwilligung verneint[41]. Allerdings wies er unter Bezugnahme auf den Memel-Fall des Reichsgerichts darauf hin, daß die Pflichtwidrigkeit eines Verhaltens zu verneinen sei, wenn jemand eine gewisse Gefahr in deren klarer Erkenntnis in Kauf genommen, und der Täter seiner allgemeinen Sorgfaltspflicht genügt habe[42]. In einer späteren Entscheidung wiederholte er

---

triftigen Gründen gebotene oder zweckmäßig erscheinende Handlung ohne Pflichtverletzung vornehmen dürfe; ... die Vornahme der gefährdenden Handlung dürfe jedoch keiner Pflicht, namentlich keinem Rechtsverbot widersprechen und müsse mit schuldiger Sorgfalt erfolgen." So auch *Schönke - Schröder*, § 222, RZ 3.

[34] BGHSt 4, 88 (93); 6, 232 (234); 7, 112 (114); DAR 1959, 300 (301); BGHSt 17, 359 (360).
[35] BGHSt 4, 93; 6, 234; DAR 1959, 301.
[36] BGHSt 4, 90.
[37] KG JR 1954, 420 (429).
[38] BGHSt 6, 234.
[39] BGH DAR 1959, 301 (= MDR 1959, 856; VRS 17, 277).
[40] BGHSt 17, 359 (360); vgl. dazu unten S. 151.
[41] BGHSt 4, 88 (93); 6, 232 (234).
[42] BGHSt 4, 93; zustimmend u. a.: *Dreher*, § 222, Anm. 3; LK - *Lange*, § 222, RZ 8.

diese Formulierung, jedoch mit dem Hinweis, daß beim Vorliegen der genannten Voraussetzungen die Rechtswidrigkeit des Tuns entfallen solle[43]. Damit scheint der BGH der Einwilligung doch mitbestimmende Wirkung bei der Rechtfertigung fahrlässiger Tötungen einzuräumen.

Auch die *Oberlandesgerichte* wenden § 226 a auf die fahrlässige Körperverletzung an und erkennen somit der Einwilligung des Verletzten rechtfertigende Kraft bei Körperverletzungen zu[44].

Als Gegenstand der Einwilligung wird überwiegend die Handlung oder das Verhalten des Täters angesehen. Der Verletzte müsse sich aber der Gefährlichkeit bewußt sein, er müsse das Risiko richtig eingeschätzt haben[45].

Einige Gerichte betonen dabei, daß der Einwilligende — ähnlich wie der Täter — mit dem Erfolg selbst nicht einverstanden gewesen sein werde. Er habe aber durch seine Einwilligung in die Handlung wirksam auf seinen Rechtsschutz gegenüber dieser gefährlichen Handlung verzichtet; der Täter sei gerechtfertigt[46]. Die anderen Gerichte, die als Gegenstand der Einwilligung ebenfalls die gefährliche Handlung ansehen, versuchen dagegen, noch eine bestimmte Beziehung des Verletzten zum Erfolg herzustellen. Sie meinen, mit der Einwilligung in die Handlung habe der Verletzte „den Erfolg in Kauf genommen"[47], er habe „damit in die Verletzung eingewilligt"[48].

Dabei wird mehr oder weniger eindeutig gesagt, daß es auf ein echtes Einverständnis mit dem Erfolg nicht ankomme, sondern daß die Einwilligung in die Handlung als Einwilligung in den Erfolg *zu werten* sei. Ausdrücklich hat sich so das OLG Hamm geäußert[49]. Das BayObLG führte aus: „... wer mit der die Gefahr begründenden Handlung einverstanden ist, *muß* auch deren sämtliche Folgen auf sich nehmen"[50]. Ähnlich meinte das OLG Oldenburg, daß der Verletzte „die Folgen übernehmen müßte, wenn er sein Rechtsgut der Einwirkung eines anderen preisgebe"[51].

---

[43] BGHSt 6, 232 (234 f.).

[44] BayOLG, VRS 13, 272; VRS 23, 113 (114); JR 1961, 72; KG JR 1954, 428 (429); OLG Celle, NJW 1964, 736; NdsRpfl 1965, 236; OLG Frankfurt (Main) DAR 1965, 217; OLG Hamm, VRS 4, 39; VRS 7, 202; OLG Oldenburg, DAR 1959; 128; OLGSt § 226 a, S. 3 (5); SchlH.OLG, Schl.H.A. 1959, 159; DAR 1961, 310 (312); OLG Zweibrücken, OLGSt § 226 a, S. 1 (2).

[45] So z. B. KG JR 1954, 429; OLG Oldenburg DAR 1959, 128; Schl. H. OLG, Schl. H. A. 1959, 159; DAR 1961, 312; OLG Celle, NJW 1964, 736.

[46] KG, OLG Celle, jeweils a.a.O.; OLG Oldenburg, DAR 1959, 128.

[47] Schl. H. OLG, Schl. H. A. 1959, 159; OLG Oldenburg, DAR 1959, 128.

[48] Schl. H. OLG, DAR 1961, 312; BayObLG, VRS 23, 115; JR 1961, 72; OLG Zweibrücken, OLGSt § 226 a, S. 2.

[49] VRS 7, 203.

[50] JR 1961, 72.

[51] OLGSt, § 226 a, S. 5.

A. Die Einwilligung des Verletzten

Unmittelbar auf den Erfolg wird die Einwilligung aber nur in wenigen, im einzelnen nicht näher begründeten Entscheidungen bezogen[52].

III. Kritik

Sowohl im Schrifttum als auch in der Rechtsprechung wird die Meinung vertreten, daß derjenige, der einer gefährlichen Handlung zustimme, auch den darauf zurückzuführenden Erfolg „in Kauf nehme"[53]. Es ist aber fraglich und sehr umstritten, ob diese Folgerung zutrifft[54].

Besonders *Eb. Schmidt*[55] hat sich gegen die Behauptung gewandt, daß jeder, der ein Risiko eingehe, nicht nur den günstigen, sondern auch den ungünstigen Ausgang „wolle". Er nennt den Boxer oder den Paukstudenten, die keinesfalls mit ihren Verletzungen einverstanden seien, sondern sich im Gegenteil eifrig bemühten, den Gegner zu besiegen und selbst unverletzt zu bleiben[56]. Auch der Kranke, der in eine gefährliche Operation einwillige, willige nicht etwa in den möglichen ungünstigen Ausgang ein. Er müsse diesen zwar gegebenenfalls widerspruchslos dulden, aber es sei lebensfremd, davon auszugehen, daß der Patient diese Folge „gebilligt habe"[57]. — *Eb. Schmidt* betont, daß die Einwilligung ihrer Substanz nach ein bewußtes inneres Einverständnis des Verletzten mit dem Angriff auf seinen Schutzwert sei. Sie sei als Billigung eben mehr als ein bloßes Geschehenlassen oder widerspruchsloses Dulden[58].

Es soll hier nicht weiter erörtert werden, ob *Eb. Schmidts* Folgerung zutrifft, daß bei Sportkämpfen, Schlägermensur-Verletzungen und Verletzungen infolge von Trunkenheitsfahrten eine Einwilligung in die Verletzung so gut wie nie in Betracht kommen werde[59].

---

[52] OLG Hamm, VRS 4, 39; BayObLG, VRS 13, 272 f.; OLG Frankfurt (Main), DAR 1956, 217.

[53] BGHSt, DAR 1959, 301 (= MDR 1959, 856; VRS 17, 277); Schl. H. OLG, Schl. H. A. 1959, 159; OLG Oldenburg, DAR 1959, 128; *Bühring*, S. 50; *Dreher*, § 226 a, Anm. 1 A b; *Fuchs*, DAR 1956, 151; *Geerds*, Diss. S. 59 ff.; *Hartung*, NJW 1954, 1225; *Noll*, S. 118 ff.; *Schönke - Schröder*, § 226 a, RZ 3.

[54] *Eb. Schmidt*, JZ 1954, 369; *Kohlhaas*, DAR 1960, 349; *Hansen* (S. 98) u. *Plümpe* (S. 92) weisen darauf hin, daß es eine „echte" Einwilligung in den Erfolg kaum geben wird. Ähnlich *Geppert*, ZStW 83, 980 ff.; *Jescheck*, LB, S. 446; *Zipf*, S. 75. So auch *Gerhardt*, S. 77 und *Stoll*, S. 261 im Zivilrecht, desgl. BGHZ 34, 355 ff. mit weiteren Nachweisen.

[55] JZ 1954, 369 ff.

[56] a.a.O., S. 372.

[57] a.a.O., S. 372.

[58] a.a.O., S. 372, im Anschluß an *Mezger* (LK, Vorbem. 10 e, cc vor § 51), der allerdings im Wollen des Risikos das Wollen der Verletzung sieht, was *Eb. Schmidt* auch entsprechend als inkonsequent rügt.

[59] a.a.O., S. 373. Die herrschende gegensätzliche Ansicht ist nach *Eb. Schmidt* „von vornherein auf dem Holzweg".

Ihm ist insoweit sicher zu folgen, als er es entschieden ablehnt, aus der Einwilligung in eine riskante Handlung eine Eventualzustimmung zu der mit der Handlung möglicherweise verbundenen Verletzung zu folgern[60]. Selbst wenn man — im Gegensatz zur Ansicht von *Eb. Schmidt* — für die Einwilligung ein Wollen des Erfolges in der Art genügen läßt, wie es beim Täter für den dolus eventualis ausreicht, wäre es sehr fraglich, ob in der Mehrzahl der zu beurteilenden Fälle der Verletzte tatsächlich den Erfolg in Kauf genommen[61], „sich mit ihm abgefunden"[62] hatte. Zwar werden Boxer und Mensurschläger nur hoffen, nicht aber darauf vertrauen, daß ihr Gegner sie nicht trifft. Insoweit wäre eine Einwilligung gegeben. Fraglich ist es aber schon mit schweren Verletzungen oder gar Todesfällen. Im Zweifel werden die Kämpfer auf den Nichteintritt solcher Erfolge vertrauen, obwohl sie solche Folgen durchaus für möglich halten werden. Wer aber auf den Nichteintritt eines Erfolges vertraut, handelt nur bewußt fahrlässig[63] — entsprechend müßte auch in den genannten Fällen eine Einwilligung zu verneinen sein. Das gleiche gilt für die Teilnahme an Trunkenheitsfahrten: Auch hier wird der Gefährdete, selbst wenn er das Ausmaß der Gefahr zutreffend erkennt, in der Regel darauf vertrauen, daß nichts geschieht. Diese Beispiele ließen sich beliebig fortsetzen.

Allerdings könnte hier eingewandt werden, daß eine Einwilligung in die gefährliche Handlung nur *rechtlich* als Einwilligung in den Erfolg zu *bewerten* sei. Wie oben erwähnt[64], haben das OLG Hamm, das BayObLG und das OLG Oldenburg diese Meinung vertreten. Auch im Schrifttum ist diese Ansicht zu finden. So sagt *Schröder:* „Wer in eine Gefahr einwilligt, *kann sich nicht darauf berufen,* er habe gehofft, den für ihn ungünstigen Ausgang zu vermeiden..."[65]. *Hartung* entgegnet *Eb. Schmidt:* „Wer etwas in dem Bewußtsein wagt, daß es auch schief gehen könne, *muß notwendigerweise auch diese Möglichkeit billigen*"[66]. Ähnlich haben im Zivilrecht seit einem Urteil des Reichsgerichts aus dem Jahre 1933[67] Lehre[68] und Rechtsprechung[69] die Zustimmung des

---

[60] a.a.O., S. 372, *Zipf,* S. 75, *Geppert,* ZStW 83, 980 ff.
[61] So zur Abgrenzung von dolus eventualis und bewußter Fahrlässigkeit RGSt 67, 424 (425); BGHSt 7, 363; *Baumann,* LB, S. 390.
[62] *Roxin,* Jus 1964, 61.
[63] *Baumann,* LB, S. 390; *Welzel,* LB, S. 68.
[64] s. S. 20.
[65] *Schönke - Schröder,* § 226 a, RZ 3.
[66] NJW 1954, 1226.
[67] RGZ 141, 262 ff.
[68] Vgl. *Gerhardt,* S. 12, Anm. 39 u. S. 14, Anm. 54, jeweils mit Nachweisen.
[69] Vgl. Nachweise bei *Stoll,* S. 33 ff.

Verletzten zu einer gefährlichen Handlung „rechtlich als Einwilligung in eine möglicherweise eintretende Verletzung" beurteilt.

Vom Ergebnis her scheint es auch dem Rechtsgefühl zu entsprechen, die Einwilligung in das Risiko mit der Einwilligung in den Erfolg gleichzustellen. Das müßte aber dogmatisch exakt begründet werden. Der Rückgriff auf eine Fiktion genügt nicht[70].

Unabhängig davon, ob eine Einwilligung in die Handlung oder in den Erfolg gefordert wird, setzt man allgemein für eine Rechtfertigung voraus, daß der Einwilligende das Risiko richtig eingeschätzt haben müsse. In vielen Fällen, in denen von Lehre und Rechtsprechung ohne weiteres eine rechtfertigende Einwilligung angenommen wird, ist es jedoch fraglich, ob der „Einwilligende" das Risiko tatsächlich richtig eingeschätzt hatte. Dieses Gefährdungsbewußtsein wird nicht schon dann anzunehmen sein, wenn der Gefährdete die gefahrbegründenden Umstände kannte. Die „richtige Einschätzung des Risikos" bedeutet vielmehr, daß der Einwilligende Wesen, Bedeutung und Tragweite des ihn bedrohenden Eingriffs voll erfaßt haben muß[71]. Es kann dabei dahingestellt bleiben, ob viele von technischen Gefahrenquellen Bedrohte überhaupt intellektuell fähig sind, eine Gefahr zutreffend einzuschätzen[72]. Bei entsprechender Aufklärung durch die Gefährder könnten die Gefährdeten zumindest laienhaft die Gefahrenzusammenhänge und die Grade der Erfolgswahrscheinlichkeit erkennen. Oft wird aber fraglich sein, ob die Gefährdeten im Augenblick dieser Zustimmung zu einer sie gefährdenden Handlung sich der Gefahr bewußt waren, oder ob sie überhaupt genaue Vorstellungen über die sie bedrohende konkrete Gefahr besessen haben. Denn in vielen Fällen wird der Gefährdete bei Abgabe einer Zustimmungserklärung den Gedanken an einen schädlichen Erfolg verdrängt haben, oder er wird nur vage an die generelle Erfolgsmöglichkeit gedacht haben, ohne sie jedoch auf den konkreten Fall zu beziehen. Oft wird er auch die betreffende gefährliche Handlung — sofern sie in seinem Lebensbereich häufiger auftritt — als selbstverständlich oder als normal angesehen haben und deshalb gar nicht auf den Gedanken gekommen sein, daß diese Handlung „gefährlich" ist.

z. B.:

(1) Jeder Fußballspieler weiß, daß er im Spiel durch Mit- oder Gegenspieler verletzt werden kann. Wenn er auf den Platz läuft und das Spiel beginnt, wird er jedoch ebenso wenig an diese Möglichkeit denken, wie später in dem Augenblick des harten Einsatzes, in dem sich die Verletzungsgefahr zu realisieren droht.

---

[70] Kritik an der „fiktiven Generaleinwilligung" besonders bei *Zipf*, S. 75.
[71] *Schönke - Schröder*, RZ 40 vor § 51; *Mezger - Blei*, StuB I, S. 125.
[72] z. B. die Fluggäste in einem Sportflugzeug; Kfz-Laien bei der Mitnahme in betriebsuntüchtigen Kraftfahrzeugen; Anwohner von Atomreaktoren.

(2) Nimmt ein LKW-Fahrer auf der Ladefläche seines nicht zur Personenbeförderung zugelassenen Lastkraftwagens einen Kollegen mit, so wird dieser die mit einem plötzlichen Bremsen für ihn infolge des Mangels an Haltevorrichtungen verbundenen Gefahren durchaus ermessen können. Es ist aber mehr als fraglich, ob er beim Aufsteigen oder bis zum ersten plötzlichen Anhalten an diese Verletzungsgefahr denkt.

(3) Schließlich wird bei den häufigen Mitfahrten mit angetrunkenen Kraftfahrzeugführern der Mitgenommene den Gedanken an ein etwaiges Unglück oft verdrängen. Darin eine richtige Einschätzung des Risikos zu sehen, die doch immerhin eine gewisse Prüfung und Überlegung voraussetzt, wäre eine Unterstellung.

Gleichwohl sehen Lehre und Rechtsprechung in solchen Fällen die eingetretenen Verletzungen für gerechtfertigt an[73]. Offensichtlich hält man solche Fälle nicht für strafwürdig, sieht jedoch nur in dem Verhalten des Verletzten das entscheidende Kriterium, das geeignet ist, um die Straflosigkeit zu begründen. Die Rechtsfigur, unter der solche

---

[73] Vgl. für *Sportverletzungen* mit Ausnahme bestimmter Regelübertretungen: OLG Braunschweig, Nds. Rpfl. 1960, 233; *Jescheck*, LB, S. 446; *LK - Schäfer*, § 226 a, Anm. I; *Schönke - Schröder*, § 226 a, RZ 3; *Mahling*, S. 52. Nach *Maurach*, LB BT, S. 83, rechtfertigt bei den Sportverletzungen die Einwilligung als schlüssig durch das Mitmachen erklärte Eventualzustimmung alle Verletzungen im adäquaten Verlauf der jeweiligen Sportart. Zum *LKW-Fahrer-Fall* vgl. etwa OGH Köln, VRS 1, 263 (265). In dieser zivilrechtlichen Entscheidung wurde ein Handeln auf eigene Gefahr bei Reisenden angenommen, die sich auf der Ladefläche eines nicht zur Personenbeförderung eingerichteten LKW befördern ließen. In dem Urteil wird darauf hingewiesen, daß nach den Feststellungen des Berufungsgerichtes der verletzte Reisende sich der Gefährdung bewußt gewesen sei (S. 265). Aus den späteren Ausführungen ergibt sich jedoch, daß das Berufungsgericht das Gefährdungsbewußtsein daraus folgerte, daß dem Verletzten — der Kraftfahrer von Beruf war — die Gefährdungsmöglichkeit erkennbar war (S. 270). Ähnliche Sachverhalte: OLG Oldenburg, DAR 1959, 128; OLG Hamm, VRS 7, 202.
Bei *Trunkenheitsfahrten* bejahen h. M. und Rspr. die Rechtswirksamkeit einer Einwilligung bei Körperverletzungen. So *Bickelhaupt*, NJW 1967, 713; *Dahlke - Fuhrmann - Schäfer*, § 226 a, Anm. 2; *Dreher*, § 226 a, Anm. 1 A b; *Fuchs*, DAR 1956, 151; *Lackner - Maaßen*, § 226 a, Anm. 1; *LK - Hirsch*, § 226 a, RZ 9; *Plümpe*, S. 92; *Renner*, S. 112; *Schönke - Schröder*, § 51, Vorbem. RZ 42; *Weigelt*, DAR 1957, 234; *Welzel*, LB, S. 88 (8. Auflage); BGH DAR 1959, 301; VRS 17, 277; BayObLG VRS 23, 113; OLG Celle, NJW 1964, 736; Schl. H. OLG, DAR 1961, 312; OLG Köln, NJW 1966, 896. a. A.: *Hansen*, S. 119 (grundsätzlich sittenwidrig); *Eb. Schmidt*, JZ 1954, 373; *Kohlhaas*, DAR 1956, 349 (beide grundsätzlich gegen Einwilligung bei fahrlässiger Körperverletzung); *Stoll*, S. 307 („Gefährdung eines Menschen durch Trunkenheit am Steuer verdient in keiner denkbaren Beziehung rechtliche Billigung"). Am Gefährdungsbewußtsein wird in den zustimmenden Entscheidungen nicht gezweifelt, es sei denn, der Verletzte war ebenfalls angetrunken. Jedenfalls hatten die Tatrichter das Gefährdungsbewußtsein immer festgestellt (BGHSt 6, 232; VRS 17, 277; OLG Hamm, VRS 4, 39; Schl. H. OLG, Schl. H. A. 1959, 154), oder das Revisionsgericht verwies zur entsprechenden Aufklärung zurück, wobei durchweg vorausgesetzt wurde, daß das Gefährdungsbewußtsein vorgelegen haben könne (vgl. BayObLG, VRS 23, 114; Schl. H. OLG, DAR 1961, 312; OLG Celle, NJW 1964, 736). Sehr viel strenger war dagegen die Praxis des Reichsgerichts in Zivilsachen, vgl. dazu *Stoll*, S. 41 ff., mit weiteren Nachweisen.

A. Die Einwilligung des Verletzten

Fälle erfaßt werden, ist nun die „Einwilligung" des Verletzten. Eine Straflosigkeit des Täters aufgrund einer solchen „Einwilligung", die auf einem mangelhaften Gefährdungsbewußtsein beruht, kann aber nur aus folgenden Erwägungen gehalten werden: *Entweder* sind die Anforderungen an das aktuelle Gefährdungsbewußtsein nicht so streng zu stellen, wie es nach den überwiegenden Äußerungen in Literatur und Rechtsprechung der Fall ist. Entsprechende Andeutungen sind bei *Baumann* und *Rost* zu verzeichnen[74]. *Oder* es sprechen in diesen Fällen neben oder anstelle der Einwilligung noch andere Momente für eine Rechtfertigung, so daß es sich praktisch um einen anderen Rechtfertigungsgrund, jedenfalls nicht mehr um die „Einwilligung" im herkömmlichen Sinne handelt.

Schließlich muß die h. M. insoweit kritisiert werden, als sie es generell ablehnt, fahrlässige Tötungen wegen einer Einwilligung des später Getöteten in die Gefahr zu rechtfertigen. Diese Meinung wird durchweg mit dem Hinweis auf die Hochwertigkeit des Rechtsgutes „Leben" begründet, das der Disposition des Einzelnen entzogen sei[75]. Die Dispositionsbeschränkung wird positivrechtlich der Vorschrift des § 216 StGB entnommen. Es ist jedoch einmal fraglich, ob diese auf gezielte Eingriffe in das menschliche Leben zugeschnittene Vorschrift auch auf die unvorsätzliche Lebensvernichtung angewandt werden kann[76]. Zum anderen werden bei unvorsätzlichen Taten unter den Gesichtspunkten des „erlaubten Risikos"[77], der „Sozialadäquanz"[78] oder der „Selbstgefährdung"[79] auch Tötungen für gerechtfertigt oder zumindest straflos gehalten, wenn u. a. eine Einwilligung des später Getöteten in die Risikohandlung vorlag[80]. Demnach scheint dem Einzelnen doch nicht völlig

---

[74] *Baumann*, LB, S. 307, läßt nämlich in bestimmten „allgemein gefährlichen Situationen" auf Seiten des Verletzten offenkundige Erkennbarkeit der Gefahr für eine Einwilligung ausreichen. Er meint allerdings, daß es sich hier um Fälle der mutmaßlichen Einwilligung handele. *Rost*, S. 90, will ausdrücklich eine risikobehaftete Handlung auch dann gerechtfertigt wissen, wenn der Verletzte das Risiko nicht gekannt hatte, es aber hätte erkennen können. Zur Begründung stützt er sich auf die im Rechtfertigungsgrund der „mutmaßlichen Einwilligung" enthaltenen Rechtsgedanken; er wendet also im Gegensatz zu Baumann diesen Rechtfertigungsgrund nicht unmittelbar an. — Wie *Baumann* streift er aber nur diese Frage.

[75] Vgl. die oben in Anm. 25) Genannten; z. B. *Baumann*, LB, S. 306; *Mezger - Blei*, StuB I, S. 124; BGHSt 4, 89 (93); *Welzel*, LB, S. 98, stimmt zwar dem BGH zu, bezeichnet diese Frage aber als wenig geklärt.

[76] Das bezweifeln *Keßler*, S. 98; *Bechtold*, S. 181; *Stellrecht*, S. 65 ff.

[77] RGSt 57, 172; BGHSt 7, 114 (nicht im konkreten Fall, schloß die Möglichkeit aber nicht aus); *Dreher*, § 222, Anm. 3; LK - *Lange*, § 222, RZ 8; *Schönke - Schröder*, § 59, RZ 167, § 222, RZ 3.

[78] *Schönke - Schröder*, § 59, RZ 168; *Zipf*, S. 99 und 101.

[79] *Schönke - Schröder*, § 59 RZ 167.

[80] Vgl. auch die Entscheidungen BGHSt 4, 93; 6, 234; BayObLG, VRS 13, 272 f.

die Dispositionsbefugnis über sein Leben entzogen zu sein. Diese Frage kann jedoch noch nicht näher erörtert werden. Es sind jetzt Begriffe angeschnitten worden, auf die zunächst grundsätzlich einzugehen ist.

B. Erlaubtes Risiko und Sozialadäquanz

I. Anwendungsbereich

Viele Gefahrenquellen werden als „erlaubtes Risiko" oder als „sozialadäquat" für zulässig gehalten. Diese Begriffe sind in sachlicher und terminologischer Hinsicht gleichermaßen umstritten[81].

Bei erster Betrachtung der als „erlaubtes Risiko" oder als „sozialadäquat" bezeichneten Fälle ergibt sich eine für die vorliegende Untersuchung wichtige Feststellung: Es sind verschiedentlich Sachverhalte, die von anderen Autoren als typische Fälle für den Anwendungsbereich der Einwilligung des Verletzten bezeichnet werden, oder bei denen sich der Verletzte der Gefahr mehr oder weniger bewußt ausgesetzt hatte.

1. So werden z. B. fahrlässig verursachte Sportverletzungen als sozialadäquat[82] oder als Folge eines erlaubten Risikos[83] und damit als gerechtfertigt angesehen, während nach anderer Meinung gerade die Sportverletzungen aufgrund einer Einwilligung des Verletzten als gerechtfertigt gelten[84]. Der Grund dafür, bei Sportverletzungen — auch

---

[81] Vgl. an näheren Untersuchungen: *Hirsch*, Soziale Adäquanz u. Unrechtslehre, ZStW 74, 78 ff.; *Rehberg*, Zur Lehre vom „Erlaubten Risiko", Zürich 1962; *Kienapfel*, Das erlaubte Risiko im Strafrecht, Frankfurt 1966; *Roeder*, Die Einhaltung des sozialadäquaten Risikos, Berlin 1969. — Der BGH hat die „Sozialadäquanz" als Strafausschließungsgrund i. w. S. anerkannt: BGHSt 19, 152 (154) und 23, 226 (228).

[82] *Nipperdey*, NJW 1957, 1779; *Klug*, Festschrift f. Eb. Schmidt, S. 249 (263); *Kohlrausch - Lange*, System. Vorbem. III, 2 a; *LK - Mezger*, Vorbem. 10 h, cc vor § 51; *Schaffstein*, ZStW 72, 379; *Schmidhäuser*, LB, RZ 9/19; OLG Braunschweig, Nds. Rpfl 1960, 233. Bei Sportverletzungen erwähnt *Stoll*, S. 263, Anm. 2, ebenfalls den Gedanken der Sozialadäquanz. Auch *Jescheck*, LB, S. 191, bezeichnet Sportverletzungen als „sozialadäquat", obwohl er diese an anderer Stelle dem Bereich der „Einwilligung" zuordnet (S. 446). *Roeder*, S. 41, hält Verletzungen bei regelgerechter Sportausübung durch die Einwilligung für gerechtfertigt, in der er hier einen gesetzlichen Niederschlag der Sozialadäquanz sieht. *Zipf* arbeitet unmittelbar mit der Sozialadäquanz, S. 93.

[83] *Binding*, Normen IV, S. 438; *Engisch*, Untersuchungen, S. 287; *LK - Mezger*, Vorbem. 10 h, cc vor § 51 (Erlaubtes Risiko-Unterfall der Sozialadäquanz); *Wimmer*, ZStW 70, 196 (214 f.).

[84] Vgl. oben S. 23 f. *Welzel*, LB, S. 56, unterstellt grundsätzlich unerhebliche körperliche Verletzungen der Sozialadäquanz, ohne darauf einzugehen, ob eine Einwilligung vorliegt oder nicht. Das gilt bei ihm auch für § 230 StGB, so LB, S. 57. Ebenso *Schaffstein*, ZStW 72, 379.

B. Erlaubtes Risiko und Sozialadäquanz

— mit Hilfe dieser Strafausschließungsgründe im weiteren Sinne zu arbeiten, dürfte darin liegen, daß es hier häufig an einzelnen der strengen Voraussetzungen einer Einwilligung, insbesondere am zutreffenden Gefährdungsbewußtsein[85], fehlt. So wird es bei Sportverletzungen von Kindern und Jugendlichen durchweg zweifelhaft sein, ob die Verletzten das für eine wirksame Einwilligung erforderliche Gefährdungsbewußtsein besaßen. Zwar werden in vielen Fällen die Eltern es genehmigt haben, eine bestimmte Sportart zu betreiben. Ein Bewußtsein der konkreten Gefahr — z. B. das dem einzelnen Kind bevorstehende Spiel — wird aber nur selten vorliegen. Ähnlich verhält es sich mit Anfängern einer Sportart: Bei ihnen und bei erstmals zuschauenden Laien ist es besonders schwierig, ein Gefährdungsbewußtsein als Grundlage einer wirksamen Einwilligung zu konstruieren[86].

Solche Schwierigkeiten könnten entfallen, wenn man die Sportverletzungen generell dem Bereich der Sozialadäquanz oder des erlaubten Risikos zuordnet. Auf der anderen Seite erscheint es nicht richtig, den Willen des Verletzten in diesen Sachverhalten überhaupt nicht zu berücksichtigen. Zwar scheint *Flume* diesen Weg gehen zu wollen. Seiner Meinung nach sollen gewisse Sportarten „als solche" rechtmäßig sein. Deshalb seien auch die damit verbundenen Verletzungen rechtmäßig[87]. Den Willen des Verletzten will *Flume* dabei offensichtlich nicht beachten: „Er sei nie das entscheidende Moment". Folgt man dieser Ansicht, so müßte man den Boxweltmeister rechtfertigen, der — durchaus regelgerecht kämpfend — unerkannt gegen einen Anfänger antritt und diesem schwere Verletzungen zufügt. Hier ist es doch wohl entscheidend wichtig, daß eine wirksame Einwilligung des Opfers nicht vorlag.

Für das Feld der Sportverletzungen müßte also noch geklärt werden, ob den Begriffen Sozialadäquanz und Erlaubtes Risiko ein eigenständiger Anwendungsbereich gegenüber dem Rechtfertigungsgrund der Einwilligung des Verletzten zusteht, wieweit diese Strafausschließungsgründe in ihren Voraussetzungen ggf. miteinander verzahnt sind, bzw. wieweit sie sich voneinander unterscheiden[88].

---

[85] Vgl. oben S. 22 f.; auf das oft mangelnde Gefährdungsbewußtsein bei Sportlern weist *Stoll*, S. 261, ebenfalls hin. *Zipf* stellt es darauf ab, daß hier nur ausnahmsweise ein Rechtsgutsverzicht vorliegen wird, S. 77.

[86] *Stoll*, S. 199, nennt die Entscheidung eines kalifornischen Gerichtes aus dem Jahre 1939. Damals kam in Kalifornien Eishockey erst allmählich auf. Nach Ansicht des Gerichts konnte bei einem Besucher deshalb nicht vorausgesetzt werden, daß er die mit dem Zuschauen verbundenen Gefahren kenne.

[87] JZ 1961, 605. Dazu ablehnend: *Zipf*, S. 87, allerdings mit anderer Begründung.

[88] Auf die problematische Verknüpfung der Rechtsinstitute "Sozialadäquanz" und „Einwilligung" durch Lehre und Rechtsprechung macht *Arzt*, S. 12 f., aufmerksam.

2. Als Schulfälle für ein erlaubtes Risiko oder auch für sozialadäquate Verhaltensweisen werden vor allem die gefährlichen Betriebe und die Betätigungen in solchen Unternehmen genannt[89]. Schon *Binding* nannte Sprengstoffabriken, Bergwerke und Steinbrüche als Beispiel für ein erlaubtes Risiko[90]. Soweit es um die Rechtmäßigkeit von Verletzungen geht, die sich die in diesen Betrieben Beschäftigten zuziehen, erhebt sich auch hier die Frage, ob nicht die Rechtfertigung darin begründet ist, daß die Betriebsangehörigen die Arbeit freiwillig und in Kenntnis der Gefahr auf sich genommen haben. Dann würde es sich um Fälle der Einwilligung des Verletzten handeln[91]. Folgt man jedoch der herrschenden Meinung zur Einwilligung des Verletzten, so könnte die Straflosigkeit der *Betriebsinhaber oder ihrer Organe* nicht aus einer Einwilligung des Verletzten hergeleitet werden: die für die Verletzung ursächliche Betriebseröffnung erfolgte vor der Einwilligung des in den Betrieb eintretenden Arbeitnehmers. Nach h. M. muß jedoch die Einwilligung in eine gefährliche Handlung vor der Handlung abgegeben werden; nachträgliche Zustimmungen sind unbeachtlich[92]. Zwar kommen hier möglicherweise ganz andere Gesichtspunkte ins Spiel, die den Betriebsinhaber rechtfertigen könnten. Der Vertrauensgrundsatz, das Fehlen der individuellen Vorhersehbarkeit des konkreten schädigenden Kausalverlaufes, oder der Gedanke der Arbeits- und Pflichtenteilung, wie er von *Stratenwerth* für den Bereich der ärztlichen Heilbehandlung näher untersucht worden ist[93], könnten hier eine Rolle spielen. Festzuhalten bleibt jedoch, daß solche Fälle nicht generell über die Einwilligung des Verletzten zufriedenstellend gelöst werden können.

Das ergibt sich schließlich auch daraus, daß wegen der „Erlaubtheit des Risikos" oder wegen „Sozialer Adäquanz" auch Todesfälle gerechtfertigt sein sollen[94]. Nach h. M. ist eine rechtfertigende Einwilligung jedoch bei § 222 StGB nicht möglich[95].

---

[89] Vgl. die erschöpfende Aufzählung bei *Kienapfel*, Anm. 3.

[90] *Binding*, Normen IV, S. 441 f.

[91] *Baumann*, LB, S. 306 f., weist ausdrücklich darauf hin, daß die Lehre vom erlaubten Risiko in den Bereich der Rechtfertigung durch Einwilligung gehöre. — So soll z. B. bei Flugzeugunfällen die im Betrieb der Linie liegende Verursachung wegen Einwilligung des Fluggastes in das Risiko nicht rechtswidrig sein (S. 258).

[92] *Baumann*, LB, S. 312; *Geerds*, ZStW 72, 44; *Hansen*, S. 117; *Mezger - Blei*, StuB I, S. 126; *Schönke - Schröder*, § 51, Vorbem. RZ 42; BGHSt 17, 359; OLG Frankfurt, DAR 1965, 217.

[93] Festschrift f. *Eb. Schmidt*, S. 383 ff.

[94] *Schönke - Schröder*, § 59, RZ 167 f.; in diesem Sinne auch RGSt 57, 172; BGHSt 6, 234. a. A. z. B. *Hansen*, S. 177; *Welzel*, LB, S. 56.

[95] So ausdrücklich *Schröder*, a.a.O., § 222, RZ 3; weiter die oben Anm. 28 Genannten.

3. Die von den modernen Massenverkehrsmitteln ausgehenden Gefahren werden ebenfalls häufig als erlaubtes Risiko oder als sozialadäquat bezeichnet[96].

Sieht man von anderen mit diesen Sachverhaltsgruppen in Zusammenhang gebrachten Begriffen ab, wie z. B. vom Rechtfertigungsgrund des „verkehrsrichtigen Verhaltens"[97], dem „Vertrauensgrundsatz"[98] oder der „Einhaltung der im Verkehr erforderlichen Sorgfalt"[99], so ist auch hier die Frage zu klären, welche Bedeutung der Wille bzw. das Verhalten des Verletzten auf die Strafbarkeit des Täters hat, der durch den Betrieb oder durch das Führen eines solchen Verkehrsmittels eine Verletzung verursacht.

Sicher können der Wille oder das Verhalten eines Verletzten dann erheblich sein, wenn er aufgrund einer fehlerhaften Betriebshandlung verunglückt. Wenn der Verletzte gerade diese Risikoerhöhung kannte oder gar herbeigeführt hat, wird es naheliegen, seine Verletzung nicht mit einer Bestrafung des Handelnden zu ahnden.

z. B.:
Passagiere eines Flugzeuges bewegen den Piloten zu einer riskanten Landung.

Anders ist es dann, wenn das Unglück nicht auf eine fehlerhafte Betriebshandlung zurückgeht, gleichwohl aber als betriebsadäquate Folge anzusehen ist.

z. B.:
Stationsvorsteher A gibt in Hamburg einem Zug das Abfahrtssignal. Zweihundert Kilometer weiter entgleist der Zug, da sich infolge plötzlicher Hitzeeinwirkung die Schienen verworfen haben. Mehrere Reisende werden verletzt.

Es erscheint fraglich, ob ein Freispruch des A auf die mangelnde individuelle Vorhersehbarkeit dieses Unfalles gestützt werden könnte, da dem Fachmann diese Gefahren durchaus vertraut sind[100]. Trotz dieser generellen Vorhersehbarkeit wird man den Stationsvorsteher nicht bestrafen können, und zwar unabhängig davon, ob die verletzten Reisenden die Gefahr kannten und welche Stellungnahmen sie vor Abfahrt des Zuges abgegeben hatten. Hier jedenfalls scheint ein typischer Anwendungsfall des Rechtsgedankens vorzuliegen, nach dem bestimmte

---

[96] vgl. Nachweise bei *Kienapfel*, Anm. 4; *Jescheck*, LB, S. 191.
[97] z. B. BGHZ 24, 21 ff.; *Nipperdey*, NJW 57, 1777; *Baumann*, LB, S. 307.
[98] z. B. *Schönke - Schröder*, § 59, RZ 197 (Vertrauensgrundsatz als Ausfluß des erlaubten Risikos); *Welzel*, Das neue Bild, S. 34.
[99] z. B. *Kienapfel*, S. 28; *Welzel*, LB, S. 132 f.; Verkehrsdelikte, S. 25.
[100] RGSt 56, 350.

sozialübliche und notwendige Gefährdungen grundsätzlich und ohne Rücksicht auf den Willen der Verletzten rechtmäßig sind[101].

z. B.:

> Wenn bei der Eisenbahnkatastrophe ein von einem Entführer mitgenommenes Kind getötet wird, würde man es wahrscheinlich gar nicht in Erwägung ziehen, den Entführer oder gar den Zugkontrolleur wegen der mangelnden Zustimmung des Kindes bzw. dessen Eltern in das Risiko der Eisenbahnfahrt wegen fahrlässiger Tötung zu bestrafen.

Allerdings stellt sich hier die Frage, auf die später noch ausführlicher einzugehen ist, ob es heutzutage überhaupt noch berechtigt ist, den Betrieb von Eisenbahnen, Kraftomnibuslinien, Passagierschiffen und auch Linienflug-Unternehmen als Risiken für die Fahrgäste zu bezeichnen, die über das Maß des allgemeinen Lebensrisikos hinausgehen, und einer Einwilligung des Fahrgastes oder einer besonderen Rechtfertigung wegen „Sozialer Adäquanz" o. ä. bedürfen. Vielmehr scheint es gerade bei den Massenverkehrsmitteln oder überhaupt bei den Verkehrsmitteln darauf anzukommen, in welchem Maße durch technische Sicherheitsvorkehrungen und Kontrollmaßnahmen die Unfallwahrscheinlichkeit herabgesetzt worden ist. Je geringer durch solche Vorkehrungen die Gefährlichkeit eines Unternehmens geworden ist, desto mehr wird man auf das Erfordernis einer Einwilligung der Teilnehmer verzichten können. Umgekehrt wird man umso eher nach dem Willen der Gefährdeten zu fragen geneigt sein, wenn es sich um ein neuartiges oder verhältnismäßig gefährliches, oder um ein mit Mängeln personeller oder technischer Art behaftetes Verkehrsmittel handelt. Ähnliche Erwägungen müßten dann auch bei der Anwendung des Grundsatzes der Sozialadäquanz oder des erlaubten Risikos angestellt werden.

4. Die Problematik von lebensnotwendigen oder verkehrserforderlichen gefährlichen Handlungen ist auch verschiedentlich vom Reichsgericht aufgezeigt worden[102]. Die Lösung suchte das Reichsgericht darin zu finden, daß es solche Verhaltensweisen, die unter Beachtung aller anderen Vorsichtsmaßregeln vorgenommen wurden, nicht für *pflichtwidrig* hielt[103]. Als Beispiele nannte es wissenschaftliche Versuche, ärztliche Operationen und die Teilnahme an Flügen[104]. Das sind Sachverhalte, bei denen die Einwilligung des Gefährdeten bzw. des Verletzten sicher

---

[101] *Eb. Schmidt* (*Engisch*-Festschrift, S. 349) meint zwar, daß solche Fälle mit der sozialen Handlungslehre zufriedenstellend zu lösen seien. Diese Lehre verschiebt aber nur die Probleme: an der Wertung, welche gefährlichen Handlungen im heutigen Sozialleben als strafrechtlich irrelevant anzusehen sind, kommt sie nicht vorbei.

[102] RGSt 30, 25 (27); RGSt 57, 172 (173).

[103] So RGSt 57, 174 (Memelfall). In RGSt 30, 28 (Leinenfängerfall) verneinte es die Zumutbarkeit und damit die Pflichtwidrigkeit.

[104] RGSt 57, 173. Zustimmend *Dreher*, § 222, Anm. 3; LK - *Lange*, § 222, RZ 8.

nicht ohne Bedeutung ist. Eine ausdrückliche Abgrenzung der Einwilligung zu der Frage der Pflichtwidrigkeit hat das Reichsgericht aber nicht vorgenommen. Immerhin werden aus seiner Rechtsprechung Anhaltspunkte sichtbar, die auf einen Zusammenhang zwischen den Fragen der *Pflichtwidrigkeit*, des erlaubten Risikos und der Einwilligung hinweisen.

Der Bundesgerichtshof hat den Gesichtspunkt des „erlaubten Risikos" nur in einer Entscheidung erwähnt. Dabei ließ er die Frage anklingen, ob ein solcher Rechtfertigungsgrund im Gesetz eine Stütze findet. Eine Entscheidung darüber ließ der BGH jedoch dahingestellt, da die zu beurteilende Handlung „weder notwendig noch lebenswichtig" gewesen sei[105]. Daraus ist zu schließen, daß der BGH diesen Rechtfertigungsgrund nach den Maßstäben der Notwendigkeit und Lebenswichtigkeit ausrichten würde. Auch hier läßt sich die Frage stellen, wieweit der Wille der von notwendigen oder lebenswichtigen Gefährdungen Betroffenen von Bedeutung ist.

II. Abgrenzung zur „Einwilligung"

Verschiedentlich ist der Versuch unternommen worden, „Einwilligung" und „erlaubtes Risiko" bzw. „Sozialadäquanz" gegeneinander abzugrenzen oder die entsprechenden Fälle unter einem einheitlichen Begriff zu erfassen.

1. So unterscheidet *Hellmuth Mayer* zwischen der Einwilligung in die Verletzung eines Rechtsgutes[106] und der Einwilligung in ein Risiko[107]. Während er die Einwilligung in die Verletzung eines Rechtsgutes als rechtfertigende Einwilligung ansieht[108], läßt er die Einwilligung in ein Risiko das Maß des Erlaubten Risikos — eines selbständigen Rechtfertigungsgrundes[109] — erhöhen[110]. Unklar bleibt dabei jedoch, ob *Hellmuth Mayer* die Einwilligung für die Erlaubtheit eines Risikos genügen läßt, oder ob er daneben fordert, daß das „maßvolle Risiko", dessen Grenzen ja durch die Einwilligung erweitert werden sollen, schon die von ihm aufgestellten Grundvoraussetzungen des erlaubten Risikos besitzen muß. Das würde bedeuten, daß nur dann die Einwilligung eine Wirkung hätte, wenn das Risiko auf eine sozial wertvolle

---

[105] BGHSt 7, 112 (114). Dagegen hat der BGH anerkannt, daß sozialadäquate Handlungen „zumindest nicht rechtswidrig" sind, BGH St 23, 228.
[106] LB, S. 166; StuB, S. 86.
[107] LB, S. 188.
[108] LB, S. 166; StuB, S. 86.
[109] LB, S. 187. Im Studienbuch bezeichnet *H. Mayer* das „maßvolle Risiko" als Unterfall der Güterkollision (S. 91).
[110] LB, S. 188.

Leistung gerichtet wäre[111]. Eine riskante Handlung, die keinen sozial wertvollen Zweck verfolgt, könnte dann durch eine Einwilligung nicht gerechtfertigt werden.

2. *Schröder* nennt die Einwilligung in die Verletzung als selbständigen Rechtfertigungsgrund bei Fahrlässigkeitsdelikten[112]. Daneben weist er aber darauf hin, daß eine Einwilligung des später Verletzten ein „erlaubtes Risiko" schaffen könne[113]. Im „erlaubten Risiko" sieht er einen Rechtfertigungsgrund, der bestimmte, für geschützte Rechtsgüter gefährliche Handlungen wegen ihrer Notwendigkeit im sozialen Leben erlaubt, auch wenn sie verbotene Erfolge herbeiführen[114]. Soweit aber jemand einer riskanten Handlung eines Täters zustimmt, genügt nach Schröder das *anstelle* der sozialen Notwendigkeit[115], um das Risiko zu erlauben. Diese Einwilligung in eine riskante Handlung unterstellt Schröder den allgemeinen Grundsätzen der rechtfertigenden Einwilligung. So fordert er insbesondere, daß der Einwilligende eine klare Vorstellung von der Bedeutung des Risikos gehabt haben muß[116]. Weiter hält er diese Einwilligung nur für wirksam, wenn der Täter alles getan hat, um den Erfolg zu vermeiden[117].

Es bleibt jedoch ungeklärt, welche Fälle überhaupt noch für den von *Schröder* besonders angeführten Rechtfertigungsgrund der Einwilligung des Verletzten bei Fahrlässigkeitsdelikten in Betracht kommen sollen. In der Regel wird doch derjenige, der auf Rechtsschutz vor bestimmten fahrlässigen Verletzungen verzichtet und somit eine Einwilligung im Sinne Schröders abgibt, auch in die Handlungen einwilligen, die zu dieser Verletzung führen. Gerade *Schröder* geht ja auch von der Konstellation aus, daß ein Gefährdeter sich bewußt den verschiedenen Möglichkeiten anheimgibt, die eine bestimmte Handlung zur Folge haben kann. Er meint, daß diese Zustimmung als Einwilligung in die Verletzung anzusehen sei[118]. Damit setzt er also jeweils die Zustimmung zu einer riskanten Handlung — der Verursachungshandlung — voraus, wenn er eine Einwilligung in einen Erfolg annimmt. So müßte nach *Schröder* in fast allen Fällen einer „Einwilligung in die Verletzung" bei Fahrlässigkeitsdelikten auch ein Fall des durch Einwilligung geschaffenen „erlaubten Risikos" vorliegen[119].

---
[111] Vgl. LB, S. 187; StuB, S. 91 („anerkanntes Produktions- oder Verkehrsinteresse").
[112] *Schönke - Schröder*, Vorbem. § 51, RZ 36; § 59, RZ 164.
[113] *Schönke - Schröder*, § 59, RZ 167.
[114] *Schönke - Schröder*, § 59, RZ 165.
[115] *Schönke - Schröder*, § 59, RZ 167: „Erlaubtes Risiko kann *ferner* durch Einwilligung geschaffen werden" (Hervorhebung durch Verfasser).
[116] *Schönke - Schröder*, § 59, RZ 167.
[117] a.a.O.
[118] *Schönke - Schröder*, § 226 a, RZ 3.
[119] § 59, RZ 167.

B. Erlaubtes Risiko und Sozialadäquanz

3. *Baumann* lehnt den Rechtfertigungsgrund des „erlaubten Risikos" oder der „Sozialadäquanz" ab. Er will die Fälle, die im allgemeinen unter diesen Begriffen erfaßt werden, allein unter dem Gesichtspunkt der Einwilligung des Verletzten prüfen[120]. So hält er bei einem Flugzeugunglück den Betrieb der Linie deshalb nicht für rechtswidrig, weil der Fluggast in das allgemeine Flugrisiko eingewilligt habe[121]. Anknüpfungspunkt für die Strafbarkeit könne aber eine falsche Betriebshandlung sein. In diese sei nicht eingewilligt, so daß sie rechtswidrig sei[122]. Daraus kann allerdings nicht gefolgert werden, daß *Baumann* gerade bei den gefährlichen Betrieben es allein auf eine Einwilligung in die Handlung abstellt. Vielmehr setzt er in allen Fällen voraus, daß der Verletzte in die „Verletzung" eingewilligt habe[123], wobei er anstelle dieser Einwilligung auch eine noch kritisch zu würdigende[124] „vermutete Einwilligung" genügen läßt[125].

Fraglich bleibt dabei, wie *Baumann* seine Ergebnisse mit dem auch von ihm anerkannten Grundsatz vereinbaren will, daß eine Einwilligung bei indisponiblen Rechtsgütern nicht in Betracht komme[126]. Denn aufgrund der „Einwilligung" in die Gefährdung, die seiner Meinung nach in bestimmten Fällen auch eine Einwilligung in die Verletzung des Rechtsgutes bedeutet[127], will er auch Handlungen gerechtfertigt wissen, die zu Todesfällen geführt haben. So nennt *Baumann* als Beispiel den Betrieb einer Luftfahrtlinie, bei dem ein Flugzeug abstürzt. Das Betreiben der Linie soll nach seiner Meinung wegen der *Einwilligung des Fluggastes* nicht rechtswidrig sein[128]. Damit wird aber diese Verursachungshandlung, die zum Tode der Passagiere führte, allein wegen der Einwilligung der Getöteten als rechtmäßig bezeichnet. Das ist unvereinbar mit dem von *Baumann* an anderer Stelle[129] ausdrücklich vertretenen Grundsatz, wonach eine Einwilligung bei nicht verfügbaren Rechtsgütern nicht in Betracht kommen soll.

Ein anderer Einwand gegen die These *Baumanns* ergibt sich aus folgender Erwägung: Wenn es um die Strafbarkeit des Herstellers eines Kraftfahrzeuges geht oder um die Strafbarkeit der verantwortlichen

---

[120] LB, S. 256 ff. (258); S. 306 f.
[121] LB, S. 258.
[122] a.a.O.
[123] So nennt er die Teilnahme an einem Fußballspiel als einen solchen Fall des „erlaubten Risikos" und meint, daß hier in die allgemein üblichen kleineren Verletzungen eingewilligt sei (S. 307).
[124] Siehe unten S. 34.
[125] Darauf war schon oben kurz eingegangen worden, vgl. S. 25.
[126] LB, S. 306.
[127] LB, S. 307 (vgl. Anm. 123).
[128] LB, S. 258.
[129] LB, S. 306.

Leiter eines Verkehrsunternehmens, so kann deren Ursachensetzung nach der auch von *Baumann* vertretenen h. M. für den später infolge eines Unfalles eingetretenen Erfolg nicht deshalb als gerechtfertigt angesehen werden, weil der Verletzte eingewilligt hat. Denn eine rechtfertigende Einwilligung muß nach dieser Meinung schon *vor* der fraglichen Gefährdungshandlung vorgelegen haben[130]. Bei Herstellung des Kraftfahrzeuges, beim Verkauf an das Verkehrsunternehmen, bei der Aufstellung des Fahrplanes, ja auch bei der Überlassung des Fahrzeuges an den jeweiligen Fahrer liegt aber eine konkrete Einwilligung des späteren Benutzers nicht vor. Die Rechtfertigung dieser Handlungen muß also doch auf einem anderen Prinzip als dem der Einwilligung beruhen. Zwar erfaßt *Baumann* die in Betracht kommenden Fälle auch nicht ausschließlich mit der „Einwilligung". Das zeigt sich bei Sachverhalten, bei denen sich die Frage aufdrängt, ob tatsächlich ein Gefährdungsbewußtsein vorgelegen hat, wie z. B. bei den Sportverletzungen. Bei Situationen, deren allgemeine Gefährlichkeit offenkundig ist, soll nach Meinung *Baumanns* die Verletzung auch dann gerechtfertigt sein, wenn der Gefährdete sich der Gefahr nicht bewußt war. Dann soll eben wegen der Offenkundigkeit der Gefahr der Rechtfertigungsgrund der „zu vermutenden Einwilligung" eingreifen[131]. — Das Problem hat *Baumann* damit erkannt, die Lösung ist zumindest gegenüber seinen eigenen Ausführungen inkonsequent. Denn bei seinen Erörterungen zum Rechtfertigungsgrund der „zu vermutenden Einwilligung" betont er, daß dieser Rechtfertigungsgrund nur angewandt werden könne, wenn eine Entscheidung über die echte Einwilligung nicht abgewartet werden könne[132]. Als Beispiel für eine zu vermutende Einwilligung wegen Offenkundigkeit der Gefahr nennt er den Fall, daß jemand schon anhand der Spielerkleidung hätte erkennen können, daß es bei diesem Spiel nicht „pingelig" zugehen würde.

Wenn dieser Spieler bei einer späteren Verletzung sich darauf beruft, von der Gefährlichkeit dieses Spieles nichts gewußt zu haben, so soll er nach *Baumann* wegen der Offenkundigkeit dieser Gefahr nicht damit gehört werden dürfen[133]. Es fragt sich aber, warum der Verletzte eine Entscheidung über die echte Einwilligung der potentiell von ihm Gefährdeten bzw. Verletzten nicht hätte einholen können: Ein Notfall, der sofortige Entscheidung verlangte, lag nicht vor.

Immerhin zeigt sich an *Baumanns* Darlegungen, daß er diese Fälle wegen des offenbar nicht vorliegenden Gefährdungsbewußtseins nicht

---

[130] LB, S. 312; im übrigen h. M., vgl. oben Anm. 92.
[131] LB, S. 307, vgl. dazu oben, Anm. 74.
[132] LB, S. 318.
[133] LB, S. 307.

B. Erlaubtes Risiko und Sozialadäquanz

dem Anwendungsbereich der „Einwilligung des Verletzten" unterstellen zu können glaubt. Seine Lösung, die Offenkundigkeit der Gefahr für den Verletzten zur Rechtfertigung des Täters ausreichen zu lassen, erscheint vom Ergebnis her annehmbar, müßte aber anders begründet werden[134].

4. Nach *Zipf* ergänzen sich Einwilligung und Sozialadäquanz bei der strafrechtlichen Bewertung eines riskanten Verhaltens des Opfers[135]. Eine Einwilligung ist nach *Zipf* nur rechtswirksam und schließt dann den Tatbestand aus, wenn der Verletzte ohne Einwilligungsfiktion[136] der Rechtsgutsverletzung zugestimmt hat[137]. Die Fälle, in denen der Verletzte sich nur einer gefährlichen Handlung oder Situation bewußt ausgesetzt hat, unterstellt *Zipf* der Sozialadäquanz[138]: Hält sich das Verhalten des Täters im Rahmen der „anerkannten sozialen Verhaltensnormen"[139], so ist trotz einer daraus resultierenden Verletzung der Tatbestand ausgeschlossen. Einen Teil dieser Fälle bezeichnet *Zipf* als rechtskonform, wenn der riskanten Handlung ein bestimmtes Verhaltensmodell zugrundeliegt, das allen für den Handlungsvollzug von der Rechts- und Sozialordnung normierten Sicherheitsvorschriften Rechnung trägt[140]. Auf die Haltung des Betroffenen soll es dann aber bei rechtskonformen oder sozialadäquaten Verhaltensweisen nicht mehr ankommen[141].

Wie aber schon eingangs dieses Abschnittes ausgeführt wurde, kann auch bei „sozialadäquaten" Gefährdungen der Wille oder das Verhalten des Verletzten von Bedeutung sein. Dieser Einfluß des Verhaltens des Verletzten muß auch bei den sozialadäquaten Risikohandlungen genau untersucht werden und darf auch nicht mit der „Rechtskonformität" überspielt werden[142].

---

[134] Vgl. oben S. 25.
[135] Einwilligung und Risikoübernahme im Strafrecht, S. 83.
[136] S. 75.
[137] S. 30 f.; 60 f.
[138] S. 77 u. 80.
[139] S. 78.
[140] S. 78.
[141] S. 81.
[142] S. 78 u. 81. Auf die engen Beziehungen zwischen Sozialadäquanz und Einwilligung weist auch *Schroeder*, S. 32 f., hin.

C. Die Einhaltung der im Verkehr erforderlichen Sorgfalt

Einige Autoren erfassen bestimmte Erfolgsverursachungen[143], die nach anderen Meinungen als „erlaubtes Risiko"[144] oder als „sozialadäquat"[145] anzusehen sind, unter dem Begriff: „Einhaltung der im Verkehr erforderlichen Sorgfalt"[146].

Soweit die Rechtswidrigkeit der fraglichen Gefährdungshandlungen vom Verhalten des Verletzten beeinflußt werden kann, wie z. B. bei den Gefährdungen des Straßenverkehrs oder bei dem Betrieb gefährlicher Unternehmen, sind Bedeutung und Anwendungsbereich dieses Begriffes schon aus diesem Grunde für die vorliegende Untersuchung von Belang.

Weiter ist jedoch zu beachten, daß die Verletzung der im Verkehr erforderlichen Sorgfalt in zunehmendem Maße als das Verbrechensmerkmal genannt wird, das neben der Erfolgsverursachung zum Fahrlässigkeitsunrecht gehört[147].

---

[143] z. B. die vom Straßenverkehr ausgehenden Gefährdungen; die mit dem Betrieb gefährlicher Unternehmen verbundenen Risiken.

[144] *Binding*, Normen IV, S. 440; *Schönke - Schröder*, § 59, RZ 167; *Hirsch*, ZStW 74, 93.

[145] *Schönke - Schröder*, § 59, RZ 168.

[146] *Engisch*, 100 Jahre, S. 418; Idee der Konkretisierung, S. 278; *Jescheck*, LB, S. 191 u. S. 436; *Krauß*, ZStW 76, 47; *Niese*, JZ 1956, 460; *Welzel*, LB, S. 131; ausdrücklich im Zivilrecht z. B. *Nipperdey*, NJW 1957, 1779; in diese Richtung auch *Mergenthaler*, JZ 1962, 54; teilweise werden die Begriffe „erlaubtes Risiko" und „Sozialadäquanz" als inhaltsleer oder unberechtigt abgelehnt; die darunter verstandenen Sachverhalte dagegen als Fälle der Einhaltung der im Verkehr erforderlichen Sorgfalt betrachtet: *Armin Kaufmann*, ZfRV 1964, 55 f.; *Kienapfel*, S. 28 f.; *Rehberg*, S. 226, *Wiethölter*, S. 57. *Schmidhäuser*, LB RZ 9/17 begrenzt die rechtfertigende Wirkung der Sozialadäquanz durch die Beachtung der „im Verkehr erforderlichen Sorgfalt".

[147] *Boldt*, ZStW 68, 345; *Engisch*, 100 Jahre, S. 432 u. 418; *Henkel*, Mezger-Festschrift, S. 283; *Horn*, S. 86; *Jescheck*, Aufbau, S. 12; *Armin Kaufmann*, ZfRV 1964, 45; *Kohlrausch - Lange*, § 59, Anm. IV 4; *Lackner - Maassen*, § 59, Anm. IV, 2 a, aa; *Mergenthaler*, JZ 1962, 54; *Mezger - Blei*, StuB I, S. 218; *Niese*, Finalität, S. 61; JZ 1956, 460; *Stratenwerth*, Schw. ZStr. 81 (1965), 205, vgl. aber unten; *v. Weber*, LB, S. 83; *Welzel*, LB, S. 131; Verkehrsdelikte S. 15; *Wessels*, LB, S. 106. Nur von einer objektiven Sorgfaltspflichtverletzung sprechen: *Baumann*, LB, S. 251; *Gallas*, ZStW 67, 42; *Hellmuth Mayer*, LB, S. 270, wobei aber dieser Begriff jeweils verschieden aufgefaßt wird. Ablehnend: *Rehberg*, S. 144, 153, 162; *Dreher*, § 59, Anm. 3 A 3; *Maurach*, LB AT, S. 466 ff.; *Oehler*, Zweckmoment, S. 74; Festschrift Eb. Schmidt, S. 240 ff.; *Schönke - Schröder*, § 59, RZ 176 ff. *Stratenwerth*, LB, RZ 1167 ff., rechnet zur Tatbestandsmäßigkeit beim Fahrlässigkeitsdelikt neben der Erfolgsverursachung die Verletzung einer dem individuellen Täter obliegenden Sorgfaltspflicht. *Jakobs* kommt in seiner Monographie „Studien zum fahrlässigen Erfolgsdelikt" zum gleichen Ergebnis: Der Tatbestand des Fahrlässigkeitsdeliktes wird neben der Erfolgsverursachung durch eine subjektive Vermeidbarkeit bestimmt (S. 69).

C. Die Einhaltung der im Verkehr erforderlichen Sorgfalt

Welche Voraussetzungen und welche Eigenheiten dieses Merkmal besitzt[148], ob es zum Tatbestand[149] oder in die Rechtswidrigkeitsstufe[150] gehört, ist dabei noch genauso ungeklärt, wie seine — allerdings mehr terminologische — Abgrenzung zu den schon genannten Begriffen.

Will man die Bedeutung des Verhaltens des Verletzten erschöpfend erfassen, wird man sich jedenfalls im Rahmen der Fahrlässigkeitsdelikte mit dem Begriff „Einhaltung der im Verkehr erforderlichen Sorgfalt" auseinanderzusetzen haben.

Schon jetzt soll *Hirsch* erwähnt werden, der unter Verwendung dieses Begriffes für einige hier interessierende Sonderfälle eine bemerkenswerte Lösung findet[151]: Er scheidet in seinen Erörterungen zur „sozialen Adäquanz" die Fälle eines sozialadäquaten Risikos, wie den ordnungsgemäßen Betrieb von Fabriken, Steinbrüchen, Eisenbahnen, Kraftfahrzeugen und Flugzeugen, schon als Einhaltung der im Verkehr erforderlichen Sorgfalt aus dem Tatbestand der fahrlässigen Delikte aus[152]. Diesen Sachverhalten stellt er bestimmte Fälle einer Selbstgefährdung durch Eingehen sozialinadäquater Risiken gegenüber, — wie z. B. das Körperverletzungsrisiko für einen Streikposten, der von der Streikleitung vor dem Werkstor aufgestellt wird[153] —, und Fälle erhöhter Gefährdung beim sozialadäquaten Risiko — ärztliche Operation, Tätigkeit in einer Munitionsfabrik[154]. In diesen Fällen sieht er gleichfalls nicht eine Verletzung der im Verkehr erforderlichen Sorgfalt, da die dem erhöhten Risiko ausgesetzten Personen sich willentlich in den Gefahrenbereich begeben und damit in die nach Art des betreffenden Gefahrenbereiches geringere Sorgfaltsbeachtung eingewilligt hätten. Da das Recht keinen Grund habe, mehr Sorgfalt für jemanden zu verlangen, als dieser beanspruche, fehle es schon an einer tatbestandsmäßigen Sorgfaltsverletzung[155].

Wenn diese Darlegungen richtig sind, könnte das Verhalten des Verletzten auch generell Einfluß auf die im Verkehr ihm gegenüber zu beachtende Sorgfalt besitzen. Diese allgemeine Folgerung zieht auch *Geppert*[156] unter Hinweis auf die Meinungen, nach denen sich die Einwilligung auf die Frage der Pflichtwidrigkeit des Täters auswirken kann. Er hält es im Ansatz für richtig, beim Eingehen eines bewußten Risikos durch den Gefährdeten das Maß der verkehrserforderlichen

---

[148] Vgl. dazu *Armin Kaufmann*, ZfRV 1964, 46 ff.; *Jakobs*, S. 48 ff.; *Jescheck*, Aufbau, S. 9 ff.
[149] z. B. *Engisch*, 100 Jahre, S. 418; *Horn*, S. 86; *Armin Kaufmann*, ZfRV 1964, 46; LK - Hirsch, § 230, RZ 6; *Niese*, Finalität, S. 62; *Welzel*, LB, S. 131.
[150] *Mergenthaler*, JZ 1962, 54.
[151] ZStW 74, 78 ff.
[152] a.a.O., S. 85.   [153] a.a.O., S. 85.   [154] a.a.O., S. 96.   [155] a.a.O., S. 96.
[156] ZStW 83, 947 (992).

Sorgfalt beim Täter zu relativieren[157], fordert aber für diese Fälle eine gesteigerte Sorgfaltspflicht des Gefährdenden[158]. Weitere Einschränkungen hält er dann für notwendig, wenn der Täter dem Gefährdeten aus psychischen oder physischen Gründen bei der Steuerung des gefährdenden Kausalverlaufes überlegen ist oder wenn die Gefährdungshandlung gegen ein gesetzliches Verbot verstößt[159]. Wegen dieser Einschränkungen wird seiner Meinung nach die Sorgfaltswidrigkeit auch nur in sehr wenigen Fällen ausgeschlossen sein können[160]. Er verzichtet aber auf eine Vertiefung der Problematik[161]. Die Relevanz unbewußter Eigengefährdungen des Verletzten behandelt er allerdings gar nicht.

Bevor jedoch den Lösungshinweisen von *Hirsch* und *Geppert*, dem Verhalten des Verletzten Einfluß auf die verkehrserforderliche Sorgfalt des Täters einzuräumen, nachgegangen werden kann, müßte dieses Merkmal grundsätzlich erörtert werden.

D. Das verkehrsrichtige Verhalten

Der vom Bundesgerichtshof in einer zivilrechtlichen Entscheidung anerkannte Rechtfertigungsgrund des verkehrsrichtigen Verhaltens[162] scheint auf den ersten Blick mit dem hier erörterten Problem nichts zu tun zu haben. Die Entscheidung löste aber den noch heute andauernden Streit über Rechtswidrigkeit und Unrecht in der zivilrechtlichen Literatur aus[163]. Dabei wurden dem verkehrsrichtigen Verhalten auch Sachverhalte zugeordnet, bei denen das Verhalten des Verletzten nicht ohne Bedeutung sein kann. So betraf die fragliche Entscheidung des

---

[157] ZStW 83, 992. Gegen eine solche Forderung ausdrücklich *Bechtold*, S. 174.
[158] a.a.O., S. 994. [159] a.a.O., S. 994. [160] a.a.O., S. 997. [161] a.a.O., S. 993.
[162] BGHZ 24, 21 (26). Die Strafsenate des BGH haben sich zu diesem Rechtfertigungsgrund noch nicht geäußert. Im Zivilrecht ist die Entscheidung mehrfach bestätigt worden, vgl. z. B.: BGH VersR 1958, 626 (VI ZR 108, 57); BGH VersR 1959, 104 (VI ZR 176, 57).
[163] Es überwiegen dabei die ablehnenden Meinungen, vgl. z. B. *Deutsch*, S. 50, mit Nachweisen. Die Strafrechtswissenschaftler äußerten sich vorwiegend positiv, vgl. *Baumann*, JZ 1962, 41 (47); LB, S. 269; *Niese*, Festschr. f. Eb. Schmidt, S. 364, 368 ff.; *Welzel*, LB, S. 58; a. A.: *Rehberg*, S. 164, der die Kritik von *May* (NJW 1958, 1265) aufgreift, die Entscheidung legitimiere gewissermaßen den Tod von mehr als 10 000 Menschen jährlich. Wenn man wie *Rehberg* nur den Erfolgsunwert das Unrecht konstituieren läßt, *könnte* man so argumentieren. Dem BGH und den Anhängern dieser Rechtsprechung ging es aber auch um die Mitberücksichtigung des Handlungsunwertes. Unter diesen Umständen ist der Einwand von *May* und *Rehberg* unberechtigt. Spezielle Literatur: *Wiethölter*, Der Rechtfertigungsgrund des verkehrsrichtigen Verhaltens, Karlsruhe 1960; *Dohmen*, Für und wider den Rechtfertigungsgrund des verkehrsrichtigen Verhaltens, Köln, Diss. 1965.

BGH einen Fall aus dem Bereich des Straßenverkehrs. Wie schon dargelegt, spielen zumindest bei der Beförderung durch Massenverkehrsmittel Probleme der Einwilligung eine gewisse Rolle. Hier taucht wieder das Problem auf, wieweit ein bestimmtes Verhalten, das die Voraussetzungen eines solchen Rechtfertigungsgrundes erfüllt, auch dann noch als rechtmäßig bezeichnet werden kann, wenn es gegen den ausdrücklich oder schlüssig erklärten Willen des Verletzten geschieht, oder wieweit überhaupt ein Verhalten im Straßenverkehr z. B. der Zustimmung des Gefährdeten bedarf, um als rechtmäßig — hier als „verkehrsrichtig" — bezeichnet werden zu können.

Nur am Rande sei erwähnt, daß eine exakte Erfassung dieses Rechtfertigungsgrundes eine nähere Auseinandersetzung mit den Problemen der Sozialadäquanz, des erlaubten Risikos und der Einhaltung der im Verkehr erforderlichen Sorgfalt erfordert[164].

E. Die Selbstgefährdung

Unter den Gesichtspunkten „Selbstgefährdung" oder „gemeinsame Selbstgefährdung" werden Verletzungen für straflos erklärt, bei denen der Verletzte die zum Erfolg führende Kausalkette in einem besonders auffälligen Maße mitbeherrschte.

1. *Exner* erörtert diese Fallgruppen im Rahmen seiner Untersuchung über die Probleme des fahrlässigen Zusammenwirkens mehrerer[165]. Wird von zwei in gefährlicher Art und Weise zusammenwirkenden Menschen — die z. B. ein gefährliches Experiment durchführen oder sich bei einer Klettertour gegenseitig abseilen — einer verletzt, so will *Exner* den anderen straflos lassen, wenn der Verletzte sich bewußt gefährdet hat, also über die Tragweite des gemeinschaftlichen gefährlichen Tuns ebenso oder vielleicht sogar besser orientiert war, als der andere[166].

Zur Begründung verweist *Exner* für die Fälle der Körperverletzung darauf, daß die fahrlässige Körperverletzung mit Einwilligung nicht strafbar sein könne, wenn schon die vorsätzliche Körperverletzung mit Einwilligung straflos sei[167]. Handelt es sich insoweit um einen Anwendungsfall der „Einwilligung des Verletzten", so zeigt es sich bei den Fällen der fahrlässigen Tötung, daß *Exner* hier auf einen selbständi-

---

[164] Vgl. dazu: *Nipperdey*, NJW 1957, 1777; *Haase*, NJW 1957, 1315; *Zippelius*, NJW 1957, 1707; *Stoll*, JZ 1958, 139.
[165] *Frank*-Festgabe, S. 569 ff.
[166] a.a.O., S. 590.
[167] a.a.O.

gen Strafausschließungsgrund verweist. Denn auch Todesverursachungen will er bei gemeinschaftlicher Selbstgefährdung straflos lassen. Einmal hält *Exner* es für bedenklich, die Beihilfe zur Selbstgefährdung strafrechtlich zu ahnden, wenn die Beihilfe zur Selbsttötung straflos sei[168]. Zum andern sieht er in diesen Fällen unter ausdrücklichem Hinweis auf die Entscheidung des Reichsgerichts im sogenannten „Memelfall"[169] ein Problem der Zumutbarkeit. Er bezweifelt, ob man den im Fahrlässigkeitsurteil begründeten Vorwurf der Rücksichtslosigkeit auch gegenüber einem Täter erheben könne, der nicht weniger Rücksicht auf das Leben des Getöteten gezeigt habe, als dieser selbst. Nach seiner Meinung steuerte man in ein bedenkliches Bevormundungssystem, wenn der Mensch bei Strafe verpflichtet würde, auf das Wohl der anderen mehr bedacht zu sein, als diese selbst es seien.

In Fortführung seiner Überlegungen[170] verweist *Exner* darauf, daß viele technische Weiterentwicklungen, ja der ganze Fortschritt nicht ohne Selbstgefährdungen möglich seien und daß es nicht anginge, alle diejenigen strafrechtlich zu verfolgen, die diese mutigen Pioniere durch Lieferung von Geräten, durch geistige oder manuelle Hilfeleistung unterstützen würden.

2. *Schröder* versteht unter „Selbstgefährdung" die Fälle, in denen der Täter lediglich die Voraussetzungen für ein riskantes Unternehmen des Verletzten gibt[171]. Aus dem allgemeinen Grundsatz der Akzessorietät verneint *Schröder* hier eine Strafbarkeit, weil die Selbstgefährdung straflos sei. Er hält es hier nicht für erforderlich, das durch eine Einwilligung geschaffene „erlaubte Risiko" als Rechtfertigungsgrund heranzuziehen. Als Beispiele nennt *Schröder* die Fälle, daß A dem B bei stürmischen Wetter sein Segelboot gibt, daß C den D durch eine Wette zu einem riskanten Unternehmen veranlaßt oder daß beide einen gefährlichen Fluß durchschwimmen[172]. Damit nennt er ähnliche Beispiele, wie sie auch *Exner* anführte[173].

3. Bei einem Sachverhalt, der von *Schröder* als ein solcher Fall der gemeinsamen Selbstgefährdung bezeichnet wird[174], — der angetrunkene Teilnehmer einer nächtlichen privaten Motorradwettfahrt stürzte infolge eigner Fahrfehler tödlich —, verurteilte der *BGH* den Partner allerdings wegen fahrlässiger Tötung[175]. Er stellte dazu fest, daß zwar

---

[168] a.a.O.; ähnlich *LK - Mezger*, Vorbem. 10 h, cc vor § 51.
[169] RGSt 57, 172.
[170] a.a.O., S. 91.
[171] *Schönke - Schröder*, § 59, RZ 167.
[172] a.a.O.
[173] Frank-Festgabe, S. 590.
[174] *Schönke - Schröder*, § 59, RZ 167.
[175] BGHSt 7, 112.

keine allgemeine Rechtspflicht bestehe, Dritte vor Gefahren oder Verletzungen zu schützen, daß jedoch die Mitwirkung an fremder fahrlässiger Selbstverletzung unter Umständen dem allgemeinen Gebot zuwiderlaufe, eine billige Rücksicht auf Gesundheit und Leben Anderer zu nehmen[176]. Welche Rolle der BGH nun diesem allgemeinen Gebot zuteilen will, ist nicht recht ersichtlich. Immerhin kann man aber aus dieser Entscheidung folgern, daß der BGH grundsätzlich in den Fällen gemeinsamer Selbstverletzung eine Strafbarkeit des Teilnehmers wegen der Straflosigkeit der Selbstverletzung verneint. Die „billige Rücksicht auf Gesundheit und Leben Anderer" scheint dabei eine Erwägung zu sein, die in der rechtlichen Unbeachtlichkeit sittenwidrigen Tuns ihre Wurzel hat.

F. Das Mitverschulden

Im Strafrecht gibt es keine Vorschrift, die dem § 254 BGB entspricht. Es ist auch fraglich, ob man im Strafrecht von einer „Schuld" des Verletzten, die ja eine rechtswidrige Tatbestandsverwirklichung voraussetzt, sprechen kann, da es keine Verbote für den Einzelnen gibt, eigene Rechtsgüter zu verletzen.

Trotzdem wird eine Reihe von Fällen, in denen sich der Verletzte einer Gefahr bewußt oder unbewußt, aber vermeidbar, aussetzte, unter diesem Stichwort erfaßt. Da diese Definition auch die Sachverhalte treffen würde, die herkömmlicherweise zum Anwendungsbereich der „Einwilligung" gehören, beschränkt man sich im allgemeinen auf die Fälle, in denen die Zustimmung zu einer Gefährdung aus irgendwelchen Gründen nicht rechtswirksam ist. Genannt werden z. B. die Einwilligung in fahrlässige Tötungen[177] oder Zustimmungen, die *nach* der gefährlichen Handlung[178] oder ohne ausreichendes Gefährdungsbewußtsein[179] abgegeben worden sind.

Dabei wird dem Mitverschulden grundsätzlich keine strafausschließende Kraft zugemessen[180]. Denn „es handele sich im Strafrecht nicht um Ausgleich von Schäden, sondern um Strafe für Schuld. Die Tat des Verurteilten werde nicht um des Verletzten willen, sondern wegen der Straftat selbst geahndet"[181]. Weiter wird darauf hingewiesen, daß bei

---

[176] BGHSt 7, 115.
[177] BGH VRS 5, 289; 15, 430.
[178] *Hansen*, S. 153; siehe auch den Pockenarztfall (BGHSt 17, 359).
[179] *Hansen*, S. 153.
[180] *Hansen*, S. 155; LK - *Mezger*, § 59, Anm. III, 23 e; *Maurach*, LB AT, S. 576 f.; *Roxin*, ZStW 74, 427; *Wegner*, LB, S. 187; BGHSt 4, 182 (187); ähnlich RGSt 73, 239 (242); 73, 370 (372).
[181] *Wegner*, a.a.O.

einem Strafausschluß wegen Mitverschuldens gewisse Menschengruppen bezüglich der allgemeinen verkehrsgemäßen Obhutspflichten außerhalb der Rechtsordnung gestellt würden[182]. So wird das Mitverschulden des Verletzten allenfalls als strafmildernder Umstand anerkannt[183].

Ob diese Begründungen stichhaltig sind und ob nicht aus den eingangs schon aufgezeigten Erwägungen über die Gefährdungsverflechtungen im heutigen Zusammenleben heraus dem Mitverschulden doch eine strafausschließende Funktion bei den Fahrlässigkeitsdelikten zukommt, wird noch eingehend zu untersuchen sein.

Verschiedene Fälle von Selbstgefährdungen, in denen von einem Mitverschulden gesprochen werden könnte, haben allerdings unter einem ganz anderen Gesichtspunkt Einfluß auf die Strafbarkeit: Alle Sachverhalte, in denen das Verhalten des Verletzten oder des Getöteten zwar zum Erfolg führte, aber völlig unvernünftig war, bleiben ohne strafrechtliche Konsequenzen. Entweder verneint man die adäquate Kausalität[184], oder man hält die Verursachungshandlung nicht für fahrlässig[185]. So hat der BGH die Frage des Mitverschuldens bei einem Fall der fahrlässigen Tötung untersucht und festgestellt, daß ein Mitverschulden des Getöteten die Schuld des Täters zwar nicht beseitigen könne, daß aber ein ganz unvernünftiges Verhalten des Getöteten geeignet sei, die Vorhersehbarkeit des Unfalls für die anderen Verkehrsteilnehmer auszuschließen[186].

G. Die „Einwilligung des Verletzten" im Zivilrecht

I. Die Lehre vom Handeln auf eigene Gefahr

1. Im Zivilrecht ist ein wesentlicher Teil des hier interessierenden Problems unter dem Stichwort „Handeln auf eigene Gefahr" angesiedelt worden. Dabei ist unter „Handeln auf eigene Gefahr" zunächst nur eine Sammelbezeichnung für die Fälle zu verstehen, in denen jemand einen Schaden aufgrund einer Gefahr davonträgt, der er sich ohne Not bewußt ausgesetzt hat. Zwischen vorsätzlicher und fahrlässiger Zufügung des Schadens durch den Täter wird dabei im allgemeinen nicht

---

[182] *Roxin*, a.a.O.

[183] *Geppert*, ZStW 83, 999 f.; *Hansen*, S. 153; *Maurach*, LB AT, S. 577; *Wegner*, LB, S. 187; *Zipf*, S. 57 f.; BGH VRS 5, 289.

[184] *Maurach*, LB AT, S. 576 f.; *LK - Mezger*, § 59 Anm. III, 23 e.

[185] *Exner*, Frank-Festgabe, S. 577; *Kohlrausch - Lange*, § 59, Anm. IV, 3 a; *LK - Mezger*, § 59, Anm. III, 23 e; *Schönke - Schröder*, § 59, RZ 187.

[186] BGHSt 4, 182 (187); ähnl. RGSt 73, 239 (242); 73, 370 (372).

unterschieden, da das Zivilrecht durchgehend die gleichen Haftungsfolgen an vorsätzliches und fahrlässiges Verhalten knüpft.

2. Der Begriff der „Einwilligung des Verletzten" als rechtliche Wertung bestimmter Fälle eines Handelns auf eigene Gefahr ist von der Rechtsprechung allerdings erst im Jahre 1933 eingeführt worden[187]. *Stoll* hat in seiner umfassenden Untersuchung über die Lehre vom Handeln auf eigene Gefahr[188] dargestellt[189], wie bis zu diesem Zeitpunkt das Reichsgericht Fälle, in denen sich jemand ohne Not bewußt einer Gefahr aussetzte, teils unter dem Gesichtspunkt eines stillschweigenden Haftungsverzichtes[190], teils unter einem selbständigen Haftungsausschlußgrund des „Handelns auf eigene Gefahr"[191] erfaßt hat. Vornehmlich handelte es sich dabei um Entscheidungen, die Fälle einer Gefälligkeitsmitnahme auf Fahrzeugen betrafen.

Dabei wurde das Handeln auf eigene Gefahr zunächst auch als Ausschluß einer Verschuldenshaftung verstanden, wobei es — unter scharfer Abgrenzung zu § 254 BGB — als eigentliche, nicht dem Schädiger anzulastende Ursache angesehen wurde[192] oder als Begrenzung der vom Schädiger aufzubringenden deliktischen Verkehrspflicht[193]. Später wurde im Handeln auf eigene Gefahr nur noch ein Ausschlußgrund für die Gefährdungshaftung gesehen; begründet wurde es mit einer „allgemein im Rechtsleben herrschenden Auffassung"[194].

3. Im Anschluß an *Flad*[195] änderte das Reichsgericht im Jahre 1933 seine Rechtsprechung[196]. Es ging vom Handeln auf eigene Gefahr als Sachverhalt aus — bezeichnete diese Formulierung also nicht mehr als Begriff für einen Haftungsausschlußgrund — und verstand darunter den Fall, daß der Teilnehmer an einer Kraftfahrzeugfahrt sich der besonderen mit dieser Fahrt verbundenen Gefahren bewußt sei. In dieser bewußten Teilnahme an der Gefahr sah das Reichsgericht eine rechtsgeschäftliche Erklärung, die es als eine „vorbehaltlich der Grenzen des Erlaubten zulässige Einwilligung des Fahrtteilnehmers in eine möglicherweise auf der Fahrt eintretende Verletzung" beurteilte. Die-

---

[187] RGZ 141, 262 ff.
[188] *Hans Stoll*, Das Handeln auf eigene Gefahr, Berlin und Tübingen 1961; vgl. auch *Gerhardt*, Handeln auf eigene Gefahr, Diss. Göttingen 1962.
[189] a.a.O., S. 14 - 24.
[190] RGZ 65, 313; RG JW 1914, 589.
[191] RGZ JW 1906, 710 Nr. 4; JW 1007, 388; RG Warn. Rspr. 1909, 327 Nr. 357.
[192] RG JW 1906, 710 Nr. 4.
[193] RG JW 1907, 388.
[194] RG Warn. Rspr. 1909, Nr. 357 S. 327; ähnlich JW 1911, 28; RG JW 1911, 28 Nr. 5; JW 1912, 857.
[195] Recht 1919, 13 ff.
[196] RGZ 141, 262 ff.

ser Rechtfertigungsgrund, wie er als solcher vom Reichsgericht verstanden wurde, sollte nun nicht mehr ausschließlich für die Gefährdungshaftung gelten, sondern auch in den Fällen der Verschuldenshaftung anzuwenden sein. Andererseits wurden die Erfordernisse einer Willenserklärung verlangt; allein das tatsächliche bewußte Eingehen einer Gefahr reichte nicht aus. Soweit die Einwilligung deshalb nicht wirksam sein konnte, wie z. B. bei Minderjährigkeit des Einwilligenden, griff das Reichsgericht auf § 254 BGB zurück.

Der BGH übernahm diese Rechtsauffassung und behielt sie bis zum Jahre 1961 bei[197].

4. Gegen diese zunächst von der herrschenden Lehre geteilten Ansicht[198] wurde im wachsenden Maße Kritik laut[199]. Auch die Rechtsprechung wandte sich vereinzelt gegen die Meinung des BGH[200]. Hauptargument war der Hinweis darauf, daß es gekünstelt sei, in all diesen Fällen des Handelns auf eigene Gefahr eine Einwilligung des Verletzten anzunehmen. Vielmehr liege ein Fall des „venire contra factum proprium" vor, wenn ein Geschädigter Schadensersatz wegen einer Verletzung verlange, die aus einer Gefahr resultierte, der er sich selbst ausgesetzt habe.

Dieser Meinung schloß sich der BGH in seinem Urteil vom 14. 1. 1961 an[201]. Nunmehr sieht auch der BGH in Ersatzforderungen der Verletzten bei diesen Sachverhalten ein „venire contra factum proprium" und damit einen Fall des § 254 BGB, in dem dieser Grundsatz eine nähere Ausprägung gefunden habe. Im Gegensatz zum Schrifttum betont allerdings der BGH, daß ein Handeln auf eigene Gefahr nicht generell einen völligen Haftungsausschluß mit sich ziehe. Entsprechend § 254 BGB richte sich vielmehr die Verteilung des Schadens nach dem Einzelfall.

Die Grundgedanken dieser Entscheidung lassen sich demnach wie folgt festhalten: Wer sich bewußt einer Gefahr aussetzt, muß sich dieses Verhalten gemäß § 254 BGB entgegenhalten lassen, wenn er aufgrund des dadurch erlittenen Schadens Ersatzansprüche stellt. Dieses Verhalten ist kein Rechtsgeschäft; es genügt das tatsächliche bewußte Eingehen eines Risikos. Allerdings, und das ist zu betonen, schloß der BGH

---

[197] BGHZ 2, 159; BGHZ 7, 199; BGHZ 12, 213.
[198] Vgl. *Gerhardt*, Diss., S. 12, Anm. 39, u. S. 14, Anm. 54, jeweils mit Nachweisen.
[199] *Wangemann*, NJW 1955, 85; MDR 1956, 385; *Böhmer*, VersR, 1957, 205; JR 1957, 338; *Geigel*, 9. Aufl., Kp. 10, Nr. 37; *Bemmann*, VersR 1958, 585; *Flume*, JZ 1961, 605; *Soergel - Siebert - Schmidt*, § 254, Anm. 63; *Staudinger - Weber*, § 242, Anm. D 342.
[200] OLG Oldenburg, DAR 1956, 296.
[201] BGHZ 34, 355 ff.

die Möglichkeit einer rechtfertigenden Einwilligung nicht aus. Er beschränkte sie aber auf die Fälle, in denen wirklich das Verhalten des Geschädigten ohne künstliche Unterstellung als Einwilligung in die als möglich vorgestellte Rechtsgutsverletzung aufgefaßt werden könne, wie das nach Meinung des BGH etwa bei gefährlichen Sportarten zutreffen kann[202].

Die Rechtsprechung folgt dieser Entscheidung[203]; auch von der Lehre ist sie im überwiegenden Maße übernommen worden[204].

5. Zwar ist der Ansatzpunkt dieser Meinung richtig, daß das Eingehen einer Gefahr nur selten die Einwilligung in etwaige Verletzungen bedeutet.

Zweifelhaft ist aber einmal, ob § 254 BGB eine Ausprägung des Grundsatzes über die Folgen widersprüchlichen Verhaltens ist[205]. Doch soll die Frage hier dahingestellt bleiben. Zum anderen ist es jedoch fraglich, ob neben der „Einwilligung in den Erfolg" allein die Rechtsfigur des widersprüchlichen Verhaltens bzw. die Bestimmung des § 254 BGB geeignet sind, die Fälle des Handelns auf eigene Gefahr befriedigend zu erfassen. Denn eine Haftungsminderung oder -freistellung wegen widersprüchlichen Verhaltens oder Mitverschuldens des Verletzten können immer erst dann in Betracht kommen, wenn feststeht, daß der Schädiger rechtswidrig und schuldhaft gehandelt hat[206]. Da nach Meinung des BGH das Verhalten des Verletzten nur dann zum Unrechtsausschluß führen kann, wenn eine echte Einwilligung in den Erfolg vorliegt, muß ein Großteil der Schadensverursachungen als rechtswidrig und schuldhaft bezeichnet werden, die nach bisheriger Ansicht entweder als rechtmäßig oder als schuldlos angesehen wurden[207].

Dieses Ergebnis erscheint schon wertungsmäßig als etwas zu pauschal. Weiter wird damit dem Erfolg eine unrechtskonstitutive Bedeutung zuerkannt, die mit den in der Entscheidung zum „verkehrsrichtigen Verhalten" aufgestellten Grundsätzen[208] schwerlich vereinbar ist. Des-

---

[202] BGHZ a.a.O. (363).
[203] BGHZ VersR 1961, 1140; OLG Saarbrücken, VersR 1961, 928.
[204] Böhmer, VersR 1961, 771; MDR 1961, 661; Rother, S. 111; Palandt-Danckelmann, § 254, Anm. 6; Staudinger-Weber, § 242, Anm. D 342. Weitgehend zustimmend auch Stoll, a.a.O. Vorwort (S. VII) a. A.: Münzberg, S. 307, Anm. 604; teilweise auch Flume, JZ 1961, 605 f.
[205] Ablehnend Flume, JZ 1961, 605; Stoll, S. 315 f.
[206] Flume, a.a.O.
[207] Münzberg, S. 307, Anm. 604, weist darauf hin, daß nunmehr unzählige Handlungen mit dem Stempel der Rechtswidrigkeit versehen würden, die früher — wenn auch mit der falschen Begründung „Einwilligung" — zu Recht als erlaubt angesehen wurden.
[208] BGHZ 24, 21 ff.

halb ist die Frage berechtigt, ob hier der BGH nicht vorschnell zu einer verlockenden Generalklausel gegriffen hat. Man vermißt jedenfalls eine sorgfältige Prüfung, ob nicht neben der „Einwilligung des Verletzten" andere Rechtfertigungsgründe oder Schuldausschließungsgründe das Handeln auf eigene Gefahr zumindest teilweise dogmatisch zutreffend erfassen können.

Abgesehen davon, daß eine dem § 254 entsprechende Regelung im Strafrecht fehlt, läßt sich daher aus dieser Lösungsmöglichkeit kein Gewinn für unsere Untersuchung ziehen.

II. Die Meinung von Hans Stoll

1. Anhaltspunkte für eine sachgerechte Lösung könnten dagegen die Thesen von *Hans Stoll* bieten[209].

Stoll billigt dem „Handeln auf eigene Gefahr" Einfluß auf die Pflichtwidrigkeit des Täters, also auf dessen Schuld, zu[210]. Er geht von der Frage aus, ob den Täter eine Pflicht zur Vermeidung bestimmter Gefahren traf, d. h., ob er den später Verletzten der zu dieser Verletzung führenden Gefahr hatte überlassen dürfen oder nicht. *Stoll* weist nach, daß es verschiedene Umstände gibt, unter denen man einen Menschen einer Gefahr aussetzen darf[211].

Dazu gehören auch die „echten" Fälle des Handelns auf eigene Gefahr. Darunter versteht *Stoll* die Situationen, in denen der Täter seiner Schutzpflicht gegenüber Personen enthoben sei, denen wegen der „Erkennbarkeit der Gefahren" oder weil sie die Gefahr erkannt oder gebilligt haben, die eigenverantwortliche Selbstsicherung zugemutet werden könne[212]. Führe die betreffende gefährliche Handlung zu einem

---

[209] Siehe Zusammenfassung, a.a.O., S. 366 ff.
[210] S. 246.
[211] S. 242; S. 264 ff.; S. 196 ff.
[212] S. 243 („Erkennbarkeit für eine Durchschnittsperson"); S. 264, S. 297; S. 366 (Leitsatz); *Stoll*, S. 251, S. 68, weist dazu auch auf Entscheidungen des Reichsgerichts hin: *RGZ 169, 13*: Wer sich in einer Gaststätte an der Vorführung eines Zauberkünstlers tätig beteiligt, übernehme damit in aller Regel im Verhältnis zum Gaststätteninhaber die mit der Veranstaltung verbundenen, ihm bekannten oder *erkennbaren* Gefahren. (Hervorhebung vom Verfasser). Ähnlich *RG JW 1928, 3185*: In Hamburger Ballhäusern sei zur Karnevalszeit das Werfen mit Knallerbsen so häufig, daß die Gäste damit rechnen *mußten*. (Hervorhebung vom Verfasser). Die gleichfalls genannte (S. 67) Entscheidung *BGH VersR 1958, 605*, gehört jedoch nicht in diesen Zusammenhang: Ein Reitschüler verunglückte auf seinem kurz zuvor gekauften, sehr reizbaren Pferd. Der Reitlehrer hatte sich nicht über die Eigenschaften des Pferdes unterrichtet. Der BGH verneinte eine Schuld des Reitlehrers, weil der Schüler gerade auf seinem Pferd habe reiten wollen, und er damit gerade dieses Risiko übernommen habe. *Stoll* meint, daß der Schüler das Risiko nicht gekannt habe. Richtiger wird anzunehmen sein, daß der Reitschüler gerade das Risiko eines Rittes auf einem noch unerprobten Pferd übernommen hatte.

G. Die „Einwilligung des Verletzten" im Zivilrecht

entsprechenden Erfolg, so habe der Täter nicht pflichtwidrig und damit nicht schuldhaft gehandelt[213].

Entscheidend dafür, in welchem Maße des Handeln auf eigene Gefahr den Umfang der Schutzpflichten beeinflussen könne, seien die in einem Gemeinwesen zur Zeit der Tat herrschenden sozialethischen Anschauungen[214].

Sei es nach diesen Anschauungen nicht zulässig, Personen zu gefährden, obwohl diese sich der Gefahr ausgesetzt hätten, so würde es sich um die „unechten Fälle" des Handelns auf eigene Gefahr handeln. Die Pflichtwidrigkeit, d. h., die Schuld des Täters, bleibe bestehen[215]. Allerdings sei zu berücksichtigen, daß der Geschädigte seinen eigenen Interessen, die von der Rechtsordnung so konsequent geschützt würden, zuwider gehandelt habe. *Stoll* nimmt deshalb einen Einfluß des Handelns auf eigene Gefahr auf die schadensrechtliche Wirkung an und kommt zum Schadensausgleich über § 254 BGB[216].

Die Einwilligung in die Trunkenheitsfahrt sieht *Stoll* als einen der häufigsten Anwendungsfälle des unechten Handelns auf eigene Gefahr an[217]. Solche „riskanten Touren" sollen seiner Meinung nach nicht zulässig sein[218]. Die sich dabei ereignenden Verletzungen seien daher weder gerechtfertigt noch entschuldigt; und zwar auch dann nicht, wenn es sich nur um leichtere Verletzungen handelt. Nur über § 254 soll hier dem Schädiger eine Haftungserleichterung gegeben werden[219].

Eine „Einwilligung des Verletzten" als Rechtfertigungsgrund sieht *Stoll* in den Fällen als gegeben an, in denen ohne Unterstellung festgestellt werden kann, daß der Geschädigte dem Erfolg zugestimmt habe[220].

2. *Stoll* meidet den Weg des BGH, über § 254 BGB pauschal die Fälle zu lösen, in denen man von einer echten Einwilligung in den Erfolg zu Recht nicht sprechen kann. Kritisch muß jedoch seine Ansicht betrachtet werden, daß in den „echten Fällen" des Handelns auf eigene Gefahr nur ein Schuldausschluß in Betracht kommen kann. Diese Meinung beruht auf der sehr umstrittenen herkömmlichen Lehre, wonach Erfolgsverursachung und Nichtvorliegen der üblichen Rechtfertigungsgründe bereits zum Rechtswidrigkeitsurteil genügen. So lehnt auch *Stoll* den Rechtfertigungsgrund des verkehrsrichtigen Verhaltens aus-

---

[213] S. 246; S. 269; S. 296.
[214] S. 257.
[215] S. 253.
[216] S. 256.
[217] S. 311.
[218] S. 307; S. 313.
[219] S. 256; S. 367.
[220] S. 312.

drücklich ab, da er sonst den absoluten Schutz der dinglichen Rechte nicht mehr für gewährleistet hält[221]. Ob dieser Meinung zu folgen ist, und ob nicht zumindest für das Strafrecht andere Folgerungen zu ziehen sind, müßte noch geprüft werden.

Näher zu prüfen wäre der Hinweis auf die herrschenden sozialethischen Anschauungen, von denen es abhängen soll, ob ein Schädiger einen anderen — auch mit dessen Willen — einer Gefährdung aussetzen darf[222]. Damit ist aber ein Problem angeschnitten, das sich nur unter einem anderen Etikett mit der Frage nach der Sittenwidrigkeit der Tat bei einer Einwilligung gemäß § 226 a StGB im gleichen Umfange stellt.

Zur Frage des Gefährdungsbewußtseins weist *Stoll* an Hand einer Reihe von Entscheidungen nach, daß das Reichsgericht nur in den wenigsten Fällen das Vorliegen eines Gefährdungsbewußtseins angenommen hatte[223]. Aus seinen Beispielsfällen ergibt sich, daß tatsächlich auch nur selten davon gesprochen werden kann, daß der Gefährdete die Gefahr in ihrem ganzen Ausmaß erkannt hatte.

Auf dieser Erkenntnis fußt seine Konsequenz, in den echten Fällen des Handelns auf eigene Gefahr auf ein konkretes Gefährdungsbewußtsein zu verzichten und es genügen zu lassen, wenn die Gefahr „erkennbar" war[224]. Für ein Teilgebiet typischer Fälle des Handelns auf eigene Gefahr, nämlich bei der Teilnahme an einem Sport oder an einem Spiel, drückt er das so aus, daß die Rechtsbeziehungen der Beteiligten schadensrechtlich in ihrer „objektiven Typizität" bewertet werden sollen[225]. Diese Objektivierung entspricht zwar dem zivilrechtlichen Schuldbegriff, scheint aber auch einen Ausweg für die gleichgeartete Problematik im Strafrecht zu bedeuten. Auf dem gleichen Wege bewegt sich ja auch *Baumann*, der es — allerdings mit unzutreffender Begründung — für die Frage der Wirksamkeit der Einwilligung auf die Erkennbarkeit des gefährlichen Tuns ankommen läßt[226].

Vor allem ist jedoch die Konstruktion *Stolls* zu beachten, die Fälle des Handelns auf eigene Gefahr als Einschränkung der objektiven Schutzpflichten des Gefährders anzusehen. Eine Übertragung dieses Lösungswegs auf das Strafrecht, in dem die objektive Sorgfaltspflichtverletzung in zunehmendem Maß als Unrechtsmerkmal anerkannt wird, würde zur Anerkennung des „Eingehens eines Risikos" als Tat-

---

[221] S. 280 ff. (Anm. 1); JZ 1958, 137 (140).
[222] Handeln auf eigene Gefahr, S. 256 ff.
[223] S. 41 ff.
[224] S. 243; S. 261.
[225] S. 262.
[226] LB, S. 307; vgl. auch *Rost*, S. 90.

G. Die „Einwilligung des Verletzten" im Zivilrecht

bestandsausschluß- oder als Rechtfertigungsgrund führen. Eine ähnliche Richtung hat ja auch *Hirsch* eingeschlagen, der eine Verletzung der im Verkehr erforderlichen Sorgfalt, die er als Tatbestandsmerkmal ansieht, verneinte, wenn der Gefährdete bestimmte Risiken bewußt eingegangen war[227].

III. Neuere Wege im Zivilrecht

1. Einen Schritt weiter als *Stoll* scheint *Münzberg* in seiner Untersuchung „Verhalten und Erfolg als Grundlagen der Rechtswidrigkeit und Haftung"[228] zu gehen. Auch er setzt bei der Frage an, in welchen Grenzen einen Schädiger Rechtspflichten treffen, die Gefährdungen Dritter zu vermeiden[229]. Im Gegensatz zu *Stoll* sieht er aber in der Rechtspflichtverletzung ein Unrechtsmerkmal[230]. Diese unrechtsausschließenden Einschränkungen der deliktischen Schutzpflichten nimmt er auf Grund verschiedener Umstände vor, zu denen er auch die Interessenabwägung zählt[231].

Als einen der Bewertungsfaktoren für diese Interessenabwägung nennt er die *Einwilligung in eine Gefährdung*[232], die somit die Rechtswidrigkeit beeinflussen kann. Allerdings fordert er, daß der Einwilligende ein echtes Gefährdungsbewußtsein gehabt haben müsse, und läßt die objektive Erkennbarkeit eines Risikos nicht genügen[233].

Neben der Einwilligung in die Gefährdung nennt *Münzberg* aber noch die Interessenherabsetzung des — später — Verletzten als Umstand, der den Pflichtenkreis des Täters beschränkt[234]. Immer dann, wenn der Träger der rechtlich geschützten Interessen die seinen Interessen drohende Verletzung zumutbar verhindern oder beschränken kann, soll die Schutzwürdigkeit dieser Interessen herabgesetzt sein[235]. Wenn dadurch die Interessen des Täters überwiegen, soll dieser nicht zur Unterlassung der Gefährdung verpflichtet sein[236]. Überwiegen jedoch trotz der verminderten Schutzwürdigkeit immer noch die Interessen des Gefährdeten, so hält *Münzberg* die Schutzpflicht des Täters nicht für gemindert, die Gefährdung bleibe rechtswidrig[237]. Allenfalls

---

[227] ZStW 74, 96.
[228] Juristische Abhandlungen, Band IV, Frankfurt (Main), 1966.
[229] S. 141 ff.
[230] S. 177.
[231] S. 310.
[232] S. 311.
[233] S. 319.
[234] S. 305.
[235] a.a.O.
[236] S. 306.
[237] S. 305 f.

sei gemäß § 254 BGB und verwandter Regelungen der Schadensersatz zu verringern oder zu verweigern[238].

Sieht man von der Vorverlagerung der Rechtspflichtverletzung in den Unrechtsbereich ab, so kommt *Münzberg* im wesentlichen also zu den gleichen Ergebnissen wie *Stoll*. *Münzberg* vergleicht auch ausdrücklich die Fälle der unrechtsausschließenden Interessenherabsetzung mit den Fällen des echten Handelns auf eigene Gefahr, sowie die Fälle der für die Rechtswidrigkeit unerheblichen Interessenherabsetzung mit dem unechten Handeln auf eigene Gefahr[239].

In Schwierigkeiten gerät er bei der Abgrenzung zu der Einwilligung in die Gefährdung. Ist nämlich in die Gefährdung eingewilligt, so wird man durchweg auch eine interessenherabsetzende Unterlassung des Selbstschutzes annehmen können. *Münzberg* selbst bezweifelt es, daß eine Abgrenzung „stets möglich sei"[240]. Er untersucht auch nicht näher, nach welchen Gesichtspunkten diese „Obliegenheit des bedrohten Interessenträgers, sich selbst zu schützen"[241], zu ermitteln ist.

Beachtenswert bleibt vor allem, daß auch *Münzberg* unter Verzicht auf ein Gefährdungsbewußtsein einer Sorgfaltspflichtverletzung des Verletzten Einfluß auf die Sorgfaltspflicht des Täters einräumt.

2. *Larenz* erfaßt die meisten Sachverhalte, in denen sich der später Verletzte einer Gefahr ausgesetzt hat, unter der rechtfertigenden Einwilligung des Verletzten[242]. Anders als die herrschende Lehre zu diesem Rechtfertigungsgrund fordert er aber nicht für alle Sachverhalte ein zutreffendes Gefährdungsbewußtsein beim Verletzten. Auf der Grundlage seiner Lehre vom sozialtypischen Verhalten[243] meint er, daß auch die Einwilligung oft in einem dafür „sozialtypischen" Verhalten zu sehen sein würde. Wer sich an einem sportlichen Wettkampf beteilige, nehme z. B. dadurch solche Verletzungen in Kauf, die unvermeidbar damit verbunden seien, soweit sie sich nach ihrer Art und Schwere nicht als ungewöhnlich darstellten, und die Spielregeln eingehalten seien[244]. Hier zeigen sich enge Berührungspunkte mit Begriffen wie „erlaubtes Risiko" und „Sozialadäquanz".

---

[238] S. 306.
[239] a.a.O.
[240] S. 307.
[241] S. 305.
[242] Schuldrecht II, S. 452.
[243] Allgemeiner Teil, S. 448 ff.
[244] Schuldrecht II, S. 452.

H. Die Problematik der bisher vertretenen Ansichten

1. Der Blick auf Rechtsprechung und Literatur hat gezeigt, welch unterschiedliche Meinungen darüber bestehen, in welchem Maße und unter welchen Begriffen dem Verhalten des Verletzten Einfluß auf die Strafbarkeit des Täters bei Fahrlässigkeitsdelikten eingeräumt werden soll. Andererseits fällt auf, daß bestimmte Begriffe und Rechtsinstitute Sachverhalte erfassen, für deren rechtliche Bewertung der Wille bzw. das Verhalten des Verletzten bedeutsam sein müßten, ohne daß dieser Zusammenhang aufgezeigt oder näher untersucht wird.

2. Eine wesentliche Ursache dafür, daß das Verhalten des Verletzten rechtlich so unterschiedlich bewertet wird, liegt in dem verfehlten Ausgangspunkt eines Teils der Lehre. Eine große Zahl von Autoren geht zu einseitig von *einem* bestimmten Strafausschließungsgrund aus, nämlich der Einwilligung des Verletzten. Unter diesem Zentralbegriff versucht man, möglichst alle Fälle zu erfassen, in denen der Gefährdete sich mehr oder weniger bewußt der Gefahr ausgesetzt hat. Die strafausschließende Kraft der Einwilligung des Verletzten wird jedoch nach herrschender Meinung mit dem Verzicht auf Rechtsschutz durch den Verletzten begründet. Da die ausdrückliche *Preisgabe* eines Rechtsgutes aber nur in den wenigen Fällen, in denen jemand sein Rechtsgut *verletzen* lassen will, festzustellen sein wird, ist man gezwungen, aus dem Eingehen eines Risikos das Einverständnis mit dem etwaigen Erfolgseintritt zu fingieren. Das „bewußte Eingehen eines Risikos" oder die „Zustimmung zu einer gefährlichen Handlung in Kenntnis ihrer Gefährlichkeit" erfordern aber ihrerseits, daß der Verletzte die Gefahr bei Abgabe seiner zustimmenden Erklärung tatsächlich genau erkannt hat. Auch diese Voraussetzung wird überwiegend als vorhanden unterstellt, obwohl ein zutreffendes Gefährdungsbewußtsein nur selten vorhanden sein wird.

Es soll nicht verkannt werden, daß offensichtlich ein Bedürfnis besteht, in bestimmten Fällen des Eingehens eines Risikos durch den Verletzten den Fahrlässigkeitstäter straflos zu stellen. Und es wird eine Reihe von Fällen geben, in denen ein bewußtes Eingehen eines Risikos nicht festzustellen ist, in denen aber gleichwohl eine Strafausschließung am Platze ist. Das darf aber nicht dadurch geschehen, daß eine Einwilligung in die Verletzung oder auch nur ggf. eine Einwilligung in eine gefahrbringende Handlung auf dem Wege einer Fiktion begründet wird.

Man kann durchaus die Einwilligung in ein Risiko als selbständigen Strafausschließungsgrund auffassen. Und es scheint vieles dafür zu sprechen, auch bestimmte Verhaltensweisen des Verletzten dem Täter zugutekommen zu lassen, die nur objektiv als „Eingehen eines Risikos" angesehen werden können, ohne daß im Einzelfall der Gefährdete die Gefahr zutreffend erkannt zu haben braucht. Dann muß das aber eigenständig begründet werden. Anhaltspunkte könnten dafür die im Zivilrecht vorgeschlagenen Lösungen bieten[245]. Daß man die Probleme, die mit dem Verhalten des Verletzten zusammenhängen, weitgehend unter dem Gesichtspunkt der Einwilligung sieht, erklärt auch die Abgrenzungsschwierigkeiten mit den Begriffen wie „Erlaubtes Risiko", „Einhaltung der im Verkehr erforderlichen Sorgfalt", „verkehrsrichtiges Verhalten" u. a. ... Man meint wahrscheinlich, daß der Wille des Verletzten erschöpfend durch den Rechtfertigungsgrund der Einwilligung des Verletzten berücksichtigt wird.

3. Bei Begriffen wie „Sozialadäquanz" oder „erlaubtes Risiko" mißt man deshalb auch dann dem Willen des Verletzten zu wenig oder gar keine Bedeutung zu. So kommt es dazu, daß entweder der Strafausschließungsgrund der Einwilligung über Gebühr ausgedehnt wird, oder daß in einem weiten Umfang Fälle als sozialadäquat oder als erlaubtes Risiko bezeichnet werden, ohne daß der Wille des Verletzten näher untersucht worden ist. Auch das Problem der Zustimmung zu lebensgefährdenden Handlungen wird entscheidend davon beeinflußt, daß diese Fälle unter dem Gesichtspunkt der „Einwilligung" betrachtet werden: § 216 StGB scheint hier einer Rechtfertigung des Täters unüberwindbar entgegenzustehen.

4. Die Feststellung, daß die in Betracht kommenden Sachverhalte teilweise auch in den Anwendungsbereich von Strafausschließungsgründen wie „Erlaubtes Risiko", „Sozialadäquanz" etc. hinüberreichen, lenkt die Aufmerksamkeit auf eine andere Ursache für die Unsicherheit in der rechtlichen Beurteilung des Verhaltens des Verletzten bei Fahrlässigkeitsdelikten: Die Dogmatik des Fahrlässigkeitsdeliktes ist im Strafrecht heftig umstritten. Im wesentlichen spitzt sich dabei der Streit auf die Frage zu, in welchem Umfang der Unrechtsbereich bei den Fahrlässigkeitsdelikten neben der Erfolgsverursachung durch weitere objektive Merkmale eingegrenzt werden soll. Hier haben die Probleme der Sozialadäquanz, des erlaubten Risikos, der Beachtung der im Verkehr erforderlichen Sorgfalt, der Verkehrsrichtigkeit u. a. ihren Standort. Aber auch die Frage, wie weit bestimmte objektive Verhaltensweisen des Verletzten zum Unrechtsausschluß genügen, hängt damit zusammen.

Der Streit um das „Ob" dieser Unrechtseingrenzung könnte dafür verantwortlich gewesen sein, daß noch nicht genug geklärt worden ist,

---

[245] Vgl. dazu insbesondere *Stoll*, *Münzberg* und *Larenz* (oben S. 46 ff. und S. 49 f.); im Ansatz ähnlich *Baumann*, LB, S. 307; *Rost*, S. 90.

H. Die Problematik der bisher vertretenen Ansichten

welche Sachverhalte von diesen Begriffen erfaßt werden, bzw. welche Voraussetzungen sie im einzelnen erfordern. Hieraus könnte sich wiederum erklären, daß es noch nicht näher untersucht worden ist, wie weit bei diesen Begriffen der Wille oder das Verhalten des Verletzten eine Rolle spielen.

5. Die Lösung dieser Fragen und damit die Lösung der darauf zurückzuführenden Probleme, die bei der Bewertung des Verhaltens des Verletzten bestehen, erfordern eine Auseinandersetzung mit der Struktur des Fahrlässigkeitsdelikts. Erst dann wird man feststellen können, ob die Begriffe und Rechtsinstitute, unter denen man bisher die Auswirkungen des Verhaltens des Verletzten erfaßte, zu Recht existieren, wie sie im Deliktsaufbau der Fahrlässigkeitstaten einzuordnen sind und welche Voraussetzungen sie im einzelnen erfordern.

Dann erst wird es möglich sein, den Einfluß des Verhaltens des Verletzten auf die Strafbarkeit von Fahrlässigkeitstätern systemgerecht zu erfassen.

Zweiter Teil

Das Unrecht beim Fahrlässigkeitsdelikt

A. Die Meinungen über den Aufbau
des Fahrlässigkeitsdelikts

I. Das Wesen der Fahrlässigkeit

In Lehre und Rechtsprechung besteht Einigkeit darüber, daß Fahrlässigkeit die Verletzung einer Sorgfaltspflicht bedeutet. Als Fahrlässigkeitstäter wird derjenige bestraft, der einen bestimmten Erfolg oder — bei den Tätigkeitsdelikten — eine bestimmte Tätigkeit nicht wissentlich und willentlich verwirklicht, diesen Erfolg oder diese Tätigkeit aber aufgrund einer ihn treffenden Pflicht hätte vermeiden sollen und können.

Verschiedene Meinungen bestehen darüber, womit die Sorgfaltspflicht begründet wird und wie sie zu bemessen ist. Insbesondere ist aber umstritten, wo das Deliktsmerkmal der Verletzung einer Sorgfaltspflicht im Deliktsaufbau einzuordnen ist. Zu dieser Frage lassen sich im wesentlichen zwei Meinungen unterscheiden.

II. Fahrlässigkeit als Schuldmerkmal

Verschiedene Anhänger der kausalen Handlungslehre sehen in der Fahrlässigkeit, d. h., in der Verletzung einer Sorgfaltspflicht, nur ein Schuldmerkmal. Der Tatbestand wird bei den Erfolgsdelikten durch die Erfolgsverursachung, bei den Tätigkeitsdelikten durch den äußerlich wahrnehmbaren Vollzug der im Tatbestand beschriebenen Handlung erfüllt. Auf der Rechtswidrigkeitsebene finden die Rechtfertigungsgründe Berücksichtigung. In der dritten Stufe wird gegen den Täter der Schuldvorwurf erhoben, wenn er nicht vorsätzlich gehandelt hat, aber für ihn eine Pflicht bestand, die Tatbestandsverwirklichung zu vermeiden. Diese Pflicht wird teilweise nach einem rein subjektiven Maßstab bemessen[1], z. T. wird aber auch erst ein objektiver und sodann ein subjektiver Maßstab angelegt[2].

---

[1] *Beling*, Grundzüge, S. 52; *Binding*, Normen IV, S. 512; *Frank*, § 59, Anm. VIII; *v. Liszt-Schmidt*, LB, S. 273; LK - Nagler (6. Aufl.), § 59, Anm. A

III. Fahrlässigkeit als Rechtswidrigkeits- und Schuldmerkmal

Überwiegend wird jedoch in der Fahrlässigkeit nicht mehr ausschließlich ein Schuldproblem gesehen. Auch diese Ansicht nimmt als Wesensmerkmal der Fahrlässigkeit die Verletzung einer Sorgfaltspflicht an. Dabei unterscheidet sie im allgemeinen zwischen einer objektiven und einer subjektiven Sorgfaltspflichtverletzung. Die Verletzung der objektiven Sorgfaltspflicht gehört zum Unrechtsbereich[3], während die Schuld in der Verletzung der subjektiven Sorgfaltspflicht erblickt wird[4]. Die objektive Sorgfalt wird meistens als die im Verkehr erforderliche Sorgfalt bestimmt[5].

Sehr oft wird die Verletzung der objektiven Sorgfaltspflicht als Tatbestandsmerkmal bezeichnet[6], während es einige Autoren ausdrücklich offen lassen, ob die Sorgfaltspflichtverletzung im Tatbestand oder auf der Rechtswidrigkeitsstufe einzuordnen ist[7]. Die Terminologie ist hier

---

III, 23 b, bb; *v. Olshausen - Niethammer*, Vorbem. 5 u. 9 vor § 51. *Baumann*, LB, S. 137 u. S. 442; *Dalcke - Fuhrmann - Schäfer*, § 59, Anm. 2; *Doerr*, LB I, S. 53; *Mezger*, LB, S. 359; *LK - Mezger*, § 59, Anm. III, 22; *Mezger*, StuB I (9. Aufl.), S. 188 f.; *Oehler*, Zweckmoment, S. 57 u. S. 74; Festschrift für Eb. Schmidt, S. 240 ff.; *Schönke - Schröder*, § 59 RZ 144 und 175; *Schmidhäuser*, LB, RZ 10/111; *Mezger* (LK und StuB a.a.O.) tendierte allerdings schon zu einer objektiven Sorgfaltspflichtverletzung, die dem Unrechtsbereich zuzuordnen sei. RGSt 56, 349 und RGSt 58, 134.

[2] *Allfeld*, LB, S. 182; *v. Hippel*, LB, S. 143; *Köhler*, LB, S. 280; *Roeder*, S. 51, *Wachenfeld*, LB, S. 163; *Wegner*, LB, S. 180; *Kienapfel*, S. 21 u. S. 29; *Salm*, S. 70; *Sauer*, LB, S. 180; *Dreher*, § 59, Anm. III A 3 (auch hier Tendenzen zur Unrechtseingrenzung bei fehlender Pflichtwidrigkeit); grundsätzlich für objektiven und subjektiven Maßstab der schuldbezogenen Sorgfaltspflichtverletzung: § 222, Anm. 4 A a. RGSt 32, 2 (4 f.); 67, 12 (20); BGHSt 7, 268 (270); BayObLG VRS 26, 35 (36).

[3] *Boldt*, ZStW 68, 345; *Bockelmann*, Verkehrs-Aufsätze, S. 202; *Engisch*, Untersuchungen, S. 336, 344; 100 Jahre, S. 342 u. 418; *Gallas*, ZStW 67, 42; *K. A. Hall*, S. 22; *Henkel*, Mezger-Festschrift, S. 283; *Hirsch*, ZStW 74, 95 und LK, § 230, RZ 5; *Horn*, S. 86; *Jescheck*, Aufbau, S. 4, LB, S. 428; *Armin Kaufmann*, ZfRV 1964, 45; *Kohlrausch - Lange*, § 59 Anm. IV 4; *Klöne*, S. 112; *Lackner - Maassen*, § 59, Anm. IV; *Lorenz*, S. 35; *Hellmuth Mayer*, LB, S. 270; *Mergenthaler*, JZ 1962, 54; *Mezger - Blei*, StuB I, S. 218 ff.; *Niese*, JZ 1956, 460; Finalität, S. 61; *Roxin*, Täterschaft, S. 527; *v. Weber*, LB, S. 83; *Welzel*, LB, S. 131; Neues Bild, S. 32; Verkehrsdelikte, S. 15; *Wessels*, LB, S. 106; *Wiethölter*, S. 40; OLG Köln, NJW 1963, 2381 (2382).

[4] *Boldt*, ZStW 68, 345; *Engisch*, Untersuchungen, S. 365; 100 Jahre, S. 429; *Henkel*, Mezger-Festschr., S. 285; *Jescheck*, Aufbau, S. 4, LB, S. 427; *Armin Kaufmann*, ZfRV 1964, 46; *Mezger - Blei*, StuB I, S. 221; *v. Weber*, LB, S. 85; *Wessels*, LB, S. 106.

[5] z. B. *Engisch*, 100 Jahre, S. 419; *Henkel*, Mezger-Festschr., S. 283; *Kohlrausch - Lange*, § 59, Anm. IV 4; *Welzel*, LB, S. 131.

[6] z. B.: *Engisch*, 100 Jahre, S. 419; *Gallas*, ZStW 67, 42; *Hirsch*, ZStW 74, 95; *Niese*, Finalität, S. 62; *Armin Kaufmann*, ZfRV 1964, 46; *Welzel*, LB, S. 131; differenzierend *Mezger - Blei*, StuB I, S. 218 ff.

[7] *Boldt*, ZStW 68, 345; *Henkel*, Mezger-Festschr., S. 283; *Lackner - Maassen*, § 59 Anm. IV, 2 a, aa.

nicht einheitlich. Einige Anhänger der kausalen Handlungslehre bezeichnen nur die schuldbezogene, subjektive Sorgfaltspflichtverletzung als Fahrlässigkeit; die objektive, unrechtsbezogene Sorgfaltspflichtverletzung gilt als ein dem Fahrlässigkeitsdelikt wesentliches Unrechtsmerkmal[8]. Anhänger der finalen Handlungslehre betrachten dagegen gerade die unrechtsbezogene objektive Sorgfaltspflichtverletzung als Fahrlässigkeit. Die subjektive Sorgfaltspflichtverletzung als Schuldelement ergibt sich für sie aus der Notwendigkeit, Schuld nur bei einem *persönlichen* Vorwurf gegenüber dem Täter anzunehmen.

Gesondert zu erwähnen sind *Stratenwerth* und *Jakobs*. Sie rechnen zur Tatbestandsmäßigkeit beim Fahrlässigkeitsdelikt neben der Erfolgsverursachung die Verletzung der dem individuellen Täter obliegenden Sorgfaltspflicht[9], bzw. die Feststellung einer individuellen Vermeidbarkeit[10]. Damit hat die Verletzung der subjektiven Sorgfaltspflicht, die von den Kausalisten als *wesentliches* Fahrlässigkeitsmerkmal ausschließlich in der Schuldstufe angesiedelt wurde, nun auch bei Finalisten einen Platz im Unrechtsbereich gefunden.

Aber das ist für die hier interessierenden Fragen zunächst ohne Bedeutung. Wesentlich ist die Feststellung, daß die wohl herrschende Lehre im Strafrecht beim Fahrlässigkeitsdelikt ein besonderes Unrechtsmerkmal, die Verletzung einer ganz überwiegend objektiv bestimmten Sorgfaltspflicht, kennt.

IV. Besondere Lösungen zur Systematik des Fahrlässigkeitsdelikts

Einige Autoren versuchen, durch ein eigenständiges System oder durch Entwicklung neuer Begriffe den dogmatischen Eigenheiten des Fahrlässigkeitsdeliktes gerecht zu werden.

1. *Maurach* unterscheidet beim Fahrlässigkeitsdelikt vier Stufen. Der Tatbestand ist durch die Verursachung des verbotenen Erfolges bzw. der verbotenen Tätigkeit erfüllt[11]. Rechtswidrig ist diese Verursachung, wenn die herkömmlichen Rechtfertigungsgründe nicht eingreifen. Darunter versteht *Maurach* die Not-, Amts- und Dienstrechte, sowie den Willen des Verletzten[12]. Einen Rechtfertigungsgrund des erlaubten Risikos lehnt er ausdrücklich ab[13]. Die rechtswidrige Tat rech-

---

[8] *Kohlrausch - Lange*, § 59, Anm. IV 4; *Mezger*, LK, § 59, Anm. III 22; StuB I (9. Aufl.), S. 189.
[9] So *Stratenwerth*, LB, RZ 1167 ff.
[10] So *Jakobs*, S. 69.
[11] LB AT, S. 538.
[12] a.a.O., S. 551 in Verbindung mit S. 297.
[13] a.a.O., S. 551.

net er dem Täter nur dann zu, wenn dieser verantwortlich und schuldhaft gehandelt hat. Unter dem Begriff der Tatverantwortung versteht er eine der Schuldprüfung vorgelagerte Untersuchung der Frage, ob der Täter eine objektive Sorgfaltspflicht verletzt hat[14]. Das Schuldurteil als letzte Stufe in seinem Aufbau trifft er mit der Feststellung, daß der Täter hinter seinen persönlichen Fähigkeiten zurückgeblieben ist, die ihn in die Lage versetzt hätten, die Sorgfaltspflicht zu beachten[15].

.2 *Oehler* versucht, die nach der kausalen Handlungslehre zu weiten Tatbestände des Fahrlässigkeitsdelikts durch das Moment der „objektiven Bezweckbarkeit" einzuengen. Nur die von einer einzelnen Handlung aus objektiv bezweckbaren Folgen könnten einer Handlung als rechtswidrige Folge zugerechnet werden, uneinsehbare und unberechenbare Zufälle müßten unberücksichtigt bleiben[16].

3. *Maihofer* kommt von seiner sozialen Handlungslehre her zu einem viergliedrigen Verbrechensaufbau. Im Unrechtsbereich, der die zwei Glieder des Unrechtssachverhalts und des Unrechtsvorwurfs enthält, siedelt er ebenfalls eine objektive Pflichtwidrigkeit an[17].

B. Die Elemente des Deliktsmerkmals Sorgfaltspflichtverletzung

I. Der Inhalt der Sorgfaltspflicht

Unabhängig davon, woher die Sorgfaltspflicht stammt, deren Verletzung zur Fahrlässigkeitsbestrafung führt, ob sie allein nach einem subjektiven oder auch nach einem objektiven Maßstab zu bemessen ist, und unabhängig davon, auf welcher Stufe des Deliktsaufbaus die Sorgfaltspflichtverletzung einzuordnen ist, herrscht Übereinstimmung über die Elemente dieser Sorgfaltspflicht.

1. Es wird von einer Pflicht ausgegangen, die Verwirklichung tatbestandsmäßig umschriebener Erfolge zu vermeiden[18].

Diese Pflicht wird überwiegend als Sorgfaltspflicht bezeichnet[19]. Danach ist also Sorgfalt aufzuwenden, um bestimmte Erfolge zu vermei-

---
[14] a.a.O., S. 555.
[15] a.a.O., S. 570; wie *Maurach* auch *Rehberg*, S. 170 ff.
[16] Mezger-Festschrift, S. 236; ZStW 69, 515; Zweckmoment, S. 72.
[17] ZStW 70, 187 f.
[18] Zur Herkunft dieser Sorgfaltspflicht siehe unten S. 86.
[19] *Baumann*, LB, S. 440; *Engisch*, Untersuchungen, S. 365; *Frank*, § 59, Anm. VIII, 5 u. 6; *v. Hippel*, LB, S. 143; *Kohlrausch - Lange*, § 59, Anm. IV 3 a; *Jescheck*, Aufbau, S. 10; *Hellmuth Mayer*, LB, S. 140; *LK - Mezger*, § 59, Anm. III, 22; *Niese*, Finalität, S. 61; *Rehberg*, S. 103, 125; *Schönke -*

den[20]. Die Sorgfalt bezieht sich dabei auf ein Verhalten des Täters; nur einem Tun oder Unterlassen kann das Adverb „sorgfaltspflichtwidrig" zuerkannt werden[21].

Diese Pflicht, bestimmte Handlungen zu unterlassen oder bestimmte andere Handlungen vorzunehmen, ist jedoch nicht unbeschränkt. Vielmehr führen die allgemein anerkannten Elemente der Sorgfaltspflicht dazu, den Kreis der verbotenen und der gebotenen Handlungen einzuengen.

2. Das erste Element ist die „Vorhersehbarkeit" des Erfolges. Nach allgemeiner Meinung verletzen nämlich nur die Handlungen die Sorgfaltspflicht, die *erkennbar* den Erfolg nach sich ziehen können. Oder anders ausgedrückt: Die Sorgfaltspflicht geht dahin, Erfolge zu vermeiden[22], die als mögliche Folge einer Handlung im Zeitpunkt ihrer Vornahme erkennbar sind[23]. Wird ein subjektiver Maßstab gefordert, so bemißt man die Erkennbarkeit nach den subjektiven Fähigkeiten des Täters[24]; soweit auch ein objektiver Maßstab angelegt wird, ermittelt man zunächst die Erkennbarkeit von einem objektiven Beobachter (ex

---

Schröder, § 59, RZ 156; *Welzel*, LB, S. 131. Welzel meidet zwar den Ausdruck „Sorgfaltspflicht", da er jedoch vom Pflichtcharakter des Tatbestandes (LB, S. 5 u. 50) ausgeht, bedeutet auch nach seiner Meinung die Sorgfaltsververletzung eine Sorgfaltspflichtverletzung. Ähnlich ist gegenüber *Jakobs* zu argumentieren, der von einer Sorgfalt spricht, die in der Erfüllung der Pflicht zur Erfolgsvermeidung liegt (S. 68). — *Schmidhäuser*, LB, RZ 10/104, fordert den Täter auf, das Rechtsgut „ernstzunehmen". Das ist eine plastische Umschreibung des Begriffes „Sorgfalt".

[20] *Deutsch*, S. 94, mit etymologischen Hinweisen zum Sorgfaltsbegriff; weiter z. B.: *Niese*, Finalität, S. 62; *Schönke - Schröder*, § 59, RZ 170; *Welzel*, LB, S. 132: „sorgfaltswidrig sind Handlungen, die Gefahren für Rechtsgüter heraufbeschwören". Vgl. auch RGSt 19, 53.

[21] *Deutsch*, S. 93 f., mit Nachweisen; vgl. auch *Wimmer*, ZStW 70, 169; *Frank*, § 59 Anm. VIII: „pflichtgemäße Aufmerksamkeit = Achten auf die Folgen der Handlung"; *Mezger*, LB, S. 354: „Der Vorwurf der Fahrlässigkeit richtet sich gegen den einzelnen Akt des Wollens". *Schönke - Schröder*, § 59, RZ 170: „Pflicht zum sorgfältigen Handeln".

[22] Das heißt, Erfolge, die in Straftatbeständen genannt sind.

[23] Die Vorhersehbarkeit dient in irgendeiner Form immer (mit) zur Begründung des Fahrlässigkeitsvorwurfs. Damit soll nicht gesagt werden, es allgemeine Meinung sei, die Sorgfaltspflicht ergebe sich aus der Vorhersehbarkeit. Vielmehr sind gerade hier erhebliche Unklarheiten zu verzeichnen. So heißt es z. B. bei *Schönke - Schröder*, § 59, RZ 181, daß Sorgfaltspflicht und Vorhersehbarkeit „in engen Wechselbeziehungen" ständen; eine ähnliche Formulierung gebrauchen *v. Liszt-Schmidt*, S. 278 f. RGSt 50, 417 (419) spricht davon, daß Vorhersehbarkeit und Pflichtversäumnis sich gegenseitig bedingen und ergänzen. Für unsere Zwecke genügend kann aber davon ausgegangen werden, daß nach allgemeiner Ansicht die Vorhersehbarkeit bzw. Erkennbarkeit den Umfang der Sorgfaltspflicht beeinflußt (vgl. *Roxin*, Täterschaft S. 530; *Rehberg*, S. 124: „Gefährlichkeit").

[24] *Baumann*, LB, S. 443; *Jakobs*, S. 69; *Schönke - Schröder*, § 59, RZ 183; *Schmidhäuser*, LB, RZ 10/108; *Stratenwerth*, LB, RZ 1167; sowie die anderen in Anm. 1) genannten Autoren.

ante) aus und prüft dann, ob der Täter die Möglichkeit des betreffenden Erfolges erkennen konnte[25].

3. Die Sorgfaltspflicht erstreckt sich aber nicht so weit, daß *jeder* erkennbare Erfolg vermieden werden soll. Vielmehr nehmen alle Meinungen hier normative Einschränkungen vor[26]. Das ist das zweite Element der Sorgfaltspflicht.

a) Meinungen, die eine Sorgfaltspflichtverletzung als Unrechtsmerkmal sehen.

Soweit die Verletzung einer objektiven Sorgfaltspflicht zum Unrechtsbereich gerechnet wird, engt man z. T. die Sorgfaltspflicht dadurch ein, daß nur dann erkennbar mögliche Erfolge vermieden werden sollen, wenn es der Verkehr erfordert. Man orientiert sich dabei an § 276 BGB[27]. So kommt man zur Pflicht, die im Verkehr erforderliche Sorgfalt anzuwenden. Die so eingeschränkte Sorgfaltspflicht wird auch mit der Pflicht, sozialinadäquate Handlungen zu unterlassen, gleichgesetzt: nur die Handlungen verletzen danach die im Verkehr erforderliche Sorgfalt, die nicht als „sozialadäquat" anzusehen sind[28]. *Welzel* spricht z. B. von einem sozialadäquaten Maß, nach dem zu bemessen sei, ob erkennbare Erfolge vermieden werden sollen[29].

Nach anderer Ansicht soll der Umfang der Sorgfaltspflicht, erkennbare Erfolge zu vermeiden, nach den Anschauungen einer „vernünftigen Person"[30] oder des „gewissenhaften einsichtigen Menschen"[31] beschränkt werden. Oder es soll im Einzelfall die Erforderlichkeit der Handlung für das menschliche Zusammenleben mit der Gefahr für die einzelnen Rechtsgüter abgewogen werden[32]. *Stratenwerth* und *Jakobs*

---

[25] *Lackner - Maassen*, § 59, Anm. IV, 2 a, aa, sowie die in Anm. 2 und 3 genannten Autoren.

[26] Es wird nicht verkannt, daß bereits die „Erkennbarkeit" von möglichen Erfolgen als Merkmal sorgfaltswidriger Handlungen auf eine normative Entscheidung zurückgeht — vgl. dazu *Armin Kaufmann*, ZfRV 1964, 48 unter Hinweis auf *Engisch*, Kausalität, S. 53. — Mit den „normativen" Einschränkungen sind die über die Erkennbarkeit hinausgehenden gemeint.

[27] z. B.: *Engisch*, 100 Jahre, S. 419; *Jescheck*, LB, S. 437; *Armin Kaufmann*, ZfRV 1964, 45 ff.; *Henkel*, Mezger-Festschrift, S. 283; *Kohlrausch - Lange*, § 59, Anm. IV, 4; *Niese*, Finalität, S. 62; *Welzel*, LB, S. 131; *Wiethölter*, S. 40.

[28] *Henkel*, Mezger-Festschrift, S. 283; *Niese*, JZ 1956, 460; *v. Weber*, S. 84; im Zivilrecht z. B. *Nipperdey*, NJW 1957, 1777.

[29] LB, S. 132.

[30] *Maihofer*, ZStW 70, 188.

[31] *Armin Kaufmann*, ZfRV 1964, 45 ff.; *Lackner - Maassen*, § 59, Anm. IV, 2 a, aa.

[32] *Wimmer*, ZStW 70, 215. *Boldt*, ZStW 68, 34, sieht die Verletzung der Sorgfaltspflicht darin, daß das Verhalten vermeidbar und unsorgfältig war. Die bei ihm also gesondert betrachtete Sorgfaltswidrigkeit bestimmt er nach der Sozialadäquanz, während er die Vermeidbarkeit an der Adäquität ausrichtet.
Gallas, ZStW 67, 42, nennt als Elemente der Sorgfaltspflicht ebenfalls die Adäquanz und besondere Pflichtwidrigkeitsgesichtspunkte.

schließlich, die beide die Nichteinhaltung einer subjektiven Sorgfalt bzw. Vermeidbarkeit als Unrechtsmerkmal des Fahrlässigkeitsdeliktes sehen, beschränken die Pflicht zur Vermeidung des — subjektiv erkennbaren — Erfolges ebenfalls, und zwar mit dem Maß des „erlaubten Risikos"[33].

Lorenz läßt das erste Element der erforderlichen Sorgfalt durch das Adäquanzurteil bestimmen[34]. Sodann unterscheidet er drei Gruppen von Ausnahmesituationen, in denen die — so ermittelten — erfolgsadäquaten Handlungen nicht verboten sind[35]. An erster Stelle nennt er die Fälle des erlaubten Risikos, in denen die Gefährdung bestimmter Rechtsgüter aus dem Gesichtspunkt der Wahrung überwiegender Interessen des Einzelnen oder der Allgemeinheit zulässig sei[36]. Unter dem nächsten Gesichtspunkt, der Sozialadäquität, sollen Verhaltensweisen ausgeschieden werden, die nach allgemeinen sozialethischen Anschauungen nicht vom Sinn eines Strafgesetzes erfaßt sind[37]. Schließlich soll eine generell objektive Zumutbarkeit normgemäßen Verhaltens die Sorgfaltspflicht regulieren[38].

Lorenz hat damit eine grobe Einteilung unter den normativen Einschränkungen vorgenommen. Die anderen Autoren sagen dagegen nicht, nach welchen Kriterien im einzelnen die Sorgfaltspflicht normativ eingegrenzt werden soll. Man hält es sogar für unmöglich, den Inhalt der erforderlichen Sorgfalt in abstrakten Formeln so genau zu umschreiben, daß sie im konkreten Fall jederzeit aufgrund dieser Beschreibung ermittelt werden könnte[39]. Weitgehende Einigkeit besteht nur darüber, daß mit der objektiven Sorgfaltspflicht die sozialen Anforderungen an menschliches Verhalten normiert werden sollen. Entsprechend habe der Richter dann die tatbestandsmäßige Handlung zu bestimmen[40].

b) Meinungen, die in der Sorgfaltspflichtverletzung ein Schuldmerkmal sehen.

Diejenigen Autoren, die einen doppelten Sorgfaltsmaßstab in der Schuld anlegen und die Verletzung einer objektiven Sorgfaltspflicht als

---

[33] *Stratenwerth*, LB, RZ 1170 ff.; *Jakobs*, S. 68 u. 87.
[34] *Lorenz*, Diss., S. 78 u. S. 18.
[35] a.a.O., S. 44 f.
[36] a.a.O., S. 45 ff.
[37] a.a.O., S. 48 ff.
[38] a.a.O., S. 51 f.
[39] *Armin Kaufmann*, ZfRV 1964, 51; *Kienapfel*, S. 28; *Klöne*, S. 5; *Welzel*, Verkehrsdelikte, S. 15; a. A.: *Roxin*, Täterschaft, S. 529; er spricht sich ausdrücklich für den Versuch aus, die Kriterien der im Verkehr erforderlichen Sorgfalt näher zu bestimmen.
[40] So ausdrücklich *Henkel*, Mezger-Festschrift, S. 263; ähnlich *Stratenwerth*, LB, RZ 1170 ff.: Erfolgsadäquate (subjektiv gemessen) Gefährdungen

B. Die Elemente des Deliktsmerkmals Sorgfaltspflichtverletzung 61

Schuldmerkmal ansehen, richten den Umfang dieser Sorgfaltspflicht ebenfalls nach der im Verkehr erforderlichen Sorgfalt gemäß § 276 BGB aus[41]. Alle Handlungen, die dieser Sorgfalt entsprechen, gelten nicht als die für den Schuldvorwurf notwendige Sorgfaltspflichtverletzung.

Auch bei diesen Autoren sind wieder die beiden Elemente: „Vorhersehbarkeit" und „Einschränkung der Pflicht nach der Verkehrserforderlichkeit" festzustellen. Entsprechend erscheint hier das „erlaubte Risiko" als negatives Element der Sorgfaltspflichtverletzung und schließt somit die Schuld aus[42].

Die Anhänger der Meinung, die einen rein subjektiven Maßstab gebrauchen, gehen bei der Bestimmung der Sorgfaltspflicht von der individuellen Vorhersehbarkeit aus[43] und bestimmen das weitere normative Element danach, ob dem Täter die Vermeidung der als möglich vorhersehbaren Erfolge zuzumuten war[44].

c) Der Umfang der Sorgfaltspflicht wird also im wesentlichen immer durch zwei Kriterien bestimmt; durch die Erkennbarkeit der möglichen Erfolgsverursachung und durch eine weitere normative Abwägung, ob Handlungen, die erkennbar einen Erfolg ermöglichen können, vermieden werden sollen oder im Interesse des Gemeinschaftslebens hingenommen werden können.

II. Die unterschiedlichen Auffassungen über Objektivität und Standort der Sorgfaltspflichtverletzung

Bestritten ist, ob die beiden Elemente der Sorgfaltspflichtverletzung nur subjektiv oder auch nach einem objektiven Maßstab bestimmt wer-

---

sollen insoweit „erlaubtes Risiko" sein, als es ihr wirklicher oder vermeintlicher sozialer Nutzen erfordert.

[41] *Allfeld*, LB, S. 182, Anm. 12; *v. Hippel*, LB, S. 143; *Köhler*, LB, S. 210; *Roeder*, S. 94; *Wachenfeld*, LB, S. 163, Anm. 1; *Wegner*, LB, S. 181 (unter Berufung auf das Reichsgericht); vgl. auch RGSt 67, 19 f.

[42] z. B. *v. Hippel*, LB, S. 143, Anm. 9; *Roeder*, S. 94.

[43] *Binding*, Normen IV, S. 562; *Frank*, § 59, Anm. VIII, 5; *v. Liszt - Schmidt*, LB, S. 278, besonders Anm. 11; *v. Olshausen - Niethammer*, Bem. 9 vor § 51 (S. 308); *Baumann*, LB, S. 439; *Schönke - Schröder*, § 59, RZ 175; *Schmidhäuser*, LB, RZ 10/110; RGSt 30, 25; 56, 349; 74, 198.

[44] *v. Liszt - Schmidt*, LB, S. 262; *v. Olshausen - Niethammer*, Bem. 9 vor § 51 (S. 308); *Schönke - Schröder*, § 59, RZ 172; *Binding*, Normen IV, S. 563, fordert, daß der Handelnde nicht genötigt sein dürfe, die gefährliche Handlung, so, wie geschehen, vorzunehmen — das ist ist praktisch der Gedanke der Zumutbarkeit. *Frank*, § 59, Anm. VIII 4, läßt ebenfalls das erlaubte Risiko als Schuldausschließungsgrund zu. Anders *Schmidhäuser*, LB, RZ 10/102 ff.: Er stellt es für die schuldbegründende Fahrlässigkeit allein auf die individuelle Potentialität des Tatbewußtseins und des Unrechtsbewußtseins ab. Alle weiteren „normativen" Einschränkungen rechnet er zu den übergesetzlichen Entschuldigungsgründen (a.a.O., RZ 11/39 ff.).

den müssen. Soweit man eine objektive Sorgfaltspflichtverletzung annimmt, wird sie teils im Unrechts- und teils im Schuldbereich eingeordnet. Die Anhänger einer subjektiven Sorgfaltspflichtverletzung sehen diese ganz überwiegend als reines Schuldmerkmal, vereinzelt als Unrechtsmerkmal an.

Alle Sachverhalte, die sich zwar als Rechtsgutsverletzung, nicht aber als Verletzung einer objektiven Sorgfaltspflicht darstellen, werden nach neueren Meinungen somit bereits aus dem Unrechtsbereich ausgeschieden[45], während sie nach der Ansicht, die in der Fahrlässigkeit allein ein Schuldmerkmal erblickt[46], allenfalls auf der Schuldstufe zur Straflosigkeit des Täters führen können.

Die Divergenz dieser Ansichten ist im wesentlichen auf die unterschiedlichen Ansichten über das Wesen der Rechtswidrigkeit zurückzuführen. Damit scheint eine umfassende Untersuchung des ganzen Systems, d. h., des Inhalts von Tatbestand, Rechtswidrigkeit und Schuld, notwendig zu werden. Es fragt sich jedoch, zu welchen Unterschieden die verschiedenen Ansichten bei der Prüfung von Tatbestand, Rechtswidrigkeit und Schuld bei einem Fahrlässigkeitsdelikt nun jeweils *tatsächlich* kommen. Erst dann läßt sich entscheiden, ob der Meinungsstreit um den objektiven oder subjektiven Sorgfaltsbegriff oder um die Einordnung der Sorgfaltspflichtverletzung wirklich so unüberbrückbar voneinander getrennte Ergebnisse schafft, daß die Stellungnahme für ein System eine Kampfansage für das andere bedeutet. Dann wäre allerdings eine grundsätzliche Erörterung des Systems angebracht.

Differieren die Ergebnisse der einzelnen Meinungen dagegen nur in einem geringen Maße oder ergeben sich die Unterschiede aus Systemwidrigkeiten, so wäre die Entscheidung für ein bestimmtes System letztlich keine Ablehnung der Gegenmeinung; der Streit um das System könnte unterbleiben.

C. Der Unrechtsbereich beim Fahrlässigkeitsdelikt

Im folgenden soll geprüft werden, unter welchen Voraussetzungen die einzelnen Meinungen Tatbestand und Rechtswidrigkeit bei den Fahrlässigkeitsdelikten als erfüllt ansehen. Mit der Unterteilung in Tatbestand und Rechtswidrigkeit soll jedoch noch nicht darüber entschieden werden, ob beim Fahrlässigkeitsdelikt von einem dreistufigen

---

[45] Vgl. Anm. 3.
[46] Vgl. die in Anm. 1 und 2 Genannten, erstere mit der Maßgabe, daß in den meisten Fällen die Beachtung bzw. Verletzung der objektiven Sorgfaltspflicht auch der Beachtung bzw. Verletzung der subjektiven Sorgfaltspflicht entsprechen wird.

C. Der Unrechtsbereich beim Fahrlässigkeitsdelikt

oder von einem zweistufigen Deliktsaufbau auszugehen ist. Die Darstellung, welche Verbrechensmerkmale dem Unrechtsbereich zugeordnet werden, erfolgt aber zweckmäßigerweise nach dem herkömmlichen dreistufigen Verbrechensschema.

I. Der Tatbestand

1. Bei Einbeziehung der rein subjektiven oder auch der objektiven Sorgfaltspflichtverletzung in die Schuld wird der Tatbestand des Fahrlässigkeitsdeliktes durch die Erfolgsverursachung erfüllt. Bei den Tätigkeitsdelikten genügt die äußerlich wahrnehmbare Vollziehung der im Tatbestand beschriebenen Handlung.

Besonders bei den Erfolgsdelikten wird hier der Unterschied zu der Ansicht augenfällig, die für den Tatbestand neben der Erfolgsverursachung das Merkmal der Sorgfaltspflichtverletzung fordert. Genügt die Erfolgsverursachung, so schränkt das Deliktsmerkmal der Sorgfaltspflichtverletzung, also die Verletzung der Pflicht zur Vermeidung gefährlicher Handlungen in bestimmten Fällen, das weite Feld der so erfaßten Sachverhalte erst auf der Schuldstufe ein. Das gilt jedoch nur, soweit die „Verursachungsanhänger" die Äquivalenztheorie vertreten[47]. Unter denjenigen, die die Fahrlässigkeit als Schuldmerkmal ansehen, finden sich aber verschiedene — besonders ältere — Autoren, die anderen Kausalitätstheorien, insbesondere der Adäquanztheorie folgen[48]. Damit engen sie die weiten Fahrlässigkeitstatbestände mit einem Maß ein, das zu dem einen Element der objektiven Sorgfaltspflichtverletzung, der Vorhersehbarkeit, Parallelen aufweist. Denn teilweise wird von denjenigen, die eine objektive Sorgfaltspflichtverletzung als Merkmal des Fahrlässigkeitsdelikts — gleich, auf welcher Deliktsstufe — anerkennen, das Element der Vorhersehbarkeit oder Erkennbarkeit direkt nach der Adäquanztheorie ermittelt[49]. Überwiegend wird zwar über den Maßstab zur Bemessung der Erkennbarkeit als Merkmal der Sorgfaltspflichtverletzung nichts ausgesagt[50] oder nur ein mittleres Maß

---

[47] *Baumann*, LB, S. 209; *v. Liszt-Schmidt*, LB, S. 161; *v. Olshausen - Niethammer*, Vorbem. § 47, Anm. 13; *Schönke - Schröder*, Vorbem. § 1, RZ 57; RGSt 69, 47; BGHSt 1, 332.

[48] *Allfeld*, LB, S. 105; *v. Hippel*, LB, S. 194; *Sauer*, LB, S. 90; *Traeger*, GS 94, 130; auch *Maurach*, LB AT, S. 203, ist hier zu erwähnen, da er die objektive Sorgfaltspflichtverletzung nicht im Unrechtsbereich einordnet; so auch *Rehberg*, S. 58.

[49] Siehe *Boldt*, ZStW 68, 345; *Engisch*, Untersuchungen, S. 284; *Welzel*, LB, S. 132. Auch die Zurechnungslehre von *H. Mayer*, StuB, S. 73, entspricht in den Ergebnissen der Adäquanztheorie. Zur Rechtsprechung vgl. RGSt 39, 5; 67, 20.

[50] *Gallas*, ZStW 67, 42; *Henkel*, Mezger-Festschrift, S. 283; *Niese*, Finalität, S. 62.

von Vorsicht und darin enthalten ein mittleres Maß von Erkennbarkeit gefordert[51]. Auf diesem Wege werden aber im Ergebnis nur zusätzlich zu den schon mit der Adäquanzformel ausgeschiedenen Kausalverläufen weitere Erfolgsverursachungen erfaßt, d. h., als nicht sorgfaltspflichtwidrig bezeichnet. Denn das „mittlere Maß der Erkennbarkeit" unterscheidet sich vom Maß der Adäquanz nur dadurch, daß eine geringere Zahl von Kausalverläufen als möglich erkannt wird, so daß der Umfang der Vermeidungspflicht entsprechend geringer wird. Das beruht darauf, daß die Prüfung, welche Kausalverläufe nach einem mittleren Maß erkennbar sind, notwendigerweise den von der Adäquanztheorie herausgearbeiteten Weg — Urteil eines bestimmten einsichtigen Beobachters unter Zugrundelegung einer bestimmten ontologischen Basis bei Anwendung eines bestimmten nomologischen Wissens[52] — nicht verlassen kann. Nur aufgrund der Verengung von ontologischer und nomologischer Basis kommt es dazu, eine geringere Zahl von Kausalverläufen als „erkennbar" zu bezeichnen[53].

Wer die Sorgfaltspflichtverletzung nicht im Unrechtsbereich einordnet, die Kausalität aber nach der Adäquanztheorie ermittelt, stimmt also insoweit mit den Anhängern eines Unrechtsmerkmals Fahrlässigkeit (= Sorgfaltspflichtverletzung) überein, als schon im Unrechtsbereich zumindest die inadäquaten Rechtsgutsverletzungen ausgeschieden werden. Ähnliches gilt auch für die Vertreter einer Zuordnung der Fahrlässigkeit in die Schuld, die andere, auf objektiven Prognosen aufbauende Kausalitätstheorien verwenden, wie die Anhänger der Relevanztheorie[54]. Schließlich trifft das auch partiell für die Lehre vom Regreßverbot[55] zu.

2. Gleiches kann man auch bei dem Tatbestandsmerkmal der „objektiven Bezweckbarkeit" feststellen, wie es von *Oehler* gefordert wird[56]. Nur die von einer einzelnen Handlung aus objektiv bezweckbaren Folgen könnten einer Handlung als rechtswidrige Folgen zugerechnet werden, uneinsehbare und unberechenbare Folgen müßten unberücksichtigt bleiben[57]. Objektiv bezweckbar seien alle Erfolge, deren Herbeiführung überhaupt mit menschlicher Vernunft bestimmbar und beherrschbar sei[58]. Damit unterscheidet sich aber *Oehlers* Meinung kaum von der Adäquanztheorie[59], wie sie von *M. L. Müller* und *Engisch*

---

[51] *Allfeld*, LB, S. 182; *v. Hippel*, LB, S. 144.
[52] Vgl. dazu *Welzel*, LB, S. 46; *Bassenge*, S. 25.
[53] *Bassenge*, S. 28.
[54] *Mezger*, LB, S. 122; StuB I (9. Auflage), S. 67.
[55] *Frank*, § 1, Anm. III, 2 a.
[56] Festschrift f. Eb. Schmidt, S. 236; Zweckmoment, S. 71 ff.
[57] a.a.O.
[58] Zweckmoment, S. 73.
[59] Gleicher Meinung: *Engisch*, Kohlrausch-Festschrift, S. 162; *Lorenz*, S. 12.

C. Der Unrechtsbereich beim Fahrlässigkeitsdelikt

entwickelt worden ist[60]. Denn das danach maßgebliche nomologische Höchstwissen ist mit der „äußersten Grenze menschlicher Vernunft"[61] identisch. Für ihn gilt also dasselbe, was schon zu den Autoren gesagt wurde, die sich zur Adäquanztheorie bekennen.

3. In einigen Sonderfällen sehen sich auch Anhänger der Zuordnung der Sorgfaltspflichtverletzung zur Schuld veranlaßt, schon im Tatbestand auf eine objektive Sorgfaltspflichtverletzung einzugehen. Bei Sachverhalten, die unter dem Stichwort „Pflichtwidrigkeitszusammenhang" bekannt geworden sind, soll nämlich neben der Ursächlichkeit im Sinne der Bedingungstheorie eine Kausalität zwischen Pflichtverletzung und Erfolg nachgewiesen werden[62]. Ein Verhalten, das für einen bestimmten Erfolg nach der Bedingungstheorie ursächlich war, soll danach nicht als kausal bewertet werden, wenn erhebliche Tatsachen dafür sprechen, daß auch bei rechtlichem einwandfreiem Verhalten des Täters der Erfolg eingetreten wäre[63]. — Damit kann aber die Kausalität erst festgestellt werden, wenn geprüft ist, worin das Fehlerhafte oder — wie *Schröder* ausdrücklich sagt[64] — das Pflichtwidrige im Verhalten des Täters lag. Damit wird hier die objektive Sorgfaltspflichtverletzung als Tatbestandsmerkmal behandelt[65].

Auch wenn es sich nur um Ausnahmefälle handelt, so bleibt es doch bemerkenswert, daß insoweit Übereinstimmung mit der Lehre besteht, die in der objektiven Fahrlässigkeit ein Unrechtsproblem sieht.

4. Auch *Schmidhäuser*, der Tatbestandseinschränkungen durch die „Soziale Adäquanz"[66] oder die „Einhaltung des erlaubten Risikos"[67] ausdrücklich ablehnt, grenzt den Unrechtsbereich mit objektiven Kriterien ein: Zur Tatbestandsverwirklichung bei den fahrlässigen Erfolgsdelikten fordert er eine in ihrer objektiven Tendenz rechtsgutsverletzende Handlung[68]. Diese Tendenz soll aufgrund einer objektiven, nachträg-

---

[60] *M. L. Müller*, S. 31 f.; *Engisch*, Untersuchungen, S. 81; Kausalität, S. 57; vgl. auch *Welzel*, LB, S. 46.
[61] *Oehler*, Zweckmoment, S. 73.
[62] Insbes. *Schönke - Schröder*, § 59, RZ 159 a; *LK - Lange*, § 222 RZ 2; *v. Olshausen - Niethammer*, § 222, Anm. 2 a; *Wegner*, LB, S. 96; RGSt 63, 212; BGHSt 11, 1 (7). Zu diesem Problem vgl. *Ulsenheimer*, Das Verhältnis zwischen Pflichtwidrigkeit und Erfolg bei den Fahrlässigkeitsdelikten, Bonn, 1965, mit Nachweisen zur „Kausalitätslösung", S. 44 ff.
[63] Vgl. BGHSt 11, 7.
[64] *Schönke - Schröder*, § 59, RZ 159 a.
[65] Auf diese Konsequenz weisen *Stratenwerth*, Juristenjahrbuch 1961/2, S. 211, Anm. 5, u. *Mezger - Blei*, StuB I, S. 216, hin. Vgl. auch *Maurach*, LB AT, S. 539.
[66] LB, RZ 9/17.
[67] LB, RZ 9/20.
[68] LB, RZ 8/32.

lichen Prognose ermittelt werden[69]: die „Gefährdung" wird also durch ein Vorhersehbarkeitsurteil festgestellt, das sich nur durch ein verengtes Basiswissen[70] vom Adäquanzurteil unterscheidet. Weiter ersetzt *Schmidhäuser* die von ihm abgelehnte Kausalitätsprüfung auf der Grundlage der herkömmlichen Kausalitätstheorien[71] durch das Tatbestandsmerkmal der „objektiven Zurechnung des Erfolges"[72]. Die dadurch bewirkte objektive Einschränkung des Unrechtsbereiches geht ebenfalls zu Lasten einer Unrechtsauffassung, die schon den Erfolg und die äquivalente Kausalität zur Unrechtsbegründung ausreichen läßt. Oder mit den Worten *Schmidhäusers:* Der Unrechtstatbestand hat das Unrecht „material zu begründen"[73].

II. Die Rechtswidrigkeitsstufe

1. Herkömmlich werden im wesentlichen drei Gruppen von Rechtfertigungsgründen unterschieden, die einem tatbestandsmäßigen Sachverhalt die Rechtswidrigkeit nehmen:

Notrechte, Amts- und Dienstbefugnisse sowie der tatsächliche oder mutmaßliche Wille des Verletzten[74].

Sieht man von dem Erfordernis des Kausalzusammenhanges zwischen Pflichtwidrigkeit und Erfolg ab, so würden auch nach dieser zweiten Stufe der Deliktsprüfung noch erhebliche Unterschiede zwischen den Ansichten bestehen, die die Fahrlässigkeit nur als Schuldmerkmal ansehen, und den Meinungen, wonach die Fahrlässigkeit auch ein Unrechtsmerkmal darstellt. Denn mit den genannten „herkömmlichen" Rechtfertigungsgründen würden alle diejenigen Erfolgsverursachungen nicht erfaßt, die bei Vornahme der Verursachungshandlung nicht erkennbar waren oder die auf Handlungen zurückzuführen sind, deren generelle Vermeidung im Verkehr nicht wünschenswert ist.

Betrachtet man jedoch den Katalog der heute vertretenen Rechtfertigungsgründe, so ergeben sich hier beträchtliche Erweiterungen, die einem allgemeinen Unrechtsmerkmal einer objektiven Sorgfaltspflichtverletzung sehr nahe kommen.

---

[69] LB, RZ 8/35.
[70] LB, RZ 8/35.
[71] LB, RZ 8/67 ff.
[72] LB, RZ 8/71.
[73] LB, RZ 8/9.
[74] *Welzel*, LB, S. 83. Der ärztliche Heileingriff wird hierbei dem Bereich des „Willens des Verletzten" zugeordnet, ohne daß damit dieses Sonderproblem entschieden sein soll. Ferner wird hier unterstellt, daß die herkömmlichen Rechtfertigungsgründe auch bei Fahrlässigkeitsdelikten anwendbar seien — die Problematik wurde schon oben kurz aufgezeigt (vgl. oben S. 52).

C. Der Unrechtsbereich beim Fahrlässigkeitsdelikt

2. An erster Stelle ist dabei der Rechtfertigungsgrund des „erlaubten Risikos" zu nennen[75].

Wie schon erwähnt, bestehen über den Anwendungsbereich und die Grenzen dieses Rechtfertigungsgrundes erhebliche Meinungsverschiedenheiten, deren Ursachen teils terminologischer teils aber auch sachlicher Natur sind. Hier soll jedoch nur der Begriff des „erlaubten Risikos" untersucht werden, wie er von den Gegnern einer Zuordnung der Sorgfaltspflichtverletzung zum „Unrecht" beim Fahrlässigkeitsdelikt verstanden wird.

Sie sehen in dem erlaubten Risiko einen Rechtfertigungsgrund für Handlungen, die zwar für geschützte Rechtsgüter Gefahren mit sich bringen, wegen ihrer Notwendigkeit für das soziale Leben aber „erlaubt" sind[76]. Als Beispiel werden gefährliche Betriebe, chemische Versuche, der moderne Verkehr und gefährliche Berufe genannt[77].

Die als „erlaubtes Risiko" gerechtfertigten Handlungen werden nach denselben Kriterien ausgewählt, mit denen — negativ — die objektive Sorgfaltspflichtverletzung als Unrechtsmerkmal bestimmt wird: Bestimmte „riskante"[78] oder „riskierte"[79] Handlungen sollen trotz der Verursachung verbotener Erfolge aus dem Unrechtsbereich ausscheiden — welche Handlungen „riskant" sind, läßt sich aber nur nach Erfahrungsgrundsätzen[80] bzw. nach einem wie auch immer beschaffenen Vorhersehbarkeitsurteil feststellen.

Die solchermaßen ermittelten Handlungen sollen *dann* nicht rechtswidrig sein — und brauchen nicht vermieden zu werden — wenn sie

---

[75] Dazu neuerdings *Rehberg*, Zur Lehre vom „Erlaubten Risiko", Zürich 1962; *Kienapfel*, Das erlaubte Risiko im Strafrecht, Frankfurt (Main) 1966.

[76] *Binding*, Normen IV, S. 441 f.; *LK - Nagler*, 6. Aufl., S. 367, 368 ff.; *Nowakowski*, JZ 1958, 337; *Oehler*, Festschr. für Eb. Schmidt, S. 246; *Sauer*, LB, S. 137; *Dreher*, § 51, Vorbem. 2 F c; *Schönke - Schröder*, § 59, RZ 165. Auch *Hellmuth Mayer*, LB, S. 187, und StuB S. 91, ist hier zu nennen, obwohl er eine objektive Sorgfaltsverletzung als Unrechtsmerkmal kennt. Deren Anwendungsbereich umgrenzt er aber durch die Bezugnahme auf seine mit der Adäquanztheorie verwandte Zurechnungslehre so eng, daß er im Ergebnis mit denjenigen übereinstimmt, die die Sorgfaltspflichtverletzung als Schuldmerkmal sehen und die Adäquanztheorie vertreten. Das rechtfertigt seine Erwähnung an dieser Stelle. Ähnliches gilt für *Schmidhäuser*, LB, RZ 9/19. Auch er ordnet einen objektiven Pflichtverstoß in das Unrecht ein, LB, RZ 10/81, ohne aber damit das Unrecht so weit zu begrenzen wie die in Anm. 3 dieses Teils genannten Autoren, die eine dem Fahrlässigkeitsdelikt wesentliche objektive Sorgfaltspflichtverletzung als Unrechtsmerkmal sehen.

[77] z. B. *LK - Mezger*, Vorbem. 10 h cc vor § 51; *Sauer*, LB, S. 138; *Schönke - Schröder*, § 59, RZ 165; vgl. die Aufzählung bei *Kienapfel*, S. 7.

[78] *Oehler*, Festschrift f. Eb. Schmidt, S. 243; *Schönke - Schröder*, § 59, RZ 165; *Schmidhäuser*, LB, RZ 9/21.

[79] Ausdruck von *Frank*, § 59, Anm. VIII, 4.

[80] So *Nagler*, a.a.O.

für das soziale Leben notwendig sind[81]. Die Entscheidung, welche gefährlichen Handlungen für das soziale Leben notwendig sind, ist jedoch auch wieder eine nach normativen, auf das Gemeinschaftsinteresse bezogenen Erwägungen vorgenommene Einschränkung der mit dem Vorhersehbarkeitsurteil „vorab" ausgewählten Handlungen.

Mit dem „Vorhersehbarkeitsurteil" und der „weiteren normativen Einschränkung" werden also beim erlaubten Risiko — wenn auch in dem beschränkten Rahmen der sozialen Notwendigkeit — mit denselben Elementen Handlungen aus dem Rechtswidrigkeitsbereich ausgeschieden, mit denen die objektive Sorgfaltspflicht bestimmt wird, deren Verletzung ein Unrechtsmerkmal ist. Dies zeigt sich auch am „Vertrauensgrundsatz", soweit er — wie von *Schröder*[82] — ebenfalls aus dem Rechtfertigungsgrund des erlaubten Risikos hergeleitet wird. Wenn *Schröder* den Verkehrsteilnehmer rechtmäßig handeln läßt, der einen verkehrswidrig Fahrenden verletzt, „weil er sich darauf (sc. auf diese Verkehrswidrigkeit) nicht einzustellen brauchte", dagegen die Rechtfertigung verweigert, wenn die Verkehrswidrigkeit des anderen erkennbar zu erwarten war[83], so zeigt er, daß die Rechtmäßigkeit eines Verhaltens beeinflußt wird von Erwägungen, was vorhergesehen werden kann oder nicht berücksichtigt zu werden braucht. Auch hier erscheinen wieder die beiden Elemente einer objektiven Sorgfaltspflicht, nämlich die Vorhersehbarkeit und die besondere normative Einschränkung.

Sofern also Handlungen für die Aufrechterhaltung des sozialen Lebnes notwendig erscheinen, werden sie nach dieser Meinung trotz ihrer Gefährlichkeit, die sich ja schon im Erfolg realisiert hat, aus dem Unrechtsbereich ausgeschieden. Die Masse der „harmlosen" Handlungen, die — unabhängig davon, ob sie sozial notwendig waren oder nicht — nicht erkennbar gefährlich waren, bleibt bei einem Erfolgseintritt jedoch rechtswidrig.

Einmal erhebt sich hier die Frage, ob nicht gerade diese Handlungen auch gerechtfertigt sein müßten — denn eine rechtliche Mißbilligung

---

[81] *Schönke - Schröder*, § 59, RZ 165 in Verbindung mit RZ 168; *Sauer*, LB, S. 138 („sozial nützlich"); *Schmidhäuser*, LB, RZ 9/19: „... die das Gemeinwesen aufs ganze gesehen um der Vorteile willen hinzunehmen bereit ist".

[82] *Schönke - Schröder*, § 59, RZ 165; so auch *Oehler*, Festschrift f. Eb. Schmidt, S. 244; *Schmidhäuser*, LB, RZ 9/23. Auch der BGH ließ einmal bei zutreffender Berufung auf den Vertrauensgrundsatz ein Verhalten bereits als gerechtfertigt erscheinen: BGH VRS 14, 30 (31) — 4 StR 436/57.

[83] *Schröder*, a.a.O. Im übrigen ist der Vertrauensgrundsatz allgemein anerkannt. Im Straßenverkehr bildet er „das Fundament des gesamten Straßenverkehrsrechts" (*Gülde*, DAR 1951, 161); vgl. die umfangreichen Entscheidungsnachweise bei *Jagusch*, § 1 StVO, Anm. 5; *Schönke - Schröder*, § 59, RZ 197 ff. Hier sollte er nur wegen der von Schröder vorgenommenen Verknüpfung mit dem „erlaubten Risiko" erwähnt werden.

C. Der Unrechtsbereich beim Fahrlässigkeitsdelikt

von nicht erkennbar gefährlichen Handlungen und ein diese Mißbilligung zu vermeiden suchendes Verhalten der Rechtsgenossen würden ja das soziale Leben zum Erliegen bringen.

Zum andern aber bleibt festzuhalten, daß unter der etwas unbestimmten einengenden Voraussetzung der sozialen Notwendigkeit Handlungen mit dem gleichen Maßstab aus dem Unrechtsbereich ausgeschieden werden, wie er zur Ermittlung der Sorgfaltspflicht von den Anhängern des Unrechtsmerkmals „objektive Sorgfaltspflichtverletzung" verwandt wird. Insoweit ist eine erhebliche Annäherung beider Ansichten zu verzeichnen.

3. Ähnliches gilt für die „Sozialadäquanz", soweit sie als Rechtfertigungsgrund angesehen wird.

Anwendungsbereich und Grenzen sind auch hier terminologisch und sachlich umstritten[84]. Im wesentlichen ist man sich jedoch unter den Anhängern dieses „Strafausschließungsgrundes i. w. S." darüber einig, welche Handlungen damit aus dem Rechtswidrigkeitsbereich ausgeschieden werden sollen:

Sozialadäquat sind diejenigen Handlungen, die sich völlig im Rahmen der normalen, geschichtlich gewordenen sozialethischen Ordnung des Gemeinschaftslebens bewegen, d. h., alle Betätigungen, die so mit unserem Sozialleben verknüpft sind, daß sie als völlig normal anzusehen sind[85].

Wie oben erwähnt[86], kann eine genaue Trennungslinie zwischen den „sozialadäquaten" und den das „erlaubte Risiko" einhaltenden Handlungen anhand der Literatur nicht gezogen werden[87].

Aber diese mehr terminologische Frage kann dahingestellt bleiben. Soweit jedenfalls die Autoren, nach denen die Fahrlässigkeit ein Schuldmerkmal ist, bei sozialadäquaten Handlungen die Rechtswidrigkeit ausschließen[88], scheiden sie damit mit einem objektiven Maßstab

---

[84] Dazu ausführlich *Hirsch*, ZStW 74, 78 ff., mit Darstellung der verschiedenen Meinungen zur Sozialadäquanz; vgl. auch *Deutsch*, S. 243 ff., und *Kienapfel*, S. 10, mit Nachweisen, Anm. 19.

[85] *Geerds*, Diss., S. 99; *Jescheck*, LB, S. 190; *Niese*, JZ, 1956, 460; *Nipperdey*, NJW 1957, 1779; *Schönke - Schröder*, § 59, RZ 168; *Dreher*, § 59, Anm. III A 3; *Welzel*, LB, S. 55 f. Weitere Nachweise bei *Hirsch*, ZStW 74, 79; *Deutsch*, S. 244, Anm. 255. Vgl. auch BGHSt 19, 152 (154) und 23, 226 (228).

[86] Siehe oben S. 26 ff.

[87] Vgl. *Niese*, JZ 1956, 460; *Nipperdey*, NJW 1957, 1779; *Krauß*, ZStW 76, 19 (48); *Kienapfel*, S. 10, weist ebenfalls auf die Überschneidungen zwischen diesen beiden Begriffen in der Literatur hin. Er selbst versteht unter „erlaubtem Risiko" den — von ihm abgelehnten — Sammelbegriff für nicht bestrafenswerte, gefährliche Handlungen.

[88] *v. Olshausen - Niethammer*, Bem. 4 vor § 51; *Schönke - Schröder*, § 59, RZ 168; *Stoll*, JZ 1958, 141; *Dreher*, § 59, Anm. III A 3; Vorbem. § 51, Anm. 2 F c.

(„Handlungen, die als normal anzusehen sind") einen Teil der Sachverhalte aus dem Rechtswidrigkeitsbereich aus, die von dem zweiten Element der als Unrechtsmerkmal verstandenen objektiven Sorgfaltspflichtverletzung — Zulassung von „gefährlichen", d. h., mit einem Erfolg erkennbar verbundenen, Handlungen aufgrund normativer, am Gemeinschaftsinteresse ausgerichteter Abwägungen — erfaßt werden.

Auch das ist eine teilweise Annäherung an die Auffassung von der objektiven Sorgfaltspflichtverletzung als Unrechtsmerkmal. Ähnlich wie beim erlaubten Risiko muß hier den Anhängern des *Schuld*merkmals „Sorgfaltspflichtverletzung" als Mangel entgegengehalten werden, daß die ungefährlichen Handlungen, die einen tatbestandsmäßigen Erfolg bedingen, weiter den Unrechtsvorwurf tragen. Denn die naheliegende Konsequenz, auch ungefährliche Handlungen zumindest wertungsmäßig den „sozialüblichen" gleichzustellen, wird nicht gezogen.

4. *Baumann*, der für die Erfüllung des Tatbestandes bei fahrlässigen Erfolgsdelikten äquivalente Kausalität ausreichen läßt, will den weiten Bereich der Erfolgsverursachungen ebenfalls durch besondere Rechtfertigungsgründe eingrenzen. Die Lehre vom erlaubten Risiko und von der Sozialadäquanz lehnt er allerdings ab[89]. Dafür sieht er im Gedanken der Pflichtgemäßheit[90] und der Unvermeidbarkeit[91] Rechtfertigungsgründe, die diesem Zweck dienen.

a) Als *pflichtgemäß* und damit gerechtfertigt bezeichnet er alle Handlungen, die zwar zu einem tatbestandsmäßigen Erfolg führten, in anderen Rechtsgebieten aber ausdrücklich gebilligt seien[92]. Er weist aber andererseits darauf hin, daß im Einzelfall die Gesamtrechtsordnung darüber entscheide, welches Verhalten einem Täter geboten sei[93]. Zur Gesamtrechtsordnung zählt er natürlich auch das Strafrecht und läßt gegebenenfalls Normen aus anderen Rechtsgebieten, die ein bestimmtes Verhalten billigen, gegenüber Strafrechtsnormen zurücktreten[94].

Damit wird der Rechtfertigungsgrund der „Pflichtgemäßheit" bedeutungslos. Denn wenn Verhaltensweisen, die in anderen Rechtsgebieten erlaubt sind, doch nicht gerechtfertigt sind, sofern sie z. B. zu einer Tötung führten, kann es auf diese außerstrafrechtliche Regelung gar nicht ankommen. Dann ist allein § 222 entscheidend[95].

---
[89] LB, S. 256 ff., 443 f.
[90] MDR 1957, 646; JZ 1962, 41 (47); LB, S. 249 (251).
[91] MDR 1957, 646 (648); JZ 1962, 41 (47); LB, S. 259 f.
[92] JZ 1962, 47; LB, S. 249, 251.
[93] JZ 1962, 47; LB, S. 249.
[94] JZ 1962, 47; LB, S. 250. (Er nennt als Beispiel den Fall, daß „rechts fahren" zur Tötung eines Menschen führen würde. Dann müsse links gefahren werden.)
[95] Zwar meint *Baumann*, daß z. B. die Verhaltensanweisungen der StVO Konkretisierungen des Tötungs- und Körperverletzungsverbotes für den

b) Als anderen Rechtfertigungsgrund nennt er die *objektive Unvermeidbarkeit* eines Erfolges und begründet dies damit, daß die Rechtsordnung sich an den Menschen richte und diesem unmögliches Verhalten, also auch eine unmögliche Erfolgsvermeidung, nicht gebieten könne[96]. Damit erkennt er jedoch schon dem Rechtswidrigkeitsbereich im Deliktsaufbau eine Bestimmungsfunktion zu, eine Meinung, die er sonst entschieden ablehnt[97].

Zum ersten führt *Baumann* zu diesem Rechtfertigungsgrund die naturwissenschaftlich zu begründende Unvermeidbarkeit an. Als Beispiel nennt er den Fall, daß einem Kraftfahrer ein Kind unmittelbar vor den Wagen springt. Da der jetzige Stand der Technik es nicht erlaube, ein Auto jederzeit anzuhalten, sei das Gebot des sofortigen Handelns vom Gesetzgeber nicht normierbar[98].

Baumann will sicher nicht nur das Handeln oder das Unterlassen einer Handlung *unmittelbar* vor dem Zusammenprall mit dem Kind gerechtfertigt wissen[99]. Das zeitlich davor liegende Verhalten kann aber nur gerechtfertigt sein, wenn dem Kraftfahrer dann der Unfall nicht erkennbar war. Denn hätte der Kraftfahrer nach objektivem Urteil zu einem früheren Zeitpunkt die Möglichkeit dieses Unfalles vorhersehen können, wäre der Unfall ggf. nicht unvermeidbar gewesen.

Lebensbereich Straßenverkehr seien. Wer diese Anweisungen befolge, werde in aller Regel auch das Tötungsverbot befolgen. Nur in besonderen Situationen werde das ranghöhere Tötungsverbot die Verhaltensanweisungen suspendieren (LB, S. 251). Einmal treffen diese Erörterungen jedoch nicht in allen Fällen zu, in denen die Regelungen in anderen Rechtsgebieten, z. B. im Verwaltungsrecht, Prozeß- oder Verfassungsrecht, sich nicht als Konkretisierung eines Tötungs- oder Körperverletzungsverbotes darstellen. Zum anderen würde nun aber interessieren, wann diese besonderen Situationen vorliegen. Darüber schweigt *Baumann*. Diese Schwierigkeit ist ihm offenbar, da er die Notwendigkeit eines Ausweges andeutet: In aussichtslosen Situationen, bei völliger Unvermeidbarkeit der Rechtsgutsverletzung durch alle an ihr beteiligten Personen, würden die Normen versagen. Bis dahin appellierten sie an die Verantwortlichkeit jedes Menschen für von ihm in Gang gesetzte Kausalverläufe. (JZ 1962, 48). Diese Erwägungen überzeugen nicht. Vielmehr drängt sich hier der Gedanke, es auf die Vorhersehbarkeit abzustellen, förmlich auf.

[96] JZ 1962, 47; LB, S. 260.
[97] LB, S. 247.
[98] LB, S. 260.
[99] Sonst wäre der Anwendungsbereich dieses Rechtfertigungsgrundes zu gering, um bei den Fahrlässigkeitsdelikten eine Rolle zu spielen: es würde sich dann nur um die Fälle handeln, die bei den Unterlassungsdelikten wegen der Unmöglichkeit der Gebotserfüllung relevant sind. Aus *Baumanns* Ausführungen zu dieser Problematik der Unterlassungsdelikte (LB, S. 223 unten) ergibt sich jedoch, daß der „Rechtfertigungsgrund der Unmöglichkeit" über dieses Spezialproblem hinausgehen soll — damit kann aber nur noch das zeitlich vorangehende Täterverhalten gemeint sein.

Bei diesem Rechtfertigungsgrund setzt er also eine Unvorhersehbarkeit des Erfolges voraus — das ist aber das erste Element, mit dem die Sorgfaltspflicht eingegrenzt wird.

Zum andern nennt *Baumann* die Sachverhalte, in denen auf den „Rechtswidrigkeitszusammenhang" zwischen Pflichtwidrigkeit und Erfolg abgestellt wird[100], so den Radfahrerfall[101] und den Novocainfall[102]. Er lehnt die kausalitätsverneinenden Lösungen ab und bezeichnet auch diese Erfolge als unvermeidbar, weil allgemein — oder bei richtigem Verhalten — keine Möglichkeit zur Vermeidung bestanden habe[103].

Hier gilt dasselbe wie bei den Fällen der naturwissenschaftlichen Unvermeidbarkeit. Die Unvermeidbarkeit kann nur dann bejaht werden, wenn der konkrete Erfolg auch zu einem früheren Zeitpunkt nicht als Folge des fraglichen Handelns *erkennbar* war. Hätte z. B. in dem vom BGH entschiedenen Radfahrerfall[104] der LKW-Fahrer aufgrund ihm bekannter Vorkommnisse — gemeinsames Zechen in einer Gastwirtschaft — die Trunkenheit des Radfahrers und dessen dadurch bedingte Unsicherheit erkannt gehabt, so war der Unfall vermeidbar: der LKW-Fahrer hätte dann entweder nur in einem extrem weiten Bogen überholen dürfen oder er hätte das Überholen ganz unterlassen müssen.

Die von *Baumann* entwickelten Einschränkungen einer zu weiten Tatbestandsmäßigkeit der fahrlässigen Erfolgsdelikte decken sich also zumindest mit dem ersten einschränkenden Element der objektiven Sorgfaltspflicht — der Unvorhersehbarkeit.

5. Im Anschluß an *Graf zu Dohna*[105] beruft sich *Eb. Schmidt* auf den Rechtfertigungsgrund des *richtigen Handelns zum richtigen Zweck*[106].

a) Handlungen seien trotz Tatbestandsmäßigkeit dann nicht rechtswidrig, wenn sie sich als angemessenes, richtiges Mittel zur Erreichung des staatlich geregelten Zusammenlebens darstellten[107]. Einmal sollen nach diesem Rechtfertigungsgrund die Fälle des übergesetzlichen Notstandes, der Geschäftsführung ohne Auftrag, der mutmaßlichen Einwilligung[108], der Einwilligung selbst[109], aber auch die ärztlichen Eingriffe[110] unter einem einheitlichen Gesichtspunkt erfaßt werden. Zum

---

[100] JZ 1962, 47; LB, S. 260 (vgl. dazu Anm. 60).
[101] BGHSt 11, 1 ff.
[102] RG HRR 1926, 1636 Nr. 2302.
[103] JZ 1962, 47; LB, S. 262.
[104] BGHSt 11, 1 ff.
[105] ZStW 32, 327, Anm. 10.
[106] *v. Liszt-Schmidt*, LB, S. 187.
[107] a.a.O., S. 213.
[108] a.a.O., S. 213.
[109] a.a.O., S. 217.
[110] a.a.O., S. 214.

andern aber sei das Anwendungsgebiet dieses Grundsatzes noch erheblich weiter. So folge aus der Zulassung eines Gewerbes, daß die mit dem regelmäßigen Betriebe verbundenen Gefährdungen nicht rechtswidrig seien[111]. Auch Verletzungen bei sportlichen Veranstaltungen seien nicht rechtswidrig, wenn die anerkannten Sportregeln beobachtet worden seien[112]. Dieser Rechtfertigungsgrund erweist sich also in den letztgenannten Bereichen mit dem Rechtfertigungsgrund des erlaubten Risikos und der Sozialadäquanz identisch.

b) Auch bei der Fixierung der einzelnen Fälle kann *Eb. Schmidt* nicht auf das Vorhersehbarkeitsurteil verzichten — welche Gefährdungen mit dem regelmäßigen Betrieb verbunden sind, läßt sich nur nach Erfahrungsgrundsätzen oder mit einem „Vorhersehbarkeitsurteil" ermitteln. Dasselbe gilt für ärztliche Eingriffe. Wenn alle zu Heilzwecken vorgenommenen Handlungen, die den Regeln der Hygiene und der Heilkunde entsprechen, ohne Rücksicht auf den Erfolg[113] rechtmäßig sein sollen, so kann die Frage, ob ein Eingriff von der Regel erfordert wird, nur unter Berücksichtigung ärztlicher Erfahrung und damit verbundener Voraussicht der möglichen Kausalverläufe beantwortet werden. Damit stützt man sich aber wieder auf die Vorhersehbarkeit. In der Beschränkung auf den Zweck des staatlich geregelten Zusammenlebens läßt sich wieder das zweite normative Element der objektiven Sorgfaltspflicht erkennen.

c) Schließlich stellt sich auch hier die Frage, ob nicht die Zulassung aller ungefährlichen Handlungen des täglichen Lebens ebenfalls dem Zweck des staatlich geregelten Zusammenlebens entsprechen würden. In diese Richtung deutet der Hinweis von *Eb. Schmidt*, daß völlig inadäquate Kausalzusammenhänge keine tatbestandsmäßige Haftung begründen könnten[114]. Andererseits lehnt er die Adäquanztheorie ausdrücklich ab[115] und will auch erst in der Schuld bei der Prüfung der Sorgfaltsverletzung untersuchen, ob der Erfolg erkennbar war[116].

d) Gleichwohl gilt mutatis mutandis hier das gleiche, was schon bei *Schröder* und *Baumann* festgestellt werden konnte: Für den Unrechtsbereich genügt nach *Eb. Schmidt* nicht die Erfolgsverursachung und das Nichtvorliegen der herkömmlichen Rechtfertigungsgründe. Die geforderte Einschränkung nähert sich dem Unrechtsmerkmal einer objektiven Sorgfaltsverletzung und bedient sich teilweise derselben Ele-

---

[111] a.a.O., S. 216.
[112] a.a.O., S. 217; vgl. auch Eb. *Schmidt*, JZ 1954, 369.
[113] So ausdrücklich LB, S. 214.
[114] a.a.O., S. 163.
[115] a.a.O., S. 163.
[116] a.a.O., S. 280.

mente, nämlich besonderer normativer Überlegungen, ob aus „Verkehrsgründen bestimmte Handlungen vermieden werden sollen", und indirekt auch der Erkennbarkeit, da die strafrechtliche Relevanz der zu vermeidenden Handlungen, d. h., ihre Gefährlichkeit für ein geschütztes Rechtsgut, nur nach Erkennbarkeitsgesichtspunkten ermittelt werden kann.

6. Der Große Senat des BGH hat in Zivilsachen das *verkehrsrichtige Verhalten* als Rechtfertigungsgrund anerkannt[117]. Da ein Rechtfertigungsgrund, der im Zivilrecht gilt, eine tatbestandsmäßige Handlung auch im Strafrecht rechtfertigt, ist er hier als Beitrag der Rechtsprechung zur Einengung der weiten Tatbestandsmäßigkeit bei Fahrlässigkeitsdelikten zu erwähnen[118]. Die Entscheidung bezieht sich allerdings nur auf den Straßen- und Eisenbahnverkehr. Der BGH geht davon aus, daß die Rechtsordnung durch die Zulassung des gefahrvollen Verkehrs und durch die Aufstellung von Verhaltensvorschriften für die Teilnehmer an diesem Verkehr erkläre, daß ein Verhalten unter Beachtung dieser Vorschriften sich im Rahmen des Rechts halte. Ein Verhalten, das den Ge- und Verboten der Rechtsordnung voll Rechnung trage, könne jedoch nicht als rechtswidrig gekennzeichnet werden. Da das Urteil der Rechtswidrigkeit die zum Erfolg führende Handlung nicht unberücksichtigt lassen könne, sei auch ein Erfolg, der den Deliktstatbestand des § 823 Abs. I BGB erfülle, nicht ausreichend, das zu diesem Erfolg führende verkehrsrichtige Verhalten als rechtswidrig anzusehen[119].

Hier erhebt sich die Frage, warum diese Überlegungen nicht für andere Lebensbereiche gelten, die nach besonderen Vorschriften geordnet sind. Zum andern ist auch in der speziellen Materie Straßenverkehrsrecht das „richtige" Verhalten nicht kasuistisch geregelt; das richtige Verhalten in Situationen, in denen ein generell regelgerechtes Verhalten zu Schäden führen würde[120], wird durch § 1 StVO gefordert — die Gefährdung oder Beschädigung läßt sich im Augenblick des Verhaltens selbst nur nach Erkennbarkeitskriterien ermitteln. Für den Bereich des Straßenverkehrs deckt sich weitgehend das richtige Verhalten mit der „im Verkehr erforderlichen Sorgfalt" — auch hier wieder eine Annäherung an die Meinung von der unrechtsbezogenen Sorgfaltspflichtverletzung.

7. Weiterhin ist der „Vertrauensgrundsatz" zu erwähnen, den die Rechtsprechung bei der Beurteilung von Unfällen im Straßenverkehr

---
[117] BGHZ 24, 21 (26).
[118] Vgl. dazu oben S. 38.
[119] BGHZ 24, 26.
[120] Vgl. dazu das Beispiel von *Baumann*, LB, S. 250 (hier genannt in Anm. 93).

anerkannt hat[121]. Verkehrsteilnehmer dürfen danach regelmäßig erwarten, daß auch die anderen Verkehrsteilnehmer die geltenden Verkehrsvorschriften beachten[122]. In einem Urteil vom 31. 10. 1957 ist die erfolgreiche Berufung auf den Vertrauensgrundsatz ausdrücklich als Rechtfertigungsgrund bezeichnet worden[123]. Die anderen Entscheidungen sprechen sich allerdings nicht über die systematische Einordnung des Vertrauensgrundsatzes aus[124]. Sie billigen dem Vertrauensgrundsatz Einfluß auf den Umfang der Sorgfaltspflicht zu[125]. Ob in Verbindung mit der Entscheidung vom 31. 10. 1957 daraus gefolgert werden darf, daß nach der Rechtsprechung die Bemessung der Sorgfaltspflicht Einfluß auf die Rechtswidrigkeit hat[126], soll dahingestellt bleiben. Soweit jedoch die Rechtsprechung die Berufung auf den Vertrauensgrundsatz als Rechtfertigungsgrund ansieht, ist das wieder eine normative Einschränkung des Unrechtsbereichs, die sich nach den objektiven Kriterien des allgemeinen Interesses an der Verkehrsflüssigkeit[127] bestimmt.

D. Ergebnisse der Untersuchung

I. Allgemeine Eingrenzung des Unrechts

In der Lehre ist nur noch vereinzelt[128] die Meinung zu finden, daß bei den fahrlässigen Erfolgsdelikten für die rechtswidrige Tatbestandsverwirklichung die äquivalente Kausalität und das Nichtvorliegen der herkömmlichen Rechtfertigungsgründe ausreichen.

Nach allen anderen Meinungen ist der weite Bereich der Rechtswidrigkeit bei fahrlässigen Erfolgsdelikten durch besondere Kausalitätstheorien, durch das Erfordernis des Pflichtwidrigkeitszusammenhanges zwischen Handlung und Erfolg und durch andere objektive Tatbestandseingrenzungen sowie durch überwiegend an den Sozialinteressen orientierte „neue" Rechtfertigungsgründe oder schließlich durch das

---

[121] BGHSt 4, 47; BGHSt (Verein. Gr. Sen.) 7, 118 (120 f.); BGHSt 14, 201 (211).
[122] Vgl. z. B. BGH, VRS 15, 451.
[123] BGH VRS, 14, 30 (31).
[124] Wenn im Urteil BGH VRS 17, 50 der Vertrauensgrundsatz im Rahmen der Erörterungen zur „Schuldfrage" untersucht wird, so sollten damit nur die tatsächlichen Feststellungen von der Rechtsfrage abgegrenzt werden.
[125] BGHSt 7, 120 ff.; OLG Stuttgart, VRS 29, 46 (47).
[126] Das OLG Köln hat die Verletzung der objektiv erforderlichen Sorgfaltspflicht ausdrücklich als Rechtswidrigkeitsmerkmal anerkannt (NJW 63, 2382).
[127] BGHSt 7, 122.
[128] Nur noch Wegner, LB, S. 107, 113 ff.; Rehberg, S. 134 ff. (149), 150 ff. (160), und Roeder, S. 94.

Unrechtsmerkmal der „Verletzung einer objektiven Sorgfaltspflicht" (auch = der im Verkehr erforderlichen Sorgfalt) erheblich eingeschränkt.

II. Konsequenzen der unterschiedlichen Meinungen zum Standort der Sorgfaltspflichtverletzung

Soweit die Verletzung einer objektiven Sorgfaltspflicht, d. h., der im Verkehr erforderlichen Sorgfalt, als Unrechtsmerkmal angesehen wird, scheiden aus dem Unrechtsbereich alle objektiv unerkennbaren Erfolgsverursachungen aus. Daneben werden aber auch Erfolge ausgeklammert, die auf erkennbar gefährliche Handlungen zurückgehen, sofern die Vermeidung dieser Handlungen wegen der Erfordernisse des Verkehrs nicht angemessen erscheint.

Wird die Kausalität nach engeren Maßstäben als denen der Äquivalenz bestimmt, die objektive Sorgfaltspflichtverletzung aber als Schuldmerkmal angesehen, so werden im Unrechtsbereich die unerkennbaren Erfolgsverursachungen ganz oder teilweise eliminiert. Die Verkehrserforderlichkeit der Vermeidung erkennbarer Gefährdungen entfaltet ihre Wirkungen dagegen erst im Schuldbereich[129]. Umgekehrt befreien die Meinungen, die „lebensnotwendige" oder „sozialadäquate" oder „verkehrsrichtige" Erfolgsverursachungen als gerechtfertigt ansehen, den Täter vom Vorwurf einer unkennbaren Erfolgsverursachung in den restlichen Fällen erst bei der Schuldprüfung.

Die Vertreter eines subjektiven Pflichtwidrigkeitsmerkmals als Unrechtsvoraussetzung schließlich entlasten den Täter schon im Unrechtsbereich von allen Erfolgsverursachungen, die ihm unerkennbar waren oder die sich als erlaubtes Risiko darstellen.

III. Die Anerkennung eines Handlungsunwertes

Alle Unrechtsmerkmale, die über die Erfolgsverursachung und das Nichtvorliegen der üblichen Rechtfertigungsgründe hinausgehen, besitzen dieselbe Eigentümlichkeit: sie lassen den vorliegenden Erfolg unberücksichtigt und treffen nur eine Auswahl unter den zum Erfolg führenden Handlungen[130]. Damit wird bei den fahrlässigen Erfolgs-

---

[129] Siehe z. B. *Köhler*, S. 280; *v. Hippel*, S. 143, Anm. 8.

[130] Die herkömmlichen Rechtfertigungsgründe mit Ausnahme der Einwilligung, über deren Einordnung Streit herrscht, sind — wie *Armin Kaufmann* in seiner Normentheorie, S. 254, nachgewiesen hat — generell nach der Erforderlichkeit strukturiert, die sich ihrerseits nach der auf Grund der Handlung drohenden Rechtsgutverletzung ausrichtet. (Vgl. auch *Noll*, S. 49; *Rehberg*, S. 59.) Bei den Strafausschließungsgründen i. w. S., wie Sozialadäquanz und erlaubtes Risiko, kommt es dagegen auf eine konkrete Erforderlichkeit nicht an.

delikten neben dem Erfolgsunwert auch ein besonderer Handlungsunwert als unrechtskonstitutiv angesehen. Denn wenn von zwei Handlungen, die denselben Erfolg bedingen, die eine wegen ihrer Inadäquität oder wegen ihrer Eigenschaft als erlaubtes Risiko, als sozialadäquat, als verkehrsrichtig etc., nicht als rechtswidrig gilt, die andere dagegen rechtswidrig ist, kann der in beiden Fällen gleiche Erfolg keine entscheidende Rolle spielen. Vielmehr ist dann die verschiedenartige Beschaffenheit der erfolgsbedingenden Handlung für das Rechtswidrigkeitsurteil konstitutiv. Wenn aber nur bestimmte Handlungen das Rechtswidrigkeitsurteil tragen können, ist damit die selbständige Bedeutung eines Handlungsunwertes auch bei den fahrlässigen Erfolgsdelikten anerkannt.

Zwar könnte hier eingewandt werden, daß die Vertreter von engeren Kausalitätstheorien doch nur die nach ihrer Formel „verursachten" Erfolge dem Rechtswidrigkeitsurteil unterstellen, so daß von vornherein nur erfolgsadäquate, -relevante, objektiv den Erfolg bezweckbare u. ä. Handlungen Gegenstand des Rechtswidrigkeitsurteils sind. Ein solches Argument würde aber die von *Mezger*[131] herausgearbeitete Erkenntnis außer acht lassen, daß erster Ansatzpunkt für die tatbestandliche Zurechnung eines Erfolges zu einem bestimmten Täter der allgemeine Kausalbegriff ist, der eine nach naturwissenschaftlichen Erfahrungssätzen festzustellende Beziehung zwischen Täter, Handlung und Erfolg herstellt. Soweit aber juristische Kausaltheorien eine Auswahl unter diesen erfolgsbedingenden Handlungen treffen, nehmen sie diese nach normativen Erwägungen vor. So geben auch die Anhänger der Adäquanztheorie ausdrücklich zu, daß sie von den naturgesetzlichen Bedingungen ausgehen und dann die erfolgsadäquaten aussondern[132]. Damit ist jedoch anerkannt, daß für die strafrechtliche Bewertung alle Handlungen in Betracht kommen, die Bedingungen im naturwissenschaftlichen Sinne sind. Wird unter ihnen „nach den spezifischen Bedürfnissen des Rechts"[133] eine Auswahl vorgenommen und entscheidet diese Auswahl neben dem Erfolg über Recht oder Unrecht, so werden von den erfolgsbedingenden die unrechtskonstitutiven Handlungen ausgeschieden. —

Ähnlich verhält es sich mit den genannten Rechtfertigungsgründen des erlaubten Risikos, der Sozialadäquanz etc., die von ihren Befürwortern auch ausdrücklich auf die Handlung bezogen werden[134].

---

[131] LB, S. 104; a. A.: *Schmidhäuser*, LB, RZ 67 ff.

[132] *Maurach*, LB AT, S. 203; früher z. B. *v. Hippel*, S. 96. Grundsätzlich abweichend *Schmidhäuser*, a.a.O. Eine Auseinandersetzung mit seinen Thesen kann jedoch hier unterbleiben, da auch er den Handlungsunwert als unrechtsbegründend ansieht (LB, RZ 8/89).

[133] *Maurach*, a.a.O.

[134] z. B. *Schönke - Schröder*, § 59, RZ 165: „Die verletzende Handlung ist

IV. Der Grund für die Einschränkungen

Alle Einschränkungen, wie Adäquanztheorie, besondere Rechtfertigungsgründe usw. können nur aus folgender Überlegung erklärt werden: Mit dem Urteil „rechtswidrig" wird über bestimmte Kausalprozesse das Urteil der Rechtsordnung gefällt, daß gegen die zum reibungslosen Ablauf des menschlichen Zusammenlebens bestehenden Regeln verstoßen wurde. Offensichtlich soll diese Mißbilligung aber nicht für Handlungen gelten, die z. Z. ihrer Vornahme trotz ihrer ex post festgestellten Ursächlichkeit für einen bestimmten Erfolg sich nach einem objektiven Urteil als gemeinschaftsnützlich oder sogar als notwendig darstellten oder die z. Z. ihrer Vornahme vernünftigerweise mit dem späteren Erfolg nicht in Verbindung gebracht werden konnten.

Das besagen Formulierungen wie: „Beim erlaubten Risiko ist die zu einer Schädigung von Rechtsgütern führende Handlung nicht rechtswidrig, da sie so, wie sie vorgenommen worden ist, vorgenommen werden durfte"[135]; „Handlungen, die sich als das angemessene Mittel zur Erreichung eines staatlich anerkannten Zweckes darstellen, können niemals als Verbrechen gewertet werden"[136]; „ein Verhalten, das den Ge- und Verboten der Rechtsordnung voll Rechnung trage, könne nicht als rechtswidrig gekennzeichnet werden"[137]; oder für die Adäquanztheorie: „Das Recht erwarte nur, daß man keine Handlungen vornehme, aus der nach Einsicht Verständiger eine generelle Gefahr des rechtswidrigen Erfolges entstehe"[138]; „völlig unvorhersehbare Erfolge eines bestimmten Verhaltens haben für das soziale Leben gleichgültig zu bleiben"[139].

Das bedeutet, daß die Rechtswidrigkeit einer Erfolgsverursachung nicht mehr allein von der durch den Täter — auf welchem Wege auch immer — bedingten Rechtsgutsverletzung abhängig gemacht wird, sondern daß geprüft wird, ob die Rechtsordnung diese Erfolgsverursachung billigerweise verbieten konnte: Das heißt aber, daß dem Unrechtsbereich nicht mehr allein eine Bewertungsfunktion zuerkannt werden kann, sondern daß er auch eine Bestimmungsfunktion besitzt. Es kommt

---

nicht rechtswidrig, da sie so, wie sie vorgenommen worden ist, vorgenommen werden durfte." *Oehler*, Festschrift f. Eb. Schmidt, S. 245: „... der Kreis der erlaubten, gefahrsetzenden Handlungen". Demgegenüber weist *Kienapfel*, S. 21, darauf hin, daß mit dem erlaubten Risiko oder mit der Sozialadäquanz usw. eine Handlung nur so lange rechtmäßig sei, als der Erfolg noch nicht eingetreten sei. Damit beruft er sich auf eine im Zivilrecht häufig gebrachte Auffassung, z. B. *Bettermann*, NJW 1957, 986 f.; *Stoll*, JZ 1958, 137 (142).

[135] *Schönke - Schröder*, § 59, RZ 165.
[136] *v. Liszt-Schmidt*, LB, S. 213.
[137] BGHZ 24, 21 (26).
[138] *Köhler*, LB, S. 98.
[139] *v. Hippel*, LB, S. 98.

D. Ergebnisse der Untersuchung

also auch darauf an, wozu das Recht vernünftigerweise bestimmen kann[140].

Dann ist es aber im wesentlichen nur noch eine Frage der Terminologie, wenn man mit den Finalisten — namentlich Welzel[141] — fordert, daß die Rechtsordnung niemandem mehr als die „Einhaltung der im Verkehr erforderlichen Sorgfalt" gebieten könne bzw. daß das Recht nur die Handlungen verbieten könne, die nicht „die im Verkehr erforderliche Sorgfalt in bezug auf geschützte Rechtsgüter" aufweisen.

Damit besteht jedoch noch eine Differenz zu den Autoren, die überhaupt eine *objektive* Sorgfaltspflichtverletzung als Deliktsmerkmal der Fahrlässigkeitstaten ablehnen[142]. Das ist aber ein besonderes Problem und hat keinen Einfluß auf die Einordnung der Sorgfaltspflichtverletzung im Deliktsaufbau. Denn zur Begründung dieser Meinung wird darauf hingewiesen, daß durch die Einschaltung eines objektiven Maß-

---

[140] Will man dem Streit über den Vorrang von Bewertungsnorm oder Bestimmungsnorm (dazu Nachweise bei *Münzberg*, S. 50; *Oehler*, Zweckmoment, S. 16 ff.; *Armin Kaufmann*, Normentheorie, S. 41 ff.; *Krauß*, ZStW 76, 33 f.) vermeiden, kann man es auch so ausdrücken, daß die Kennzeichnung eines Verhaltens als rechtswidrig nur dann sinnvoll ist, wenn sich daraus eine Richtschnur für die Rechtsgenossen ergibt (*Zippelius*, NJW 1957, 1707; *Engisch*, 100 Jahre, S. 419; *Lorenz*, S. 29). Zumindest diese Richtschnurfunktion der Rechtswidrigkeitsstufe ist allgemein anerkannt (vgl. z. B. *Schröder*, Vorbem. § 1, RZ 11; *Hellmuth Mayer*, LB, S. 103; *Welzel*, LB, S. 49). *Münzberg* weist dazu — richtig — darauf hin, daß die Auseinandersetzung um das Verhältnis von Bestimmungsnorm und Bewertungsnorm durch die mehr terminologische Hypothek belastet ist, die Regeln des Rechts als Befehle zu bezeichnen (S. 49 f.). Eine Auffassung, die Normen als Empfehlungen (= Richtschnur) zu bestimmten Verhaltensweisen zu betrachten, um damit Unrechtsfolgen zu entgehen, kann seiner Meinung nach zu Recht von beiden Lehren akzeptiert werden. — Gleich, ob man es auf „Befehl" oder „Richtschnur" abstellt, Gegenstände können immer nur bestimmte *Handlungen* sein, die nur einen Teil der möglichen Erfolgsverursachungen darstellen. Absolute Verbote, Rechtsgüter zu verletzen, können weder durch Befehl, noch durch Empfehlung durchgesetzt werden. a. A. *Rehberg*, S. 136. Er hält die „Richtschnurfunktion" der Norm zwar für eine sekundäre Funktion der Bewertungsnorm. Seiner Ansicht nach kann aber die absolute Tötungs- und Verletzungsverbot aber die gleichen Anhaltspunkte zum normgemäßen Verhalten geben, wie das Verbot, sorgfaltswidrige Handlungen vorzunehmen. Denn die absoluten Verbote würden ein „höchstmögliches Maß an Sorgfalt" (sic!) verlangen — damit wäre dem Handelnden genauso gedient, wie mit dem Gebot, voraussehbare Verletzungen zu vermeiden. Daß das „höchstmögliche Maß an Sorgfalt" schon das Verbot relativiert, übersieht er dabei genauso wie die Konsequenz, daß diese Sorgfalt notwendigerweise ein Vorhersehbarkeitsurteil voraussetzt. Seine weiter vorgetragene Behauptung, die Sorgfaltspflicht würde von den Anhängern der Bestimmungsnorm ex post ermittelt, kann er nicht belegen.

[141] LB, S. 131; von teleologischer Systematik her grundsätzlich ablehnend: *Schmidhäuser*, LB, RZ 9/11.

[142] z. B. *Schönke - Schröder*, § 59, RZ 175 ff.; Bedenken auch bei *Dreher*, § 59, Anm. III A 3. Für nur subjektive unrechtsbezogene Sorgfaltspflichtverletzung: *Stratenwerth*, LB, RZ 1167 ff., und *Jakobs*, S. 69.

stabes derjenige ungerechtfertigt privilegiert würde, der überdurchschnittliche Fähigkeiten habe. Er solle auch überdurchschnittliche Pflichten zu tragen haben[143]. Es ist jedoch keine Systemfrage, sondern eine reine Wertentscheidung, ob der Täter auch über ein — wie immer zu bestimmendes — objektives Maß hinaus strafrechtlich haften soll, falls er besondere Fähigkeiten zur Unrechtsvermeidung besitzt[144].

Nach der hier vertretenen Auffassung wird dem Zusammenleben der Menschen, das durch das Recht geordnet werden soll, Genüge getan, wenn jeder Rechtsgenosse eine nach objektiven Gesichtspunkten orientierte, nämlich die für den Verkehr erforderliche Sorgfalt aufbringt. Wenn diese Sorgfalt entsprechend den Lebensbereichen gegliedert ist, in denen eine bestimmte Tätigkeit vorgenommen wird, und wenn ihre einzelnen Elemente so bestimmt sind, daß die verschiedenen Interessen des menschlichen Verkehrs jeweils optimal berücksichtigt sind, muß für die Rechtsordnung die Einhaltung dieser Sorgfalt genügen. Dann muß es auch hingenommen werden, wenn im Einzelfall der höher Befähigte einmal nur die objektiv erforderliche Sorgfalt aufbringt[145].

Eine Sonderstellung nehmen *Stratenwerth* und *Jakobs* ein. Nach ihrer Meinung gehört bei den fahrlässigen Erfolgsdelikten zur Tatbestandsmäßigkeit über die Erfolgsverursachung hinaus die Verletzung einer dem individuellen Täter obliegenden Sorgfaltspflicht[146] bzw. eine mit subjektiven Maßstäben zu bestimmende Vermeidbarkeit[147].

Die daraus folgende Haftung des Fahrlässigkeitstäters für besondere Fähigkeiten begründet *Stratenwerth* mit dem Hinweis darauf, daß der besonders Befähigte damit nicht überfordert, sondern nur dazu verpflichtet werde, seine Fertigkeiten anzuwenden[148]. Hierzu gilt das eben Gesagte. Es geht letztlich um die Ausgestaltung einer unrechtseinschränkenden Sorgfaltspflichtverletzung, nicht um die Existenz eines solchen Unrechtsmerkmals[149]. Eine erhebliche Annäherung ergibt sich dabei auch schon zu den Anhängern der Lehre von der unrechtsbezogenen objektiven Sorgfaltspflichtverletzung, die ein Sonderwissen des

---

[143] *Hardwig*, Zurechnung, S. 153, Anm. 354; *Oehler*, Festschrift f. Eb. Schmidt, S. 248; *Rehberg*, S. 195; *Schönke - Schröder*, § 59, RZ 176; *Dreher*, § 59, Anm. III A 3; *Stratenwerth*, LB, RZ 1166.

[144] *Klöne*, S. 10.

[145] Ebenso *Roeder*, S. 54 f., mit weiteren Nachweisen. Im übrigen berücksichtigt auch die hier vertretene Auffassung das Wissen des Täters in der ontologischen Basis des Vorhersehbarkeitsurteils; lediglich das nomologische Urteil wird objektiv bemessen (s. dazu unten, S. 89).

[146] LB, RZ 1167 ff.

[147] Studien zum fahrlässigen Erfolgsdelikt, S. 65, 68, 75, 83, 89.

[148] LB, RZ 1166.

[149] So grundsätzlich auch *Mezger - Blei*, StuB I, S. 219.

Täters mit berücksichtigen[150]. — Der von *Stratenwerth* angestellte Vergleich mit dem Unterlassungstäter, dem die Nichtanwendung besonderer Fähigkeiten angelastet wird[151], greift nicht durch: Dort handelt es sich um einen Vorsatztäter, dessen Verfehlung wertmäßig nicht mit den hier zu erörternden Fahrlässigkeitstaten zu vergleichen ist. Soweit *Stratenwerth* aber auch die Tatbestandsmäßigkeit des Handelns eines Täters beim Fahrlässigkeitsdelikt dann verneint, wenn für diesen wegen psychischer Mängel die Tat unvermeidbar war, geht er von einer falschen Voraussetzung aus. Hier sieht er nämlich im Fahrlässigkeitsdelikt das Unterlassungsmoment als gravierend an: „Der Täter müsse fähig sein, sich in der rechtlich gebotenen Weise zu verhalten[152]." Die Möglichkeit der Gebotserfüllung ist aber nur ein für Unterlassungsdelikte relevantes Merkmal; Handlungen können immer vermieden resp. unterlassen werden.

Nach *Jakobs* darf sich die Verhaltensnorm, erkennbare Erfolge zu vermeiden, nur an den Rechtsunterworfenen richten, der aufgrund seiner individuellen Fähigkeiten dazu in der Lage ist, bestimmte Erfolge zu erkennen. Die Wirksamkeit des Rechts ende auch immer an den Grenzen des Intellekts der ihm Unterworfenen, bei der Deliktsprüfung spätestens also bei der Schuld. Eine vorangehende Objektivierung sei daher funktionslos[153].

Nun räumt *Jakobs* selbst ein, daß in das individuelle Wissen des Rechtsunterworfenen durch die tradierte Erfahrung das „generell Erfahrene, also das Adäquate" einbricht[154]. Im Ergebnis werden also er und *Stratenwerth* den Unrechtsbereich des fahrlässigen Erfolgsdelikts nicht entscheidend gegenüber den Anhängern der Lehre von der objektiven unrechtsbezogenen Sorgfaltspflichtverletzung einschränken.

Gegen *Jakobs* ist aber einzuwenden, daß eine Objektivierung der Sorgfaltswidrigkeit — bzw. der Vermeidbarkeit — zumindest insoweit eine Funktion besitzt, als sie den höher Befähigten von einer nur ihm anlastbaren strafrechtlichen Haftung befreit. Hier geht es wieder um Wertfragen. Normlogische Überlegungen stehen jedenfalls einer Objektivierung in diesem Zusammenhang nicht entgegen. Sein weiterer Hinweis, der Rechtsgüterschutz werde durch eine Objektivierung der Sorg-

---

[150] *LK - Hirsch*, § 230, RZ 6; *Jescheck*, LB, S. 437; *Lorenz*, S. 72; *Welzel*, LB, S. 132; *Wessels*, LB, S. 108. Wie noch darzulegen sein wird (vgl. unten S. 89), spielt nach der hier vertretenen Auffassung das Wissen des Täters in dem Umfang eine Rolle, in dem es zur ontologischen Basis des Vorsehbarkeitsurteils gehört.

[151] LB, RZ 1166.
[152] LB, RZ 1165.
[153] S. 68 f.
[154] S. 99.

faltswidrigkeit bzw. der Vermeidbarkeit nicht erhöht[155], ist nur bedingt zutreffend. Diese Feststellung trifft für die konkrete Tat, für den konkreten Täter zu. *Stratenwerth* und *Jakobs* geben aber mit ihrer Forderung, die Verhaltensnorm allein nach den subjektiven Fähigkeiten des Rechtsunterworfenen auszurichten, ohne zwingenden Grund die Richtschnurfunktion des Rechtswidrigkeitsurteils, das auf der Verhaltensnorm gründet, preis. Eine Verhaltensnorm, die sich an den Möglichkeiten des Individuums orientiert, ist nicht geeignet, an einer konfliktlosen Ordnung des menschlichen Zusammenlebens mitzuwirken. Denn die Regeln für das menschliche Zusammenleben müssen einen gewissen Abstrahierungsgrad aufweisen. Nur so ist eine bruchfreie Abstimmung der Normen für das menschliche Zusammenleben möglich[156]. Beiläufig bemerkt, wäre der gesamte Vertrauensgrundsatz aus den Angeln gehoben, sollte man sich nicht mehr darauf einrichten dürfen, daß der andere Rechtsgenosse sich an abstrakte, sprich: objektive Maßstäbe hält.

Schließlich müßte *Jakobs* in letzter Konsequenz auch den Täter, der im konkreten Fall nicht in der Lage ist, das Rechtswidrige seines Handelns zu erkennen, als Adressaten schon der Verhaltensnorm ausscheiden: *Rudolphi* hat darauf hingewiesen, daß auch dieser Rechtsunterworfene letztlich nicht befähigt ist, durch einen Akt der Freiheit eine ihm objektiv gegebene Möglichkeit zur Erkenntnis der Rechtswidrigkeit seines Verhaltens zu ergreifen[157]. Damit ist er aber zur Vollziehung von Konsequenzen aus dieser — nicht vorhandenen — Einsicht in das Unrecht, also ggfs. zur Unterlassung einer geplanten Handlung, genauso wenig in der Lage wie der Rechtsunterworfene, dem eine psychische Voraussetzung zur Erfolgsvermeidung, die Erkennbarkeit des Erfolges, fehlt. Wenn *Jakobs* hier argumentiert, daß das Recht nicht vor dem Faktum seiner Mißachtung kapitulieren dürfe, insbesondere, daß das Strafrecht nicht auf Impulse zu warten, sondern diese zu geben habe[158], so könnte das mit gleicher Berechtigung schon bei der Ausgestaltung der Voraussetzungen für das Rechtswidrigkeitsurteil angeführt werden.

Es bleibt jedoch festzuhalten, daß auch *Stratenwerth* und *Jakobs* eine erhebliche Eingrenzung des Fahrlässigkeitsunrechts über die Erfolgsverursachung und das Nichtvorliegen der herkömmlichen Rechtfertigungsgründe hinaus anerkennen und daß die Unterschiede zur herrschenden Lehre zur objektiven unrechtsbezogenen Sorgfaltspflichtverletzung nur in Grenzfällen von Bedeutung sein werden. Andrerseits

---

[155] S. 68.
[156] Vgl. *Rudolphi*, Unrechtsbewußtsein, S. 101.
[157] a.a.O., S. 209 f.
[158] S. 138.

bestehen gegen die These von der nur subjektiv zu bestimmenden Sorgfaltswidrigkeit — bzw. Vermeidbarkeit — als Unrechtsmerkmal doch erhebliche Bedenken.

Im folgenden wird daher von der Eingrenzung des Fahrlässigkeitsunrechts durch das Erfordernis einer objektiven Sorgfaltspflichtverletzung ausgegangen. Wie versucht wurde aufzuzeigen, ist dies angesichts der weiten Übereinstimmungen aller Meinungen auch ohne grundsätzliche Auseinandersetzung mit den verschiedenen Systemen vertretbar.

E. Einordnung der objektiven Sorgfaltspflichtverletzung

Bisher war noch nicht festgestellt worden, ob die objektive Sorgfaltspflichtverletzung ein Tatbestandsmerkmal (i. e. S.) ist oder ob die Einhaltung der objektiven Sorgfaltspflicht einen Rechtfertigungsgrund darstellt.

Wie oben dargelegt, ist mit dem Merkmal der objektiven Sorgfaltspflichtverletzung die Bedeutung des „Handlungsunwertes" für das Rechtswidrigkeitsurteil anerkannt worden. Benötigt aber die Rechtswidrigkeit immer auch einen Handlungsunwert, so kann es sich bei den Merkmalen, die diesen Handlungsunwert begründen, nicht um Kriterien für *Ausnahme*wertungen handeln. Vielmehr sind es dann konstitutive Elemente des Unrechts. So weisen auch verschiedene Anhänger der Meinung, die eine Verletzung der objektiven Sorgfaltspflicht als Unrechtsmerkmal ansehen, darauf hin, daß dieses Merkmal schon das Unrecht konstituiere und somit Tatbestandsmerkmal sei[159]. Zum gleichen Ergebnis muß man von der Ansicht aus kommen, nach der die Tatbestände das der Strafrechtsordnung zuwiderlaufende Verhalten zeigen sollen, bzw. wonach durch die Aufstellung von Tatbeständen für die Rechtsgenossen die Möglichkeit gegeben sein soll, sich der Strafrechtsordnung gemäß zu verhalten[160]. Wenn aber diese sozialen Anforderungen[161] an normgemäßes Verhalten im Tatbestand sichtbar sein sollen, dann wäre es nur konsequent, ein *typischerweise* der Strafrechtsordnung zuwiderlaufendes Verhalten schon dem Tatbestand zuzuordnen.

Diese Folgerung wird von *Schmidhäuser* entschieden abgelehnt. Er richtet teleologisch die Systematik der Merkmale der Straftat auf die

---

[159] *Engisch*, 100 Jahre, S. 419; *Gallas*, ZStW 67, 42; *Hirsch* ZStW 74, 95; *Armin Kaufmann*, ZfRV 1964, 46; *Niese*, Finalität, S. 62; *Lorenz*, S. 36; *v. Weber*, LB, S. 83; *Welzel*, LB, S. 131; *Wessels*, LB, S. 108; *Wiethölter*, S. 56.
[160] *Henkel*, Mezger-Festschrift, S. 283; *Lorenz*, JZ 1961, 43; *Wiethölter*, S. 56.
[161] *Hellmuth Mayer*, LB, S. 140.

Rechtsfolge der Strafe hin aus[162]. Als wesentliche Funktion des Unrechtsurteils sieht er die Feststellung der Rechtsgutsverletzung an[163], d. h., die Verletzung des Achtungsanspruchs bestimmter grundlegender Güter des Gemeinschaftslebens. Von diesem Ausgangspunkt her meint er, daß Handlungen im erlaubten Risiko sich über diesen Achtungsanspruch hinwegsetzen[164] und nur wegen sozialer Adäquanz gerechtfertigt werden können[165]. Dem könnte man entgegenhalten, daß eine erfolgsverursachende Handlung, die nicht die objektive Tendenz zur Verwirklichung des Unrechtssachverhalts aufweist und von *Schmidhäuser* als tatbestandsirrelevant angesehen wird[166], letztlich auch den Achtungsanspruch verletzt. Wenn das wegen der teleologischen Systematik verneint wird, müßte gerade eine Blickrichtung auf die Rechtsfolge dazu führen, den Achtungsanspruch auch schon durch sozial erwünschte Handlungen nicht als verletzt anzusehen. Deswegen wäre — im Gegensatz zur Folgerung *Schmidhäusers*[167] — immer noch eine fahrlässige Tötung infolge Überschreitens der Grenzen des erlaubten Risikos anklagbar: Gerade die Handlungen, die wegen Nichteinhaltung der im Verkehr erforderlichen Sorgfalt das erlaubte Risiko überschreiten — auf diese Begrenzung stellt es Schmidthäuser ab[168] — würden dann den Achtungsanspruch verletzen.

Auch von einer teleologischen Betrachtungsweise her sollten also keine unüberwindbaren Bedenken gegen eine Einordnung der objektiven Sorgfaltspflichtverletzung in den Tatbestand bestehen.

An dieser Stelle erhebt sich allerdings die Frage, ob bei den Fahrlässigkeitsdelikten überhaupt noch ein dreistufiger Deliktsaufbau zu vertreten ist[169]. So wird in der neueren Literatur die Meinung vertreten, daß mit der Erfüllung des Unrechtsmerkmals der objektiven Sorgfaltspflichtverletzung auch das Fehlen der herkömmlichen Rechtfertigungsgründe festgestellt werde. Eine Trennung zwischen Sorgfaltswidrigkeit und Nichtvorliegen von Rechtfertigungsgründen sei weder möglich noch sinnvoll[170].

---

[162] LB, RZ 6/2.
[163] LB, RZ 6/6.
[164] LB, RZ 9/20.
[165] LB, RZ 9/17.
[166] LB, RZ 8/29.
[167] LB, RZ 9/20.
[168] LB, RZ 9/19.
[169] Ablehnend und für zweistufigen Aufbau: *Roxin*, Tatbestände, S. 43, 172 f.; *Engisch*, 100 Jahre, S. 418; ausdrücklich dreistufig: *Welzel*, LB, S. 137; *Hirsch*, Negative Tatbestandsmerkmale, S. 308, Anm. 122; *Maurach*, LB AT, S. 551 (für Trennung von Tatbestand und Rechtswidrigkeit); *Wessels*, LB, S. 112 f.
[170] *Klöne*, S. 96, u. *Lorenz*, S. 35 f. — *Kienapfel*, S. 20, *Münzberg*, S. 108, u. *Rehberg*, S. 148, weisen auf diese Konsequenzen einer objektiven Sorg-

E. Einordnung der objektiven Sorgfaltspflichtverletzung

Eine Stellungnahme zu dieser Frage erfordert nicht notwendig eine Auseinandersetzung mit der Lehre von den negativen Tatbestandsmerkmalen. Im Bereich der geschlossenen Vorsatztatbestände mag es richtig sein, an eine „Rechtfertigung" erst in einem zweiten Prüfungsgang zu denken. Anders ist es mit den Fahrlässigkeitsdelikten, wenn — wie hier — die Sorgfaltspflichtverletzung als Tatbestandsmerkmal angesehen wird. Dann ist der Tatbestand immer ausfüllungsbedürftig. Es ist dann nicht sinnvoll, erst eine „an sich" erforderliche Sorgfalt zu ermitteln und dann erst eine Konkretisierung der Sorgfaltspflicht aufgrund der Anforderungen der konkreten Situation vorzunehmen. Denn unabhängig von der Frage, wie das Merkmal „Verletzung der im Verkehr erforderlichen Sorgfalt" im einzelnen zu bestimmen ist: Einigkeit besteht darüber, daß Maß und Umfang der im Verkehr erforderlichen Sorgfalt von der jeweiligen konkreten Situation abhängen[171]. Dann kann man aber bei der Beurteilung eines Täterverhaltens nicht durch die Auswahl einiger Umstände eine Situation konstruieren. Es sind vielmehr *alle* Merkmale, die eine Situation prägen, zu erfassen. Deshalb ist es notwendig, eine Notwehrsituation, eine Ausübung von Amts- und Dienstbefugnissen oder eine Güterkollision ggf. bei der Überprüfung zu berücksichtigen, welche Sorgfalt diese Situation erfordert[172].

Wird die Verletzung der im Verkehr erforderlichen Sorgfalt als unrechtskonstitutives Merkmal der Fahrlässigkeitsdelikte anerkannt, so kann also nicht mehr zwischen tatbestandszugehöriger Verbotsnorm und rechtfertigender Erlaubnisnorm unterschieden werden.

---

faltspflichtverletzung hin, wenn diese — entgegen ihrer Ansicht — das Unrecht begründen sollte.
[171] h. M., *Engisch*, Untersuchungen, S. 327; *Henkel*, Mezger-Festschrift, S. 285; *Armin Kaufmann*, ZfRV 1964, 51; *Kienapfel*, S. 7; *Lackner - Maassen*, § 59, Anm. IV 2 a aa; *Klöne*, S. 7; *Lorenz*, S. 44; *Maurach*, LB AT, S. 473; *Rehberg*, S. 117; *Roeder*, S. 52; *Schönke - Schröder*, § 59, RZ 175; *Welzel*, LB, S. 132; *Wessels*, LB, S. 108; BGH, VRS 30, 52 (54).
[172] *Klöne*, S. 96. Im Ergebnis zustimmend *Stratenwerth*, LB, RZ 1187, dessen Forderung, die Voraussetzungen dieser „Rechtfertigungssituationen" immer nachzuweisen, geteilt wird.

Dritter Teil

Die Verletzung der im Verkehr erforderlichen Sorgfalt

A. Allgemeine Voraussetzungen

Im folgenden ist nunmehr der Maßstab festzulegen, mit dem eine Handlung darauf zu überprüfen ist, ob sie die im Verkehr erforderliche Sorgfalt verletzt[1]. Dabei handelt es sich um eine normative Aufgabe: es soll die Pflicht eingegrenzt werden, bestimmte Handlungen wegen der Erfordernisse des Verkehrs zu unterlassen.

Bei der Ermittlung dieser sorgfaltspflichtwidrigen Handlungen geht es nicht um eine Sorgfaltspflicht im Sinne einer allgemeinen Diligenzpflicht[2]. Vielmehr ist es die Sorgfaltspflicht zur Vermeidung bestimmter tatbestandsmäßiger Erfolge oder Tätigkeiten[3]. So kann auch die Sorgfaltswidrigkeit derselben Handlung verschieden beurteilt werden, je nachdem, zu welchem Rechtsgut man sie in Beziehung setzt[4]. Die Sorgfaltspflicht ist auch nicht etwa als Pflicht zum Handeln zu verstehen[5].

---

[1] Im folgenden werden die fahrlässigen Erfolgsdelikte behandelt. Die Überlegungen dazu lassen sich aber sinngemäß auch auf das fahrlässige Tätigkeitsdelikt anwenden.

[2] In diese Richtung tendieren aber *Rehberg*, S. 134 ff., und *Schönke - Schröder*, § 59 RZ 170. — Damit greift man aber auf eine vorgegebene Pflicht zur Erhaltung gewisser Güter der Menschen zurück. Das mag bei Körperverletzungen und Tötungen noch angehen — spätestens bei der Strafbarkeit des fahrlässigen Falscheides versagt diese These. Die strafrechtlich relevante Pflicht wird vielmehr nur durch das Strafgesetz geschaffen. Im Gesetz ist sie als positives Verbrechensmerkmal im Begriff „Fahrlässigkeit" konstituiert: Fahrlässigkeit bedeutet nach ganz einhelliger Meinung eine Sorgfaltspflichtverletzung. Die Pflicht zur Sorgfalt ist also im ges. Tatbestand i. w. S. normiert. So auch *Jescheck*, LB, S. 440; *Klöne*, S. 3, und *Lorenz*, S. 17 ff.

[3] *Maurach*, LB AT, S. 559; *Deutsch*, S. 94; *Jakobs*, S. 68.

[4] OLG Hamm, VRS 11, 433 (435); OLGRat *Baumann*, DAR 1955, 210 (211), mit Nachweisen aus der Rechtsprechung.

[5] Auf dieser Auffassung beruht der Gedanke vom Unterlassungsmoment der Fahrlässigkeit: *Binding*, Normen IV, S. 322 ff.; *Engisch*, Untersuchungen, S. 283 ff.; *Mezger*, StuB I (9. Aufl.) S. 190; *Niese*, Finalität, S. 62; *Wiethölter*, S. 38; dagegen *Boldt*, ZStW 68, 347; *Grünwald*, Diss., S. 27; *Maurach*, LB AT, S. 558; *Nowakowski*, JZ 1958, 357 f.; *Rehberg*, S. 144; *Hardwig*, Zurechnung, S. 154.

Denn die Rechtsordnung kann den Einzelnen nicht dazu verpflichten, bestimmte Handlungen, die ohne Vorsichtsmaßnahmen einen bestimmten Erfolg bedingen können, nun *mit* diesen Vorsichtsmaßnahmen durchzuführen. Sie kann ihn nur dazu verpflichten, diese Handlung in ihrer konkreten Gestalt zu unterlassen[6, 7].

B. Die im Verkehr konkurrierenden Interessen

Im menschlichen Zusammenleben, dem Verkehr, können eine große Zahl von Interessen miteinander kollidieren. Verschiedene von ihnen sind relevant für die Bemessung des im Strafrecht anzulegenden Maßstabes der im Verkehr erforderlichen Sorgfalt. Das sind auf der einen Seite die Interessen des Einzelnen und der Allgemeinheit an einem möglichst umfassenden Schutz ihrer strafrechtlich geschützten Rechtsgüter. Auf der anderen Seite sind es die Interessen des Einzelnen und der Allgemeinheit an einer möglichst großen Handlungsfreiheit des Einzelnen[8]. Kollidieren nun bei der Vornahme einer Handlung — die auf ihre Sorgfaltsgemäßheit hin untersucht werden soll — diese Interessen, so ist abzuwägen, welchem Interesse für den Verkehr der höhere Wert zukommt. Überwiegt dabei der Wert des Rechtsgüterschutzes, so verletzt die Handlung die im Verkehr erforderliche Sorgfalt.

C. Relevante Interessenkollisionen

1. Erkennbarkeit tatbestandsmäßiger Erfolge.

Will man abstrakt und generell festlegen, welche Handlungen die im Verkehr erforderliche Sorgfalt verletzen[9], so ist zunächst zu fragen, bei

---

[6] Aus diesem Verbot kann man dann aber erschließen, wie die Handlung ggf. hätte gestaltet werden müssen, wenn das Handlungsziel in strafrechtlich irrelevanter Weise hätte erreicht werden sollen.

[7] Zum Problem vgl. noch *Armin Kaufmann*, Unterlassungsdelikte, S. 166 ff., 180 ff.

[8] *Deutsch*, S. 69; *Jakobs*, S. 87; *Rehberg*, S. 52.

[9] Ein solches Unternehmen wird wegen der Vielgestaltigkeit der zu beurteilenden Sachverhalte von verschiedenen Autoren für wenig sinnvoll gehalten: *Bockelmann*, Verkehrsstrafrechtliche Aufsätze und Vorträge, S. 209; *Armin Kaufmann*, ZfRV 1964, 51; *Kienapfel*, S. 28; *Klöne*, S. 5; *Welzel*, Verkehrsdelikte, S. 15; a. A. *Roxin*, Täterschaft, S. 529. Der Vorschlag, es auf das beispielgebende Verhalten eines einsichtigen und gewissenhaften Menschen (*Jescheck*, Aufbau, S. 12; *Lorenz*, S. 83; *Welzel*, LB, S. 132), eines „Sorgfaltstypes als Verkörperung des Rechts" (*Armin Kaufmann*, ZfVR 1964, 51) abzustellen, führt jedoch nicht weiter: ob das Verhalten dieser Modellperson beispielhaft ist, kann nur aufgrund einer vorab getroffenen rechtlichen Wertung beurteilt werden. Der Aufgabe, Kriterien für diese Wertung zu finden, kann man sich deshalb nicht entziehen.

welchen Handlungen die genannten Interessen kollidieren. Nur diese Handlungen können überhaupt als sorgfaltspflichtwidrig bezeichnet werden.

Angesichts der millionenfachen Ursachenverflechtung im heutigen Leben kann jede Handlung einen tatbestandsmäßigen Erfolg bedingen. Man könnte deshalb von jeder Handlung sagen, daß sie ein Interesse der Allgemeinheit oder eines Einzelnen am Schutz ihrer Rechtsgüter verletzt. Denn schon die Möglichkeit einer Rechtsgutsverletzung beeinträchtigt das Interesse am möglichst umfassenden Schutz der Rechtsgüter. Demnach würde jeder Plan zum Handeln eine Kollision der Interessen an Handlungsfreiheit und Rechtsgüterschutz auslösen. Es wäre wenig sinnvoll, die Schutzsphäre der Interessen am Rechtsgüterschutz so weit auszudehnen[10]. Der Begriff der Interessenkollision würde nichts besagen und wäre wertlos. Vielmehr erscheint es richtig, nur dann eine relevante Interessenkollision anzunehmen, wenn eine Handlung mit einer gewissen Wahrscheinlichkeit zu einer Rechtsgutsverletzung führen kann. Für diese erste, vorsichtige Auswahl aus dem Kreis aller Handlungen bietet sich das „Vorhersehbarkeitsurteil" an. Denn wie im vorigen Abschnitt dieser Arbeit dargestellt wurde[11], steckt nach einhelliger Meinung in Literatur und Rechtsprechung eine wie auch immer zu ermittelnde „Erkennbarkeit" oder „Vorhersehbarkeit" eines Erfolges den äußersten Rahmen für die Sorgfaltswidrigkeit erfolgsbedingender Handlungen ab[12].

Diese Vorhersehbarkeit, das Ergebnis eines Urteils über eine mögliche kausale Entwicklung, ist dabei auch kein inhaltsleerer Begriff. Es kann sich nur um ein ex-ante-Urteil[13] handeln, da eine ex-post-Betrachtung notwendigerweise nur den Bedingungszusammenhang zwischen Handlung und Erfolg bejahen oder verneinen kann[14]. Auch wird die Zahl der vorhersehbaren Kausalverläufe eine oberste Grenze darin finden, daß bestenfalls das vorhandene Höchstmaß menschlichen Erfahrungswissens die Grundlage für ein solches Urteil sein kann. Das Vorhersehbarkeitsurteil wird auch überwiegend mit Hilfe dieses allgemeinen Erfahrungswissens gefällt, denn die Erkennbarkeit bestimmter Kausalverläufe wird sehr oft nach der Adäquanzformel ermittelt[15].

---

[10] Vgl. dazu *Münzberg*, S. 276 f.
[11] Siehe oben S. 58 f.
[12] Dazu ausführlich auch *Münzberg*, S. 145 ff.; *Deutsch*, S. 119.
[13] *Münzberg*, S. 148.
[14] *Bassenge*, S. 23; *Klöne*, S. 65; *Lorenz*, S. 25.
[15] z. B. *Engisch*, 100 Jahre, S. 417; *Klöne*, S. 25; *Lorenz*, S. 119; *Welzel*, LB, S. 132; Bedenken dagegen bei *Armin Kaufmann*, ZfRV 1964, 48 f. Wie hier stellt es auch *Rehberg*, S. 194, darauf ab, daß die zur Ermittlung der verkehrserforderlichen Sorgfalt dienende Interessenabwägung nur im Bereich der „gefährlichen" Handlungen Platz greifen kann.

2. Die Adäquanzformel.

Nach der herkömmlichen Definition[16] sind alle Folgen von Handlungen *adäquat* verursacht, die ein einsichtiger Beobachter anstelle des Täters unter Berücksichtigung der ihm erkennbaren Realfaktoren — Umstände — sowie der dem Täter zusätzlich bekannten Umstände (ontologisches Urteil) und unter Verwertung des allgemeinen Erfahrungswissens seiner Zeit (nomologisches Urteil) für möglich halten konnte.

Diese Formel bedarf zunächst einer Berichtigung: Die ontologische Basis für die Anwendung des Erfahrungswissens des einsichtigen Beobachters kann allein das Täterwissen sein. Wollte man es auf die Realfaktoren abstellen, die dem einsichtigen Beobachter erkennbar sind, und das reale Wissen des Täters nur berücksichtigen, wenn es darüber hinaus geht, so müßte zunächst geprüft werden, wonach sich diese Erkennbarkeit bemißt. Gerade um die Ermittlung der Erkennbarkeit geht es aber. Man muß es daher allein auf das nomologische Urteil über die dem Täter real bekannten Umstände, das „Basiswissen", abstellen. Der einsichtige Beobachter erkennt bei seinem Urteil[17] dann ggf., daß bestimmte Umstände ihn dazu nötigen, sich weitere Tatsachenkenntnisse zu verschaffen[18]. Das sind dann die „erkennbaren" Tatsachen. Das ontologische „Urteil" ist in Wirklichkeit also schon Teil des nomologischen Urteils; oder: das nomologische Urteil ist über die dem Täter bekannten realen Umstände abzugeben.

Sodann muß der Ausdruck „möglich" näher interpretiert werden; letztlich ist ja alles „möglich"[19]. „Möglich" ist aber als Gegensatz zu „ganz unwahrscheinlich"[20], „ausgefallen"[21], „besonders eigenartig"[22] zu

---

[16] *M. L. Müller*, S. 31 f.; *Engisch*, Untersuchungen, S. 81; Kausalität, S. 57; *Welzel*, LB, S. 46.

[17] Also bei Anwendung seines Erfahrungswissens. *Jakobs*, S. 85, stellt es entsprechend seiner Grundthese auf das individuelle Erfahrungswissen ab. Die von ihm ebenfalls subjektiv bestimmte „Situationskenntnis" — eine Voraussetzung der Vermeidbarkeit (S. 85) — entspricht dem hier geforderten Basiswissen.

[18] Das heißt, nach solchen Tatsachen zu forschen, die eine Entscheidung über die Möglichkeit des Erfolges erlauben. z. B.: A fährt mit seinem Kfz auf eine Kreuzung zu und übersieht das Stoppschild. Die bekannten Realfaktoren waren: Straße, nahe Kreuzung, eigenes Fahren. — Der einsichtige Beobachter wendet sein Erfahrungswissen an und erkennt, daß er nach Verkehrsschildern Ausschau halten muß, um zu erfahren, wie die Vorfahrtsverhältnisse geregelt sind. Die Existenz des Stoppschildes wird dann von ihm wahrgenommen — das ist die erkennbare Tatsache. Vgl. auch den Fall OLG Hamm, VRS 31, 464 (5).

[19] *Armin Kaufmann*, ZfRV 1964, 49.

[20] BGHZ 7, 204.

[21] *Rother*, NJW 1965, 177.

[22] *v. Weber*, LB, S. 62.

verstehen; es sollen die Kausalverläufe ausgeschieden werden, die nach ihrem Häufigkeitsgrad so selten auftreten, daß sie als „atypisch"[23] oder als „Zufall"[24] bezeichnet werden können.

Würde man also die Vorhersehbarkeit mit dieser Formel feststellen, so müßte die Abwägung wegen einer Kollision der Interessen an Handlungsfreiheit und an Rechtsgüterschutz bei allen Handlungen stattfinden, die „erfolgsadäquat" sind.

Allerdings hat *Armin Kaufmann* darauf hingewiesen, daß die Adäquanzformel angesichts ihrer Ergebnisse kaum einen wesentlichen Beitrag zur Eingrenzung der sorgfaltswidrigen Handlungen leiste[25]. Diese Formel sei auch mit dem Blick auf die Fälle entwickelt worden, in denen der Verletzte später im Krankenhaus verbrennt oder der Bauer seinen Knecht durch den Blitz erschlagen „läßt". Solche Kausalreihen lägen aber bei der Frage nach der im Verkehr erforderlichen Sorgfalt ganz am Rande[26].

Zwar erscheint es nicht sinnlos, zunächst einmal mit der Adäquanzformel gerade diese Zufallsergebnisse auszuscheiden. Damit wäre ja noch nicht der Weg versperrt, weitere Gesichtspunkte zu suchen, nach denen unter den erfolgsadäquaten Handlungen die Abwägung zwischen den Interessen an der Handlungsfreiheit und den Interessen am Rechtsgüterschutz erfolgen kann.

Der Hinweis von *Armin Kaufmann* führt aber zu einer anderen Überlegung: Es gibt eine Reihe von Handlungen, die zwar noch „erfolgsadäquat" sind, aber eine derart geringe Wahrscheinlichkeit des Erfolgseintrittes beinhalten, daß man vernünftigerweise kaum von einer Interessenkollision sprechen kann, die eine sorgfältige Abwägung der widerstreitenden Interessen bedingt. Anders ausgedrückt: mit der Adäquanzformel werden Handlungen unter dem Aspekt der Sorgfaltswidrigkeit als relevant beurteilt, an deren mögliche Folgen im heutigen Zusammenleben niemand ernsthaft denkt und deren Verbot einer sinnvollen Ordnung des menschlichen Zusammenlebens nicht entsprechen würde.

z. B.:
> Der Schalterbeamte A verkauft dem Reisenden B eine Fahrkarte. Damit setzt A eine adäquate Ursache für die Verletzung des B bei einem etwaigen Zugunglück. Nach der Adäquanzformel ist die Möglichkeit eines Zugunfalles jedenfalls nicht „völlig ausgeschlossen" oder „besonders ei-

---

[23] *Maurach*, LB AT, S. 204.
[24] *Welzel*, LB, S. 46.
[25] ZfRV 1964, 49.
[26] a.a.O., S. 48.

genartig". Andernfalls wäre auch die gesamte Gefährdungshaftung aus den Angeln gehoben. Gleichwohl erscheint es nicht sinnvoll, für den Fahrkartenverkäufer wegen der Erkennbarkeit der Gefahr noch besondere Gründe zu finden (z. B. Sozialadäquanz, erlaubtes Risiko o. ä.), um sein Handeln dem rechtlichen Tadel der Verletzung der im Verkehr erforderlichen Sorgfalt zu entziehen. Für den Verkäufer oder Käufer einer Fahrkarte ist die Möglichkeit, daß der Zug entgleist, glücklicherweise so fern liegend, daß sie beide nicht im entferntesten damit rechnen werden. Diese Möglichkeit ist zu gering, um ernsthaft in Betracht gezogen zu werden.

Ähnlich ist die leichte Verletzung eines Bluters nach der Adäquanztheorie die adäquate Ursache für das Verbluten. Denn es gehört zum allgemeinen Erfahrungswissen, daß bestimmte Menschen die Blutereigenschaft besitzen, so daß es bei einer verletzenden Handlung nicht völlig ausgeschlossen ist, daß das Opfer zu jenen bedauernswerten Menschen gehört. Der Bau einer Treppe ist adäquate Ursache für eine durch einen Sturz beim Besteigen der Treppe zugezogene Verletzung, denn es ist nicht völlig unvorhersehbar, daß man eine Stufe verfehlt und stürzt.

In beiden Fällen erscheint es nicht sachgemäß, die erfolgsadäquaten Handlungen als Fall einer Interessenkollision anzusehen und sie somit als „potentiell" sorgfaltswidrig abzuqualifizieren.

Würde man mit Rücksicht auf solche Fälle geringer Erfolgswahrscheinlichkeit den Umfang des „Vorhersehbaren" mindern — sei es durch eine Begrenzung der ontologischen Basis, sei es durch Anwendung eines geringeren Erfahrungswissens als des nomologischen Höchstwissens, sei es durch die „Einstellung" eines anderen Ergebnisses („wahrscheinlich" statt „möglich" z. B.) —, so könnte der Bereich der abzuwägenden Interessenkollisionen sinnvoll beschränkt werden.

3. Die Vorhersehbarkeitsformel der Rechtsprechung.

Auch der BGH legt seinem Urteil über die Vorhersehbarkeit bei der Frage nach der Fahrlässigkeit nicht die Adäquanzformel, sondern einen engeren Maßstab zugrunde, d. h., einen Maßstab, der eine geringere Zahl von Kausalverläufen als vorhersehbar bezeichnet. So weist der BGH ausdrücklich darauf hin, daß bei der Beurteilung der Voraussehbarkeit nicht allein das betrachtet werden darf, was nach *allgemeiner* Lebenserfahrung möglicherweise eintreten könnte, sondern daß es auch beachtet werden müßte, ob der fragliche Kausalverlauf im Rahmen der *gewöhnlichen* Erfahrung lag[27]. Mit der „allgemeinen Lebenserfahrung" kann nur das nomologische Höchstwissen gemeint sein, während die „gewöhnliche Lebenserfahrung" gewissermaßen nur ein durchschnittliches Wissen vorauszusetzen scheint.

Es auf eine solche allgemeine Niveausenkung abzustellen, wäre nun allerdings gefährlich. Aber der BGH hebt mit der „gewöhnlichen" Lebenserfahrung im wesentlichen nur den Wahrscheinlichkeitsgrad des

---

[27] BGH, VRS 10, 291 (3); BGH GA, 1969, 246.

Möglichkeitsurteils an. Das geht in einer Entscheidung aus dem Hinweis hervor: „... etwas, das nicht außerhalb aller Erfahrung liegt, braucht nicht notwendigerweise dem gewöhnlichen Verkehrsablauf zu entsprechen"[28]. Der „gewöhnliche Verkehrsablauf" setzt aber eine gewisse Häufigkeit beim Eintritt solcher Ereignisse voraus — sonst wäre es etwas völlig Ungewöhnliches, etwas „Inadäquates". In diesem Sinne wird der BGH auch von anderen Gerichten verstanden. Das zeigen jedenfalls Urteile des OLG Celle[29], in denen die Rechtsprechung des BGH gebilligt und ausdrücklich auf den Unterschied zwischen den außerhalb aller Lebenserfahrungen liegenden Kausalverläufen und den Ereignissen verwiesen wird, die „nach dem gewöhnlichen Lauf der Dinge" zu erwarten waren[30]. Ähnlich stellt es das BayObLG auf die „Erfahrung des täglichen Lebens" ab, der es die „allgemeine Lebenserfahrung" gegenüberstellt[31]. Das OLG Hamm nimmt nur bei solchen Ereignissen eine Vorhersehbarkeit an, bei denen der Täter einen „triftigen Anlaß" hatte, diese Möglichkeit zu bedenken[32]. Der „triftige Anlaß" verträgt sich aber nicht mit der für das Adäquanzurteil maßgeblichen „generellen" Erfolgsgeeignetheit.

Auch in der zivilistischen Rechtsprechung des BGH ist festzustellen, wie Kausalverläufe im Rahmen der Schuldprüfung, die sich ja gemäß § 276 BGB auf die im Verkehr erforderliche Sorgfalt bezieht, auf ihre Vorhersehbarkeit untersucht werden, die offensichtlich den Filter des Adäquanzurteils bei der Kausalitätsprüfung passiert hatten[33].

4. Die hier gebrauchte Vorhersehbarkeitsformel.

Die Adäquanzformel hat den Arbeitsgang für jedes „Vorhersehbarkeitsurteil" aufgezeigt. Es ist von einem bestimmten Tatsachenwissen auszugehen, aus dem durch Anwendung eines bestimmten nomologischen Wissens eine bestimmte Wahrscheinlichkeit für den Eintritt eines bestimmten Ereignisses gefolgert werden kann[34]. Auch die von der Rechtsprechung gebrauchten Vorhersehbarkeitsformeln schlagen diesen Weg ein, wobei allerdings ihre Ergebnisse den Erfordernissen des Verkehrs sinnvoller entgegenzukommen scheinen, als das Adäquanzurteil.

---

[28] BGH, VRS 10, 291 (4).
[29] VRS 13, 274; MDR 1968, 341 (mit Nachweisen).
[30] a.a.O.
[31] VRS 13, 285; vgl. auch OLG Köln, NJW 1956, 1848. Weitere Nachweise bei LK - *Lange*, § 222, RZ 9.
[32] VRS 11, 433 (435). Das OLG Hamm betonte in dieser Entscheidung sogar, daß es nicht auf die bloße Möglichkeit, sondern auf die Wahrscheinlichkeit des verkehrsschädlichen Erfolges ankäme. Ähnliche Hinweise auf den „triftigen Anlaß" in VRS 13, 222 (3) und VRS 13, 355.
[33] z. B. BGH, VRS 10,2.
[34] Vgl. *Bassenge*, S. 24 f.

C. Relevante Interessenkollisionen

Vor einer Übernahme der Formel der Rechtsprechung fragt es sich jedoch, ob nicht noch weitere generelle Einschränkungen im Bereich der Vorhersehbarkeit zu vertreten wären.

Die Handlungen, die auf ihre Sorgfaltswidrigkeit hin zu untersuchen sind, bewegen sich in ihrer sozialen Sinnhaftigkeit in bestimmten Verkehrskreisen oder Lebensbereichen, z. B. im Verkehrskreis „Kraftfahrzeugfahren", „Heilbehandlung durchführen", „Bauwerke berechnen" etc. Wenn es um die Ermittlung der im Verkehr erforderlichen Sorgfalt geht, ist es berechtigt, auch das anzuwendende Erfahrungswissen auf das Wissen eines einsichtigen Angehörigen des betreffenden Verkehrskreises oder Lebensbereiches zu beschränken, in dem die zu beurteilende Handlung vorgenommen wird[35]. Denn man würde den Erfordernissen des Verkehrs nicht gerecht werden, wenn durch das Vorhersehbarkeitsurteil nur solche Handlungen aus dem Bereich der Sorgfaltswidrigkeit ausgeschieden würden, die auch bei Verwertung des nomologischen Höchstwissens keine Erfolgsmöglichkeit erkennen ließen. Eine Richtschnurfunktion des ersten Elementes der Sorgfaltspflichtverletzung wäre damit praktisch ausgeschlossen, ganz abgesehen davon, daß eine praktische Anwendung des Universalwissens in der Justiz zu unlösbaren Schwierigkeiten führen würde. Vor allem aber genügt es für die im Verkehr erforderliche Sorgfalt, wenn die Erkennbarkeit als Element der Sorgfaltswidrigkeit gerade aus dem Lebensbereich heraus entwickelt wird, in dem sich die betreffende Handlung abspielt[36].

Die gegen eine Einschränkung der Vorhersehbarkeit nach Verkehrskreisen vorgebrachten Einwendungen können nicht überzeugen.

Lorenz meint, daß der Angehörige eines Verkehrskreises, der sich in einem anderen Verkehrskreis betätigt, ggf. unbillig bevorzugt würde, wenn die Sorgfaltsanforderungen nach einem Verkehrskreis bemessen würden, in dem evtl. geringere Sorgfaltsmaßstäbe gelten würden[37]. Dieses Argument verkennt, daß es nicht darauf ankommt, aus welchem Verkehrskreis der Täter stammt, sondern in welchem Verkehrskreis er sich betätigt. So unterliegt der Maurer, der einem bewußtlosen Wan-

---

[35] Daß die „im Verkehr erforderliche Sorgfalt" sich auf die einzelnen Verkehrskreise bezieht, wird überwiegend anerkannt, z. B. *Jescheck*, Aufbau, S. 12 ff.; *Armin Kaufmann*, ZfRV 1964, 51 („Handlungs- und Lebensbereich, um den es geht"); *Maurach*, LB AT, S. 556 f. („die dem Täter am nächsten stehende soziale Kategorie"); *Roeder*, S. 52; *Wessels*, LB, S. 108 („soziale Rolle" des Handelnden); *Deutsch*, S. 128 f.; *Soergel - Siebert - Schräder*, § 823, Anm. 6; *Wussow*, NJW 1958, 894. Zu eng: *Klöne*, S. 6. Ablehnend *Lorenz*, S. 73; *Schönke - Schröder*, § 59, RZ 177, um es aber bei der individuellen Sorgfaltspflichtverletzung expressis verbis auf bestimmte Tätigkeitsbereiche abzustellen, z. B. § 59, RZ 195 („Gebiet der Krankenbehandlung").

[36] So *Armin Kaufmann*, ZfRV 1964, 51. Es kommt also nicht auf die soziale Kategorie an, aus der der Täter stammt, sondern in der er tätig wird.

[37] Diss., S. 75.

derer durch einen — schädlichen — Aderlaß Hilfe zu verschaffen sucht, den Sorgfaltsanforderungen entsprechend dem Erfahrungswissen des ärztlichen Verkehrskreises. Ggf. kann er mangels individueller Vorhersehbarkeit freigesprochen werden; ggf. kann aber auch für den vorherliegenden Zeitpunkt eine Sorgfaltswidrigkeit festgestellt werden, weil er nämlich daran ging, eine Tätigkeit auszuüben, die Angehörigen eines anderen Verkehrskreises vorbehalten ist[38].

Weiter stellt sich die Frage, ob auch die Handlung eines Täters, der ein den betreffenden Verkehrskreis sprengenden Schatz an Erfahrungswissen besitzt, trotzdem nach dem Wissen des Verkehrskreises beurteilt werden soll, in dem sich der Täter betätigt. Diese Frage ist jedoch schon oben bei den Erörterungen zur objektiven Sorgfaltspflichtverletzung geprüft und bejaht worden[39].

Dem Verkehr ist Genüge getan, wenn tatsächlich die Sorgfalt aufgebracht wird, die nach dem normalen Erfahrungswissen des betreffenden Verkehrskreises zu fordern ist. Hat derjenige, der sich in diesem Verkehrskreis betätigt, ein besonders hohes Erfahrungswissen, so *kann* er es anwenden. Moralisch wird er dazu auch oft verpflichtet sein. Nur rechtlich sollte er dazu nicht gezwungen werden.

Folgt man im übrigen der in der Rechtsprechung verwandten Formel, so ist die „Vorhersehbarkeit" anzunehmen, wenn der Erfolg innerhalb der „gewöhnlichen Erfahrung" liegt. Der einsichtige Beobachter aus dem in Rede stehenden Verkehrskreis, auf dessen Erfahrung es hier ankommt, müßte also einen Kausalverlauf als „ungewöhnlich" bezeichnen, damit Vorhersehbarkeit zu verneinen ist.

Zwar wird mit dieser Formulierung nur eine Verschiebung gegenüber Begriffen wie „ganz unwahrscheinlich", „ausgefallen", „besonders eigenartig" erreicht; eine exakte Orientierung stellt sie sicher nicht dar. Es ist aber fraglich, ob es überhaupt möglich ist, bestimmte Grade der Erfolgswahrscheinlichkeit zu ermitteln. Praktisch läßt sich durchaus eine Trennung zwischen Kausalverläufen, die „ganz unwahrscheinlich" sind, und solchen, die nur „ungewöhnlich" sind, vornehmen. Es genügt, wenn als ungewöhnlich die Kausalverläufe gekennzeichnet werden, die zwar adäquate Folgen eines bestimmten Handelns sein können, aber nur einen so geringen Häufigkeitsgrad besitzen, daß man mit ihrem Eintritt nicht ernsthaft rechnet[40].

---

[38] „Übernahmeverschulden"; vgl. dazu *Binding,* Normen IV, S. 541 f.; *Lackner - Maassen,* § 59, Anm. IV 2 a aa; *Münzberg,* S. 219, Anm. 432.

[39] Siehe oben S. 80. a. A. *Lorenz,* S. 74; *Oehler,* Zweckmoment, S. 75; *Mezger - Blei,* StuB I, S. 219.

[40] Vgl. *Maurach,* LB AT, S. 204. Zwar wird es im Zivilrecht nach der sog. negativen Formel (vgl. *Lange,* AcP 156, 118) auch darauf abgestellt, was „nach der Auffassung des Lebens vernünftigerweise nicht in Betracht gezogen werden kann", z. B. RGZ 152, 401; BGH, LM, § 823 (c) Nr. 3. Tatsächlich

Eine weitere Konkretisierung des Vorhersehbarkeitsurteils liegt darin, daß nicht nur der konkrete Erfolg, sondern auch die zu dem Erfolg führende Kausalkette in ihren wesentlichen Zügen erkennbar sein muß[41].

„Vorhersehbar" ist demnach ein Erfolg, wenn ein einsichtiger Beobachter mit dem Erfahrungswissen des Verkehrskreises, in dem der Täter auftritt, aufgrund der dem Täter bekannten realen Umstände zum Urteil kommt, daß dieser Erfolg und die zu ihm führende Kausalkette in ihren wesentlichen Zügen als Folge der zu beurteilenden Handlung nicht ungewöhnlich sind.

5. Auswirkungen des Vorhersehbarkeitsurteils.

Durch dieses Vorhersehbarkeitsurteil werden neben den inadäquaten Kausalverläufen vor allem zwei Komplexe aus dem Bereich der Sorgfaltswidrigkeit ausgeschieden, die auch für unsere Untersuchung Bedeutung besitzen.

a) Einmal handelt es sich dabei um die Unglücksfälle von Passagieren beim Betrieb von Massenverkehrsmitteln. Durch das hier gebrauchte Vorhersehbarkeitsurteil wird der weitaus größte Teil von denjenigen, die zur Beförderung der verletzten Personen eine Bedingung gesetzt haben, vom Vorwurf der Sorgfaltswidrigkeit entlastet. Denn Eisenbahn, Passagierschiffahrt, aber auch Fluglinien sind heutzutage so abgesichert, daß nach dem gewöhnlichen Lauf der Dinge sich kein Unglück ereignen kann. Für fast alle Beteiligten stellt sich also ein Unfall — z. B. ein Zugzusammenstoß — zwar als adäquate Folge der von ihnen gesetzten Bedingungen dar, gleichwohl ist ein Unfall oder eine Katastrophe ungewöhnlich.

z. B.:
Der einsichtige Beobachter an Stelle des Stationsvorstehers in Hamburg kennt die generelle Möglichkeit, daß der Zug, dem gerade das Abfahrtssignal gegeben werden soll, auf der Strecke mit einem anderen Zug zusammenstoßen kann. Das Erfahrungswissen eines technischen Bundesbahnbeamten sagt ihm jedoch, daß diese Möglichkeit so gering ist, daß ein solcher Vorfall „ungewöhnlich" wäre. Das gleiche gilt für den Fahrkartenverkäufer, den Stellwerksbeamten, den Lokomotivführer.

---

werden jedoch nur „besonders eigenartige" Kausalverläufe ausgeschieden (z. B. BGHZ 27, 204). Will man aber wirklich ernst machen mit einer vernünftigen Betrachtungsweise, dann kann man angesichts des auf allen Lebensgebieten gestiegenen Unfallrisikos nicht mehr jeden Kontakt mit der Technik zum Anlaß nehmen, von einer „erkennbaren" Schadensmöglichkeit zu sprechen, die das allgemeine Lebensrisiko in nicht unerheblicher Weise erhöht. — Der terminus „vernünftige Betrachtungsweise" sollte im Zivilrecht besser nicht verwandt werden.

[41] *Baumann*, LB, S. 440; *Engisch*, Untersuchungen, S. 379; *Klöne*, S. 24; RGSt 56, 343 (350); ebenso OLG Köln, NJW 1963, 2381 (2).

3. Teil: Die Verletzung der im Verkehr erforderlichen Sorgfalt

Benutzt der Entführer eines Kleinkindes die Bahn und wird das Kind bei dem Zugzusammenstoß verletzt, so kann der Entführer jedenfalls nicht deswegen wegen fahrlässiger Körperverletzung bestraft werden, weil auch nach dem allgemeinen, nicht auf Angehörige bestimmter Verkehrskreise beschränkten, Erfahrungswissen die Erfolgsadäquität des Eisenbahnbetriebes bekannt ist: diese Verletzungsmöglichkeit ist ungewöhnlich und deshalb nicht i. S. der hier gebrauchten Formel „vorhersehbar"[42]. Ähnlich verhält es sich bei der Beförderung bzw. der Beteiligung der Beförderung mit anderen Massenverkehrsmitteln: Passagierschiffe, Drahtseilbahnen, aber auch Flugzeuge im planmäßigen Liniendienst. Eine noch näher zu erörternde Ausnahme mag für die am Straßenverkehr teilnehmenden Fahrzeuge gelten.

Die Beurteilung ändert sich allerdings, wenn die dem Täter bekannte reale Situation infolge besonderer Umstände den einsichtigen Beobachter aufgrund seines Erfahrungswissens erkennen läßt, daß die Möglichkeit eines Unfalles nicht mehr ungewöhnlich ist. Dann ist der Erfolg ggf. „vorhersehbar".

z. B.:

Der Stationsvorsteher, der das Abfahrtssignal geben soll, hat gesehen, daß der Lokomotivführer betrunken ist; der Stellwerksbeamte, der den Zug auf ein bestimmtes Gleis leiten soll, sieht einen Knopf aufleuchten, der das Nahen eines anderen Zuges auf demselben Gleis ankündigt; der Fahrkartenverkäufer weiß, daß auf den Zug ein Anschlag geplant ist.

Grundsätzlich ist es jedoch nicht richtig, in der Zulassung oder in der Beteiligung an einem Betrieb von Massenverkehrsmitteln generell Handlungen zu sehen, die schädliche Erfolge erkennbar sein lassen und für ihre strafrechtliche Folgenlosigkeit einer besonderen Rechtfertigung, sei es durch einen Begriff wie den des erlaubten Risikos, sei es wegen einer Sozialadäquanz oder einer Einwilligung, bedürfen.

b) Zum andern werden mit dem hier verwandten Vorhersehbarkeitsurteil die Kausalverläufe ausgeschieden, bei denen es durch völlig unvernünftige Verhaltensweisen des Verletzten zum Eintritt des Erfolges kam[43]. Denn der Mensch besitzt einen natürlichen Trieb zur Selbsterhaltung. Das Erfahrungswissen besagt daher, daß in der Regel niemand die Verletzung eigener Rechtsgüter sucht. Wenn also bei der Bestimmung der sorgfaltswidrigen Handlungen der objektive Beobachter prüft, ob eine Handlung bestimmte Erfolge für Rechtsgüter an-

---

[42] Anders würde hier wahrscheinlich *Rehberg*, S. 156, entscheiden: „Es würde den strafgesetzlichen Rechtfertigungsgründen diametral zuwiderlaufen, wenn ein Einbrecher auf der Fahrt zum Einbruch einen Passanten verletzte, wegen verkehrsrichtigen Verhaltens aber freigesprochen werden müßte." Falls der Automobilist sich zu einer Sitzung der Landesverteidigungskommission begibt, will *Rehberg* die Verletzung günstiger bewerten. Demnach müßte es im o. a. Beispiel entscheidend sein, daß das Kind entführt wurde — eine solche Rechtlosstellung des Verbrechers ist aber nicht vertretbar.

[43] Vgl. dazu oben S. 42.

C. Relevante Interessenkollisionen

derer mit sich führen kann, so kann er die Möglichkeit als ungewöhnlich außer acht lassen, daß ein Rechtsgutsinhaber in völlig unvernünftiger Weise sich in die Kausalkette einschaltet und sich dadurch eine Verletzung zuzieht[44].

Handlungen, die nur infolge der entfernten Möglichkeit einer solchen unvernünftigen „Eigengefährdung" adäquate Ursache eines bestimmten Erfolges sind, können also schon mangels Vorhersehbarkeit dieses Erfolges nicht sorgfaltswidrig sein.

Verschiedene grob unvernünftige Eigengefährdungen treten jedoch in einem nicht ungewöhnlichen Maße auf. Sie sind vorhersehbar. *Einmal* sind nach der Lebenserfahrung Eigengefährdungen bei *den* Menschen nicht ungewöhnlich, deren Trieb zur Selbsterhaltung aus psychischen Gründen ausgeschaltet oder gemindert ist[45].

z. B.:

Depressive Insassen von Krankenanstalten und Gefängnissen, aber auch Kinder oder andere in ihrer Zurechnungsfähigkeit beeinträchtigte Personen.

Wenn in der Nähe des depressiven Geisteskranken Rasierklingen liegengelassen werden, ist es vorhersehbar, daß dieser damit einen Selbstmordversuch begeht.

Zum andern sind hier die Lebenssachverhalte zu nennen, die infolge ihrer dem Täter bekannten Eigenart und konkreten Gestaltung die konkrete Möglichkeit erkennen lassen, daß bestimmte Personen ihre Rechtsgüter grob unvernünftigerweise selbst gefährden werden[46].

z. B.:

Bei Autorennen ist es für die Veranstalter vorhersehbar, weil leider alles andere als ungewöhnlich, daß sich Zuschauer gern an gefährlichen Innenkurven aufstellen. Dagegen müssen entweder Hindernisse errichtet werden, oder der Veranstalter muß durch Plazierung von Ordnern dafür sorgen, daß Besucher sich hier nicht selbst gefährden[47].

Von diesen Ausnahmen abgesehen, ist das grob unvernünftige Eingehen einer Gefahr durch den später Verletzten für den Handelnden jedoch nicht vorhersehbar.

c) Im übrigen wird in vielen anderen Sachverhaltskomplexen, in denen man eine Sorgfaltswidrigkeit nur durch Berufung auf „erlaubtes Risiko", „Sozialadäquanz", „Einwilligung" etc. zu verneinen glaubt, die

---

[44] *Exner,* Frank-Festgabe, S. 577; *Kohlrausch - Lange,* § 59, Anm. IV 3 a; *Maurach,* LB AT, S. 576; *LK - Mezger,* § 59, Anm. III 23 e; *Schönke - Schröder,* § 59, RZ 187; BGHSt 3, 218 (220); ähnlich RGSt 73, 239 (242); 73, 370 (372).
[45] *Stoll,* S. 249.
[46] *Stoll,* a.a.O.; BGH, VRS 16, 331 (Besucher eines Festplatzes besuchen in gehobener Stimmung eine nahe gelegene, durch Steinschlag gefährdete Höhle).
[47] OLG Karlsruhe, VRS 7, 404 (406).

Fahrlässigkeit schon mangels objektiver Vorhersehbarkeit ausgeschlossen sein. Eine Prüfung muß jedoch dem Einzelfall überlassen bleiben.

6. Vorhersehbarkeit und Verhalten des Verletzten.

Wie eben schon angedeutet, wird mit der Beschränkung der Vorhersehbarkeit auf die nicht ungewöhnlichen Kausalverläufe ein großer Teil der Problematik um den Einfluß des Verhaltens des Verletzten bei Fahrlässigkeitsdelikten gelöst.

Wenn eine konkrete Erfolgsverursachung nicht vorhersehbar war, kann die betreffende Handlung nicht sorgfaltspflichtwidrig sein. Dabei ist es dann gleichgültig, ob z. B. der Insasse eines Verkehrsmittels dem „Risiko" — das keines ist — zugestimmt hatte oder nicht.

Hält es dagegen der einsichtige Beobachter für „nicht ungewöhnlich", daß eine bestimmte Handlung eine bestimmte Rechtsgutsverletzung zur Folge haben wird, so beeinträchtigt dieses Handeln die Schutzsphäre der Rechtsgüter in einem Maße, das nicht mehr unberücksichtigt bleiben kann. Wird eine solche Handlung geplant, so wird man von einer relevanten Interessenkollision zwischen Rechtsgüterschutz und Handlungsfreiheit sprechen können.

Diese Handlungen, die „vorhersehbar" tatbestandsmäßige Erfolge bedingen können, sollen im folgenden als *gefährdend* bezeichnet werden.

D. Grundsätze für die Wertabwägung

Bei den gefährdenden Handlungen ist nunmehr zu prüfen, ob es die Ordnung des menschlichen Zusammenlebens erfordert, die Interessen am Rechtsgüterschutz über die Interessen an der Handlungsfreiheit zu stellen. Es ist also abzuwägen, ob die Vermeidung oder die Durchführung dieser gefährdenden Handlungen für den Verkehr einen höheren Wert besitzt. Nur die gefährdenden Handlungen, deren Vornahme für das menschliche Zusammenleben einen höheren Wert besitzt, als ihre Vermeidung, verletzen nicht die im Verkehr erforderliche Sorgfalt. Alle anderen Handlungen sind sorgfaltspflichtwidrig.

Lebenssachverhalte, in denen gefährdende Handlungen wegen der wertmäßig überwiegenden Interessen an der Handlungsfreiheit zuzulassen sind, wird man unter zwei Gesichtspunkten finden:

Zum ersten können bestimmte gefährdende Handlungen aus besonderen Gründen für den Verkehr einen so hohen Wert besitzen, daß die Wahrnehmung der Interessen am Rechtsgüterschutz deshalb zurückstehen muß. Die Interessen des Einzelnen oder der Allgemeinheit am Schutz ihrer Rechtsgüter brauchen dabei nicht etwa in ihrem Wert für den Verkehr gemindert zu sein. Diesem Wert steht nur ein höherer Wert gegenüber.

Zum zweiten kann aber das Übergewicht der Interessen der Allgemeinheit oder des Einzelnen an der Vornahme gefährdender Handlungen darauf beruhen, daß die Interessen am Rechtsgüterschutz aus besonderen Gründen für den Verkehr nur einen geringeren als den generellen Wert besitzen, so daß deshalb der Wert der Interessen an der Handlungsfreiheit überwiegt.

Unter diesen zwei Aspekten sollen im folgenden auch die gefährdenden Handlungen dargestellt werden, die *nicht* die im Verkehr erforderliche Sorgfalt verletzen.

E. Besonderer Wert der Interessen an der Handlungsfreiheit

Kollidieren bei der Vornahme einer Handlung die Interessen an der Handlungsfreiheit mit denen am Rechtsgüterschutz, so besitzen die Interessen an der Handlungsfreiheit für das menschliche Zusammenleben dann einen besonderen Wert, wenn die Vornahme solcher gefährdender Handlungen für den Verkehr *notwendig* ist. Das ist der Fall, wenn bei genereller[48] Vermeidung dieser Handlungen das menschliche Zusammenleben wesentlich beeinträchtigt oder spürbar gehemmt würde. Dann besitzt die Wahrung der Interessen daran, diese Handlungen vorzunehmen, für den Verkehr einen höheren Wert als die Wahrung der Interessen am Rechtsgüterschutz.

I. Handlungen im Vertrauen auf regelgerechtes Verhalten anderer

Unter den verkehrsnotwendigen gefährdenden Handlungen können zunächst diejenigen genannt werden, die im Straßenverkehrsrecht unter dem Stichwort „Vertrauensgrundsatz" erwähnt werden. Es handelt sich aber hier um ein Problem, das in weitaus mehr Lebensbereichen bedeutungsvoll ist. Denn in vielen Verkehrskreisen, aber auch in einzelnen Betrieben und Unternehmungen bestehen Vorschriften und Regeln, die für die Angehörigen dieser Lebensbereiche verbindliche Verhaltensanweisungen darstellen.

Zu einem großen Teil handelt es sich dabei um Sicherheitsvorschriften, die so ausgestaltet sind, daß bei ihrer allgemeinen Beachtung die Möglichkeit eines schädlichen Erfolges ungewöhnlich wäre.

z. B.:
Straßenverkehr mit den Straßenverkehrsgesetzen; Betriebs- und Unfallverhütungsvorschriften in gewerblichen und industriellen Betrieben.

---

[48] „Generell" deshalb, weil beim Unterlassen *einer* einzelnen Handlung das menschliche Zusammenleben sicher nie beeinträchtigt würde. Man muß es auf das Unterbleiben *aller* gleichgelagerten Handlungen abstellen.

3. Teil: Die Verletzung der im Verkehr erforderlichen Sorgfalt

Tatsächlich besagt aber das Erfahrungswissen verschiedener dieser Lebensbereiche, daß die den Regeln unterliegenden Teilnehmer in nicht ungewöhnlichem Maße gegen die Vorschriften verstoßen.

Eine in einem solchen Verkehrskreis vorgenommene Handlung kann also allein aufgrund dieses Erfahrungswissens einen tatbestandsmäßigen Erfolg als nicht ungewöhnliche Folge erscheinen lassen.

2. Würde man es bei der Bestimmung der im Verkehr erforderlichen Sorgfalt allein auf die Gefährdung abstellen, so müßte eine solche Handlung unterlassen werden. Angesichts der großen Zahl von besonderen Verhaltensregeln, die heutzutage existieren und angesichts der großen Zahl von Verstößen gegen diese Vorschriften müßten entsprechend viele Handlungen unterlassen werden. Damit wären die Interessen der Allgemeinheit an einer möglichst großen Handlungsfreiheit des Einzelnen erheblich beeinträchtigt.

Es ist jedoch im menschlichen Zusammenleben, dem Verkehr, notwendig, die Interessen der Allgemeinheit an der Vornahme gerade dieser gefährdenden Handlungen zu wahren. Denn wenn es um die Ordnung des menschlichen Zusammenlebens bei Interessenkollisionen in bestimmten Verkehrskreisen geht, darf die Entscheidung nicht an dem Verhalten derjenigen ausgerichtet werden, die gerade die in dem betreffenden Verkehrskreis oder Lebensbereich gültige Ordnung mißachten und deshalb die Kollision herbeiführen. Vielmehr erfordert es eine sinnvolle Ordnung des Verkehrs bei der Lösung von Interessenkonflikten, daß eine generelle Beachtung der einzelnen Verkehrskreisregelungen als Selbstbejahung dieser Ordnung vorausgesetzt wird. Nur dann kann diese Ordnung die Verhaltensweisen aufeinander abstimmen. Unter dem Gesichtspunkt der Verkehrsnotwendigkeit stellen also auch solche Handlungen keine Verletzung der im Verkehr erforderlichen Sorgfalt dar, die für geschützte Rechtsgüter nur deshalb Gefährdungen mit sich bringen, weil erfahrungsgemäß andere gegen bestimmte, verbindliche Verhaltensregeln verstoßen. Mit anderen Worten: Es darf bei der Vornahme von Handlungen darauf vertraut werden, daß sie nicht deshalb als sorgfaltswidrig bezeichnet werden, weil sie nur aufgrund des Erfahrungswissens um die Regelverstöße anderer als rechtsgutsgefährdend anzusehen sind.

3. Damit dient der Vertrauensgrundsatz, der bisher nur im Straßenverkehr anerkannt wurde[49], auch in anderen Lebensbereichen oder Verkehrskreisen als Mittel zur Bestimmung der im Verkehr erforderlichen Sorgfalt[50]. Allerdings sind folgende Einschränkungen zu beachten:

---

[49] BGHSt 4, 47; BGHSt (Verein. Gr. Sen.) 7, 118 (120); BGHSt 14, 201 (211).
[50] So auch *Stratenwerth*, LB, RZ 1231.

E. Besonderer Wert der Interessen an der Handlungsfreiheit

a) Der Vertrauensgrundsatz kann in einem bestimmten Verkehrskreis nur insoweit angewandt werden, als der Ablauf der sachnotwendigen Betätigungen in diesem Lebensbereich so geregelt ist, daß bei *genereller* Einhaltung dieser Vorschriften eine Betätigung in diesem Verkehrskreis keine strafrechtlich geschützten Rechtsgüter gefährden kann. Nur wenn eine solche detaillierte Spezialregelung vorliegt, kann das Vertrauen auf die Einhaltung bestimmter Verhaltensweisen berechtigt sein. Sind keine Spezialregelungen getroffen, und besagt das Erfahrungswissen, daß in bestimmten Situationen eine Handlung andere in nicht ungewöhnlicher Weise zu Verstößen gegen allgemeine Strafgesetze veranlassen kann, so ist der Vertrauensgrundsatz nicht anzuwenden[51].

b) Bei der Prüfung, ob ein Verkehrskreis, ein Lebensbereich oder ein bestimmter Betrieb durch solche Regeln „gesichert" sind, dürfen nur solche Vorschriften berücksichtigt werden, deren Einhaltung regelmäßig kontrolliert wird, und deren Verletzung mit rechtlich durchsetzbaren Sanktionen bedroht ist. Andernfalls würde das Vertrauen auf die Einhaltung dieser Vorschriften lebensfremd sein. Eine aus dieser Erwägung zu rechtfertigende *Kontrolle* stellt beispielsweise die regelmäßige TÜV-Vorführung eines Kraftfahrzeuges dar. In den Betrieben müssen vom Betriebsinhaber Stichproben vorgenommen werden, ob die Sicherheitsvorschriften beachtet werden; bei Großbetrieben sind besondere Sicherheitsbeauftragte anzustellen. Der Straßenverkehr ist durch Polizeibeamte auf die Einhaltung der Verkehrsvorschriften zu kontrollieren. Die *Sanktionen* findet man im Straßenverkehr in den Strafvorschriften der Verkehrsgesetze, im Arbeitsleben können arbeitsrechtliche Maßnahmen (Kündigung) eine gewisse Wirksamkeit der Vorschriften garantieren.

c) Weiter ist der Vertrauensgrundsatz nur anzuwenden, soweit der Schluß auf den möglichen tatbestandsmäßigen Erfolg nur auf der Erfahrung beruht, daß bei bestimmten Betätigungen durch regelwidrige Verhaltensweisen Dritter Schäden eintreten. Wenn bestimmte, dem Täter bekannte Realfaktoren dafür sprechen, daß in der konkreten Situation ein Dritter — sei es der Rechtsgutsinhaber selbst, sei es ein Unbeteiligter — sich regelwidrig verhalten wird und die Möglichkeit eines Schadens herbeiführt, erfordert es der Verkehr, daß der einzelne Gefährder darauf Rücksicht nimmt[52]. Das bedeutet: Im konkreten Fall

---

[51] Ein im Rahmen dieser Arbeit nicht näher zu erörterndes Sonderproblem ergibt sich bei den Fällen der Arbeitsteilung, wo man die Verantwortlichkeit nach den Prinzipien des Vertrauensgrundsatzes verteilen will. Vgl. zu diesen Fragen vor allem *Stratenwerth*, Festschrift f. *Eb. Schmidt*, S. 383 ff. (391); daneben *Welzel*, LB, S. 133; *Roxin*, Täterschaft, S. 529, u. *Lorenz*, S. 52.

[52] *Jagusch*, § 1 StVO, Anm. 5; *Schönke - Schröder*, § 59, RZ 200, jeweils mit umfangreichen Nachweisen.

würde die Handlung, die im Zusammenwirken mit der regelwidrigen Handlung des Gefährdeten bzw. eines Dritten erkennbar zu einem tatbestandsmäßigen Erfolg führen kann, doch die im Verkehr erforderliche Sorgfalt verletzen.

d) Entsprechend kann der Vertrauensgrundsatz dann nicht angewandt werden, wenn wegen einer erkennbaren Häufung von Regelwidrigkeiten das Vertrauen auf das regelgerechte Verhalten des Gefährdeten oder Dritter offensichtlich nicht berechtigt ist[53]. So können z. B. eine ungeschickte Straßenführung oder unübersichtliche Vorfahrtsverhältnisse eine bestimmte Stelle derart unfallträchtig machen, daß die für die Verkehrssicherung zuständige Stelle, aber auch die häufiger an diesem Ort vorbeikommenden Kraftfahrzeug-Führer nicht mehr auf das vorschriftsmäßige Verhalten anderer vertrauen dürfen.

Der Vertrauensgrundsatz versagt jedoch nicht nur bei einer örtlich feststellbaren Häufung von Zuwiderhandlungen. Es können auch die Handlungen nicht wegen Vertrauens auf das regelgemäße Verhalten anderer legitimiert sein, die vorhersehbar eine ganze Reihe von Regelverstößen anderer mit sich führen. So kann die Eröffnung einer neuen Straße nicht im Vertrauen darauf erfolgen, daß sich keine Unfälle durch Verkehrsverstöße der Benutzer ereignen. Ebenso ist die Zulassung eines Kraftfahrzeuges nicht deshalb als sorgfaltsgemäß anzusehen, weil man etwa ernstlich darauf vertrauen dürfte, daß die jeweiligen Fahrer dieses Wagens und auch alle anderen diesem Fahrzeug im Straßenverkehr begegnenden Verkehrsteilnehmer die Verkehrsregeln beachten werden.

Die durch eine zeitliche Zusammenfassung feststellbaren Häufungen von Regelwidrigkeiten schließen also ebenfalls die Berufung auf den Vertrauensgrundsatz aus. Für Handlungen, mit denen gefährdende Verkehrskreise, Lebensbereiche oder einzelne gefährdende Betriebe und Unternehmungen zugelassen oder eröffnet werden, müssen also noch weitere Gesichtspunkte erörtert und zusätzliche Voraussetzungen aufgestellt werden, um ggf. diese Handlungen als „nicht sorgfaltspflichtwidrig" bezeichnen zu können.

Andernfalls wäre die Eröffnung von gefährdenden Lebensbereichen etc. ohne weiteres zulässig, sofern nur — theoretisch — sichernde Vorschriften beständen. Ob diese Vorschriften beachtet würden oder nicht, dürfte dann keine Rolle spielen[54].

---

[53] *Schönke - Schröder*, § 59, RZ 200.
[54] Diesen Gesichtspunkt übersieht *Stratenwerth*, wenn er der statistischen Häufigkeit von Verkehrsverstößen keinerlei Relevanz qua Vertrauensgrundsatz beilegt (LB, RZ 1233).

E. Besonderer Wert der Interessen an der Handlungsfreiheit

Im wesentlichen können also unter Berufung auf den Vertrauensgrundsatz nur solche Handlungen als nicht sorgfaltspflichtwidrig angesehen werden, bei denen auf das regelgerechte Verhalten anderer in einer *konkreten* Situation vertraut wird. Es geht also nur um die Sorgfaltsgemäßheit der einzelnen Betriebshandlungen — nicht um die Sorgfaltsgemäßheit von Handlungen, die sich als Quelle von Gefährdungsbündeln darstellen.

e) Die angeführten Einschränkungen betreffen zwar durchweg Fallgestaltungen, in denen die Schadensmöglichkeit eine besonders hohe Wahrscheinlichkeit besitzt. Gleichwohl darf daraus nicht gefolgert werden, daß mit dem Vertrauensgrundsatz nur bestimmte Fälle der Unvorhersehbarkeit erfaßt werden sollen: Voraussetzung für die Berufung auf den Vertrauensgrundsatz ist ja, daß es um gefährdende Handlungen geht. Es dürfen also bestimmte Handlungen trotz Vorhersehbarkeit der Gefahr vorgenommen werden. Nur in den genannten Fällen, in denen die Gefährdungen qualitativ oder quantitativ ein besonders hohes Maß erreichen, das erheblich über den Grad des nicht Ungewöhnlichen hinausreicht, versagt der Vertrauensgrundsatz als Mittel zur Eingrenzung der im Verkehr erforderlichen Sorgfalt.

4. Der Vertrauensgrundsatz ist auch in einem Lebensbereich anzuwenden, in dem kasuistische Verkehrsregeln fehlen: Im räumlichen, ausschließlichen Herrschaftsbereich darf der Inhaber bzw. derjenige, der die Herrschaft ausübt, darauf vertrauen, daß Dritte nicht unbefugt eindringen[55]. Es trifft ihn also keine Pflicht, Handlungen zu unterlassen, die Rechtsgüter Dritter nur deshalb gefährden, weil diese unbefugt in seinen Herrschaftsbereich eintreten.

Denn zur freien Entfaltung der Persönlichkeit gehört u. a. auch ein besonderer räumlich-gegenständlicher Bereich, in dem der Mensch in einem erheblich weiteren Umfange „tun und lassen kann", was er will, als im sonstigen öffentlichen Zusammenleben mit anderen Menschen. Dieser Exklusivität seiner Herrschaftsmacht widersprechen aber alle unbefugten Betätigungen Außenstehender im Herrschaftsbereich. In diesem der Ordnung durch den Eigentümer überlassenen Bereich sind deshalb auch besondere Verhaltensregeln — wie sie sonst für den Vertrauensgrundsatz erforderlich sind — nicht nötig. Vielmehr darf der Mensch ‚in seinen eigenen vier Wänden' darauf vertrauen, daß nur solche Rechtsgenossen seine Handlungsfreiheit beeinträchtigen, die berechtigtermaßen sein Besitztum betreten. Deshalb braucht er keine

---

[55] Dazu *Schwab*, Die deliktische Haftung bei widerrechtlichem Verhalten des Verletzten im Gefahrenbereich, JZ 1967, 13 ff.

Handlungen zu unterlassen, die für andere Menschen nur deshalb gefährdend sind, weil sie unberechtigt bei ihm eindringen[56].

z. B.:

> Somit kann der Wohnungsinhaber, der trotz deutlich wahrnehmbaren Gasgeruches seinen Gasherd nicht reparieren läßt, nicht wegen fahrlässiger Tötung bestraft werden, wenn der Einbrecher in der Urlaubszeit des Wohnungsinhabers durch eine Explosion des ausströmenden Gases getötet wird[57]. Genausowenig ist es dem Zirkusdirektor verboten, das gefährliche Raubtier im verschlossenen Wohnwagen frei herumlaufen zu lassen — wird ein unbefugt Eindringender von dem wilden Tier zerrissen, so hat der Zirkusdirektor nicht die im Verkehr erforderliche Sorgfalt verletzt.

Diese Erwägungen sind jedoch nur dann begründet, wenn es sich tatsächlich um ein „befriedetes" Besitztum handelt, das eine räumliche Abgeschlossenheit zum übrigen Verkehr gewährleistet. Es muß also Vorrichtungen besitzen, die ein Eindringen Unberechtigter verhindern, bzw. einen unbefugten Eintritt nur in ungewöhnlichen Fällen zulassen[58].

z. B.:

> Um Hochspannungsanlagen, Schießstände, Sprengstofflagerstätten, die nicht in jeder Dimension abgeschlossen sind, müssen hohe Mauern oder entsprechend hohe Zäune mit doppeltem Stacheldraht gezogen werden. Umschlossene Räume müssen sorgfältig abgeschlossen sein; Anlagen, die in besonderem Maße Gefährdungen verursachen können, müssen durch entsprechende Warnungstafeln gekennzeichnet sein.

Die Unbefugtheit muß sich allerdings aus dem Hausrecht herleiten; sie darf nicht aus anderen Bestimmungen entnommen werden[59].

z. B.:

> Der Kinobesitzer verletzt die im Verkehr erforderliche Sorgfalt, wenn er eine Karte für einen Sitzplatz verkauft, der erkennbar brüchig ist. Es kommt dann bei einer Verletzung eines Besuchers nicht darauf an, ob dieser etwa als Jugendlicher zum Besuch der betreffenden Vorstellung berechtigt war.

---

[56] Im Ergebnis ebenso *Schwab*, JZ 1967, 21 f. Zur Begründung greift er allerdings nicht auf den Vertrauensgrundsatz zurück, sondern er relativiert die Sorgfaltspflicht gegenüber unbefugt Eindringenden, da es im räumlichen Herrschaftsbereich dem Inhaber überlassen sein müsse, einen Verkehr zu eröffnen und die damit zusammenhängenden Pflichten zu übernehmen (a.a.O., S. 17).

[57] Fall von *Schwab*, a.a.O., S. 14, der ebenso entscheidet.

[58] *Schwab*, a.a.O., S. 19, fordert diese Voraussetzung nur für Anlagen mit erheblichen Gefahrenquellen. Er untersucht aber die Sicherungspflichten von Grundstücksinhabern im generellen. Insoweit mögen unter diesem Aspekt geringere Sorgfaltsanforderungen berechtigt sein. Hier geht es aber um die Anwendung des Vertrauensgrundsatzes. Darauf kann sich nur *der* Eigentümer berufen, der einen ausschließlichen Herrschaftsbereich besitzt.

[59] *Schwab*, a.a.O., S. 18.

Gegenüber Personen, die zu Recht, ggf. auch ohne Wissen des Herrschaftsberechtigten, in dessen Räume eintreten, kann er sich nicht auf den Vertrauensgrundsatz berufen[60].

z. B.:
Würde bei der Gasexplosion der hilfsbereite Nachbar getötet, der unter dem Gesichtspunkt der mutmaßlichen Einwilligung in die Wohnung eindrang, um die Gefährdung zu beseitigen, so ist diese Tötung unter Verletzung der im Verkehr erforderlichen Sorgfalt verursacht. Das gleiche gilt gegenüber Amts- und Dienstpersonen, die ein Recht zum Eindringen in die Wohnung besitzen.

5. Mit dem so verstandenen Vertrauensgrundsatz wird ebenfalls ein Teil der Fälle erfaßt, in denen das Verhalten des Verletzten eine Rolle spielt. Unter den genannten Voraussetzungen besteht nämlich keine Sorgfaltspflicht gegenüber demjenigen, der sich regelwidrig verhält bzw. gegenüber demjenigen, der unter Mißachtung fremden Hausrechts in einen ausschließlichen Herrschaftsbereich eindringt.

Daneben sind aber nach dem Vertrauensgrundsatz Rechtsgutsverletzungen dann nicht auf eine Verletzung der im Verkehr erforderlichen Sorgfalt zurückzuführen, wenn der Täter auf das regelgemäße Verhalten Dritter — also nicht des Verletzten — vertrauen durfte, ohne daß es auf eine Zustimmung des später Verletzten in diese Gefährdung ankäme.

z. B.:
Der Führer eines Kfz, der sich einer Kreuzung nähert, braucht keine Zustimmung seiner Mitinsassen dafür einzuholen, daß er sein Tempo nicht insoweit verlangsamt, daß er noch rechtzeitig bremsen kann, falls seine Vorfahrt — wie nicht ungewöhnlich — verletzt werden sollte. Er darf darauf vertrauen, daß die anderen Verkehrsteilnehmer sein Vorfahrtsrecht beachten; anderes gilt nur dann, wenn konkrete Anhaltspunkte dafür vorliegen, daß ein anderer tatsächlich die Vorfahrt mißachten wird.

II. Die Sozialerforderlichkeit

1. Für den Verkehr ist nicht nur die Zulassung von solchen Handlungen notwendig, die nur in ungewöhnlichen Fällen mit tatbestandsmäßigen Erfolgen verknüpft sind oder die nur unter dem Gesichtspunkt des Vertrauensgrundsatzes zugelassen werden können. Der Verkehr ist auch auf die Vornahme einer großen Zahl anderer gefährdender Handlungen angewiesen. Denn die Entwicklung von Wissenschaft und Technik und die sich entsprechend steigernden Bedürfnisse der Gesellschaft haben Einrichtungen und Veranstaltungen mit sich gebracht, bei deren Betrieb die Möglichkeit von Schäden für Rechtsgüter

---

[60] *Schwab*, a.a.O., S. 17.

Dritter nicht unvorhersehbar ist, die aber im Interesse der Allgemeinheit für ein sinnvolles Zusammenleben erforderlich sind.

Die Zulassung und Eröffnung der betreffenden Einrichtungen oder Veranstaltungen und die einzelnen Betriebshandlungen werden meist unter dem Stichwort „erlaubtes Risiko"[61] genannt und mit mehr oder weniger deutlichem Hinweis auf ihre Verkehrsnotwendigkeit als nicht rechtswidrig bezeichnet[62].

Früher wurde mit diesem Begriff der Betrieb von Steinbrüchen, Fabriken und Eisenbahnen gerechtfertigt, heute rechnet man vor allem den Straßenverkehr mit seinen mannigfachen Gefährdungen, die Luft- und Seeschiffahrt, wissenschaftliche Versuche, gefährdende gewerbliche oder industrielle Betriebe[63] sowie gefährdende staatliche Institutionen[64] dazu.

2. Ein Teil dieser Handlungen kann aber schon deshalb nicht als sorgfaltswidrig angesehen werden, weil sie nach der hier gebrauchten Vorhersehbarkeitsformel[65] keine Rechtsgüter gefährden, d. h., die Möglichkeit eines tatbestandsmäßigen Erfolges nur als ungewöhnliche Folge erscheinen lassen. Wie schon erwähnt, gehört dazu die Beförderung von Passagieren in Eisenbahnen, Schiffen und Flugzeugen im Linienverkehr. Solche Handlungen gefährden grundsätzlich die Beförderten nicht und sind deshalb schon nicht sorgfaltswidrig.

Ausnahmen gelten insbesondere für die fehlerhaften einzelnen Betriebshandlungen, auf die später noch einzugehen ist.

Die dann noch in Betracht kommenden gefährdenden Handlungen in bestimmten Betrieben und bei bestimmten Veranstaltungen werden auch unter den Begriffen „sozialadäquat" oder „Einhaltung der im Verkehr erforderlichen Sorgfalt" erfaßt[66].

---

[61] Dieser Begriff kennzeichnet allerdings nur das Ergebnis.
[62] Siehe oben S. 26 ff. Wie schon dort ausgeführt, läßt sich ein einheitliches Bild des „erlaubten Risikos" aus der Literatur nicht gewinnen. Mit diesem Begriff als Unrechtsausschluß (i. w. S.) arbeiten u. a.: *Engisch*, Untersuchungen, S. 286; *Hirsch*, ZStW 79, 94; *Kohlrausch - Lange*, § 59, Anm. IV 4; *Lackner - Maassen*, § 59, Anm. IV 2 a aa; *Lorenz*, S. 47; *Hellmuth Mayer*, LB, S. 141; StuB, S. 91; *Niese*, JZ 1956, 460; *Nowakowski*, JZ 1958, 337; *Oehler*, Festschrift f. Eb. Schmidt, S. 243; *Sauer*, S. 138; *Schaffstein*, ZStW 72, 373; *Schönke - Schröder*, § 59, RZ 165 ff. Ablehnend: *Baumann*, LB, S. 258; *Armin Kaufmann*, ZfRV 1964, 50, und *Kienapfel*, S. 28 f. (beide verweisen auf eine mehr kasuistisch vorzunehmende Auffüllung der „Einhaltung der im Verkehr erforderlichen Sorgfalt"); *Maurach*, LB AT, S. 548 ff., und *Rehberg*, S. 162, die beide das Problem auf die Ebene einer „Tatverantwortung" verlagern.
[63] Vgl. die Aufzählung bei *Kienapfel*, S. 1.
[64] *Schönke - Schröder*, § 59, RZ 165.
[65] Siehe oben S. 95.
[66] Siehe oben S. 36 ff.

Es geht hier aber nur um einen Teil der Handlungen, die nicht die im Verkehr erforderliche Sorgfalt verletzen. Die „Sozialadäquanz" dagegen ist eine Bezeichnung, die mehr auf die Üblichkeit als auf die Notwendigkeit gewisser Gefährdungen abstellt und auch angesichts der dauernden technischen Weiterentwicklung nicht immer zutreffend die hier gemeinten Handlungen charakterisieren kann[67].

Will man mit einem Schlagwort das Ergebnis nicht nur nennen, sondern auch begründen und eingrenzen, so wird man allerdings immer auf Widerspruch stoßen. Denn wie schon dargestellt, sind die Anwendungsbereiche des „erlaubten Risikos", der „Sozialadäquanz" und der anderen verwandten Begriffe verschieden abgesteckt. Man wird aber einen Kernbereich der Anliegen treffen, die von den verschiedenen Meinungen verfolgt werden, wenn man solche gefährdenden Handlungen für verkehrsnotwendig erachtet, die für die Existenz der Menschen als Mitglieder der Gesellschaft und damit auch für den realen Bestand der Gesellschaft erforderlich sind. Nach dieser Begriffsbestimmung sind also bestimmte Handlungen wegen ihrer *Sozialerforderlichkeit* nicht sorgfaltswidrig.

Im Gegensatz zur Begründung des Vertrauensgrundsatzes ist die Zulässigkeit dieser Handlungen nicht aus einer rechtlichen Notwendigkeit, sondern aus dem Zwang herzuleiten, den Bestand der Gesellschaft zu gewährleisten. Es geht also um die Sicherung materieller Existenzbedürfnisse der Menschen, die sich aus ihrer Stellung als Mitglieder einer Personengemeinschaft ergeben.

3. Zwar meint *Münzberg*, daß es eines besonderen Hinweises auf den „Nutzen für die Allgemeinheit im weitesten Sinn" für diese gemeinhin als erlaubtes Risiko bezeichneten Handlungen nicht bedürfe[68]. Er hält den Kern der Sache für besser getroffen durch das „offene Zugeständnis, daß die Rechtsordnung gewisse üblich gewordene Lebensäußerungen nicht verbieten kann, die sich — zunächst vielleicht am wirtschaftlichen oder ideellen Nutzen orientiert — allmählich zu einem so selbstverständlichen Bestand menschlicher Zivilisation und Kultur entwickelt haben, daß ihr Wegfall für das heutige Leben einfach unvorstellbar wäre"[69].

Sicher spielt die Üblichkeit der fraglichen Handlungen eine wichtige Rolle. Denn viele gefährdende Handlungen erscheinen für das reale Leben des Einzelnen in der Gesellschaft und damit für den Bestand der Gesellschaft weniger aus zwingenden Gründen als deshalb erforderlich, weil sie durch ständige Ausübung und soziale Anerkennung für das Dasein in der Gesellschaft notwendig geworden sind.

---
[67] *Deutsch*, S. 246.
[68] S. 277.
[69] a.a.O.

Auf der anderen Seite darf die Rechtsordnung es nicht *allein* darauf abstellen, ob bestimmte Handlungen allgemein üblich sind oder ob ihr Wegfall für das heutige Leben unvorstellbar ist[70]. Die Ordnungsfunktion des Rechts wird dabei zu pauschal mit der normativen Kraft des Faktischen überspielt. Es besteht dann nämlich die Gefahr, daß Interessentengruppen in ihrem Verkehrskreis bestimmte Gefährdungshandlungen durchsetzen und damit das Recht ihren einseitig orientierten Zielen anpassen. Aber auch eingerissene Nachlässigkeiten könnten legalisiert werden, wenn sie nur hinreichend üblich sind. Deshalb wird man auch bei den allgemein anerkannten und üblichen Lebensäußerungen nicht die Prüfung unterlassen können, ob sie „für einen höheren Zweck" erforderlich sind.

Weiter muß darauf hingewiesen werden, daß mit der Berufung auf das „erlaubte Risiko" jedenfalls grundsätzlich auch Handlungen zugelassen werden, die Rechtsgüter Dritter ohne deren Zustimmung einer vorhersehbaren Schadensmöglichkeit aussetzen. So hat auch *Geilen* darauf aufmerksam gemacht, daß es fragwürdig ist, mit diesem Begriff allzu unbekümmert Gefahren zu oktroyieren[71].

Aus diesen Erwägungen ist es doch unabdingbar, in jedem Einzelfall zu prüfen, ob eine gefährdende Handlung in ihrer konkreten Gestalt für die reale Existenz der Einzelnen als tragende Elemente der Gesellschaft erforderlich ist. Da es hier um die normative Ermittlung der Verletzung der im Verkehr erforderlichen Sorgfalt geht, muß diese Prüfung es auf die Folgen eines generellen Verzichtes auf alle gleichgearteten Handlungen abstellen.

„Sozialerforderlich" werden gefährdende Handlungen danach nur dann sein, wenn bei einem generellen Verzicht auf die Vornahme aller gleichgearteten Handlungen das Existieren der Einzelnen als Mitglieder der Gesellschaft *wesentlich* beeinträchtigt oder *spürbar* behindert würde. Könnten aber die Einzelnen in dieser Gesellschaft auch ohne solche Handlungen und ohne solche Beeinträchtigungen oder Störungen existieren, so wäre die Vornahme dieser Handlungen jedenfalls nicht unter dem Gesichtspunkt der „Sozialerforderlichkeit" gedeckt.

4. Ein Versuch, solche Handlungen oder Handlungsgruppen substantiiert aufzuzählen, muß unterbleiben. Denn es hängt ja gerade vom Einzelfall ab, ob eine Gefährdungshandlung tatsächlich für die Existenz des Einzelnen und damit für den realen Bestand der Gesellschaft erforderlich ist. Man wird nur grob dahin schematisieren können, daß es sich

---

[70] Hier wäre allenfalls Raum für einen Begriff der Sozialadäquanz, wenn man — stark einschränkend — darunter nur die nicht verkehrsnotwendigen, aber allgemein üblichen und gestatteten Gefährdungen ansehen würde. Dazu unten S. 153 ff.

[71] S. 162.

E. Besonderer Wert der Interessen an der Handlungsfreiheit

im wesentlichen um die Tätigkeiten handeln wird, die mit der Zulassung, der Eröffnung und dem Betrieb von Produktions- und Bearbeitungsbetrieben, Forschungsstätten und Beförderungsmitteln[72] zusammenhängen. Weiter gehören dazu verschiedene staatliche Einrichtungen der Daseinsvorsorge.

5. Aus den eben genannten Voraussetzungen für die Verneinung der Sorgfaltswidrigkeit wegen einer „Sozialerforderlichkeit" ergeben sich folgende Konsequenzen:

a) Die heutige Wissenschaft und Technik sind imstande, gegen die Auswirkungen der meisten gemeinhin als „gefährlich" bezeichneten Betriebe und Veranstaltungen Maßnahmen zu treffen, die die Wahrscheinlichkeit eines schädlichen Erfolgseintrittes auf das Maß des Unvorhersehbaren senken. Um Interessenkollisionen zu vermeiden, müssen solche *Sicherheitsvorkehrungen* grundsätzlich bei allen Handlungen angewandt werden, und zwar auch bei denen, die „sozialerforderlich" sind. Sonst verletzen die Handlungen die im Verkehr erforderliche Sorgfalt[73]. Nur in dem Umfang, in dem diese Sicherheitsvorkehrungen die Verwirklichung sozialerforderlicher Handlungsziele wesentlich beeinträchtigen oder spürbar hemmen würden, kann bei der Durchführung von Handlungen darauf verzichtet werden. Erst unter diesen Voraussetzungen dürfen dann auch Handlungen zugelassen werden, die infolge des Fehlens von entsprechenden Sicherheitsvorkehrungen Rechtsgüter Dritter gefährden.

Zu diesen Sicherheitsvorkehrungen gehören auch die besonderen Verkehrsregeln, Betriebs- und Sicherheitsvorschriften. Sie sind so auszugestalten, daß bei ihrer Befolgung die Möglichkeit eines Schadenseintrittes ungewöhnlich ist[74]. Auch für sie gilt aber, daß sie nur in dem Maße aufgestellt werden dürfen, in dem sie eine Verwirklichung der sozialerforderlichen Ziele nicht verhindern. Hier hat der *Vertrauensgrundsatz* seine Wurzel. *Schröder* bezeichnet ihn deshalb auch als Unterfall des erlaubten Risikos[75]. Trotzdem ist es berechtigt, die davon erfaßten Gefährdungen besonders zu behandeln. Die verbindlichen Verhaltensregeln schaffen rechtliche Eigenbereiche, in denen einzelne Gefährdungshandlungen — sofern der Vertrauensgrundsatz anzuwenden ist — auch dann nicht sorgfaltswidrig sind, wenn sie nicht sozialerforderlich sind, wie z. B. die Vergnügungsfahrt im Kraftfahrzeug.

Wegen *Sozialerforderlichkeit* können danach nur in den folgenden Fällen gefährdende Handlungen als nicht sorgfaltswidrig bezeichnet werden:

---

[72] Dazu gehört auch der gefährdende Bau entsprechender Beförderungswege, z. B. des Alpentunnels (*Schaffstein*, ZStW 72, 373, Anm. 11).

[73] Wegen dieser Voraussetzung kann das „erlaubte Risiko" aufgrund sozialer Erforderlichkeit nicht dazu führen, etwa den unrichtigen Betrieb einer Fluglinie zuzulassen.

[74] Erst wenn diese Sicherheitsvorschriften existieren, kann der Vertrauensgrundsatz in dem betreffenden Lebensbereich angewandt werden.

[75] *Schönke - Schröder*, § 59, RZ 165.

(a) wenn es wegen der Unberechenbarkeit der möglichen Kausalverläufe oder wegen der besonderen Eigenheiten eines Unternehmens solche sichernden Maßnahmen nicht oder nicht in ausreichendem Umfang gibt.
z. B.: Betrieb von Bergwerken, Start von Raumflügen, Experimente mit unerforschten Krankheitserregern.

(b) wenn ausreichende Sicherheitsvorkehrungen gerade diese Art von Unternehmungen oder Veranstaltungen undurchführbar machen oder ein Erreichen der damit erstrebten Handlungsziele entscheidend beeinträchtigen würde.
z. B.: Mit der Einführung einer generellen Geschwindigkeitsbegrenzung im Straßenverkehr von 20 km/h könnte die Möglichkeit von Unfällen nahezu auf das Maß des Ungewöhnlichen herabgesetzt werden. Damit wäre aber die für den Bestand der Gesellschaft erforderliche menschliche Fortbewegung mit Kraftfahrzeugen entscheidend beeinträchtigt. Die Zulassung höherer Geschwindigkeiten verstößt also nicht gegen die im Verkehr erforderliche Sorgfalt.

(c) wenn es aufgrund des Erfahrungswissens erkennbar ist, daß vorhandene Sicherheitsvorschriften nicht beachtet werden bzw. nicht im erforderlichen Maße und wenn kein Anwendungsfall des Vertrauensgrundsatzes vorliegt.
z. B.: Die Zulassung des Straßenverkehrs oder der Antritt einer Autofahrt schlechthin sind gefährdende Handlungen. Der unter b) genannte Fall liegt jedoch nicht vor, da die Gefährdungen hier weniger auf das Fehlen von entsprechenden Sicherheitsvorkehrungen als darauf zurückgehen, daß andere Verkehrsteilnehmer oder der betreffende selbst die Verkehrsvorschriften mißachten. Der Vertrauensgrundsatz kann wegen der Häufungen von Gefährdungsmöglichkeiten nicht angewandt werden. Gleichwohl müssen diese Handlungen, die Gefährdungsbündel eröffnen, zugelassen werden, da sonst die menschliche Kontaktnahme empfindlich gestört würde.

b) Handlungen, die nicht die eben genannten Voraussetzungen erfüllen, sind nicht sozialerforderlich — auch wenn sie sozial anerkannten oder sozial üblichen Zwecken dienen. Von den noch zu erörternden Ausnahmen abgesehen, verletzen sie die im Verkehr erforderliche Sorgfalt.

Hier sind vor allem die sogenannten fehlerhaften Betriebshandlungen zu nennen. Der Bau eines Staudammes mit mangelhaftem Zement, der Verkauf eines Kraftfahrzeuges mit defekter Lenksäule, der countdown für einen Raumflug ohne Überprüfung aller Kontrollinstrumente sind eklatante Beispiele für diese Fälle, denen aber die überwältigende Vielzahl von Unglücken im täglichen Leben gegenübersteht. Erinnert sei nur an die Unfälle im Straßenverkehr, die im weitaus überwiegenden Maße auf Vernachlässigung von Sicherheitsvorschriften oder auf sonstige konkrete „Bedienungsfehler" zurückzuführen sind[76].

---

[76] Lt. Jahresstatistik des Statistischen Bundesamtes Wiesbaden, Fachserie H, Reihe C (Straßenverkehrsunfälle), waren im Jahre 1964 die Unfälle mit

E. Besonderer Wert der Interessen an der Handlungsfreiheit

Maurach folgert aus der Vielzahl der erfolgsbedingenden fehlerhaften Betriebshandlungen, daß damit der Begriff des „erlaubten Risikos" entwertet sei: Jede Verletzung im Rahmen des erlaubten Risikos sei ja auf eine fehlerhafte Betriebshandlung zurückzuführen[77].

Damit übersieht er aber, daß es nicht nur um die Rechtmäßigkeit der einzelnen Betriebshandlungen, sondern auch um die Rechtmäßigkeit der Zulassung, der Eröffnung und des laufenden Betreibens — als solchen — dieser Risiken geht[78]. An der Vorhersehbarkeit schädlicher Erfolge wird bei diesen Tätigkeiten oft kein Zweifel bestehen können: Wer eine Autostraße dem Verkehr freigibt, weiß, daß er damit eine große Zahl tödlicher Unfälle verursacht. Erst durch die Berufung auf die Sozialerforderlichkeit kann dieser Gefährungshandlung die Sorgfaltswidrigkeit genommen werden[79].

Weiter trifft es nicht zu, daß *jede* Verletzung im Rahmen eines erlaubten Risikos — bzw. im Rahmen sozialerforderlicher Unternehmungen — auf eine fehlerhafte Betriebshandlung zurückgeht[80]. In vielen Fällen sind es unberechenbare, aber in ihrem Wesen oder in ihrer Häufigkeit als solche bekannten Umstände, die den Erfolg verursachen — wie z. B. der unerkennbare Materialfehler. Gerade auch Handlungen mit solchen Gefährdungen verletzen nicht die im Verkehr erforderliche Sorgfalt, wenn sie sozialerforderlich sind.

c) Auch unter diesen Einschränkungen führt die Sozialerforderlichkeit nicht dazu, schlechthin die Gefährdung von Rechtsgütern anderer zuzulassen. Werden nämlich Rechtsgüter *individualisierbar* gefährdet, d. h., ist bei Vornahme einer Handlung erkennbar, welchen *konkreten* Rechtsgütern ein Schaden droht, so bedeutet diese Gefährdungskonkretisierung sehr oft zugleich eine Gefährdungskonzentration. Das ist vor

---

Personenschäden zu 89 % auf Verstöße gegen die Verkehrsvorschriften durch Fahrzeugführer und Fußgänger zurückzuführen. Die restlichen Unfallursachen verteilen sich auf technische Mängel (2,1 %), schlechte Straßenverhältnisse (6,6 %), Witterungseinflüsse und sonstige Ursachen.

[77] LB AT, S. 549; zustimmend *Roeder*, S. 33.

[78] *Maurach*, a.a.O., behauptet zwar, daß allein die fehlerhafte Betriebshandlung tatbestandsrelevant sei. Deshalb meint er auch, daß es auf die Eröffnung des Betriebes nicht ankomme. Warum aber die der jeweiligen Betriebshandlung vorgelagerten Handlungen tatbestandsmäßig irrelevant sein sollen, erklärt er nicht — hier liegt ein entscheidender Fehler. Auf diesen falschen Ansatz weist besonders *Blei* hin (*Mezger - Blei*, StuB I, S. 215 f.), der zutreffend darstellt, daß die verursachenden Betriebshandlungen keineswegs notwendig fehlerhaft sein müssen. Daß andererseits die Eröffnung oder der — generelle — Betrieb eines gefährdenden Verkehrsmittels nicht notwendig rechtmäßig sind, war oben schon dargelegt worden (vgl. Anm. 73).

[79] Sofern man hier die problematische Abgrenzung zum dolus eventualis außer acht läßt.

[80] *Mezger - Blei*, StuB I, S. 215 f.

allem bei den jeweiligen Betriebsangehörigen oder Unternehmensbeteiligten der Fall. Es handelt sich dann nicht mehr um Gefährdungen, die sozusagen als Lebensrisiko einem unbestimmbaren Personenbereich, also der Allgemeinheit, drohen und deshalb auch durch das Interesse der Allgemeinheit an der Durchführung dieser Handlungen kompensiert werden. Vielmehr konzentriert sich hier eine ständige „Sondergefährdung" auf einen bestimmten Personenkreis, der nicht mehr als Repräsentant aller Teilnehmer am Verkehr angesehen werden kann. Hier dürfen die Interessen der Allgemeinheit bei der Ordnung des menschlichen Zusammenlebens nicht ohne weiteres über die Interessen der solchermaßen mit einer Sonderbelastung getroffenen Rechtsgutsinhaber gestellt werden.

Es wird vielmehr in diesen Fällen unumgänglich sein, den Willen der konkret Gefährdeten zu berücksichtigen. Dabei ist es eine nachgeordnete und jetzt noch nicht zu erörternde Frage, ob und in welchem Umfang die zur „Einwilligung des Verletzten" entwickelten Voraussetzungen hier zu beachten sind. Jedenfalls erscheint es für den Bestand der menschlichen Gesellschaft nicht erforderlich, die Inhaber konkret gefährdeter Rechtsgüter zu zwingen, ihre Interessen ohne jede Berücksichtigung ihres Willens bzw. ihres Verhaltens zum Nutzen der Allgemeinheit aufzuopfern.

z. B.:

In einer Sprengstoffabrik werden keine Arbeiter eingestellt werden dürfen, die nicht vorher über die mit der Arbeit in diesem Unternehmen für sie verbundenen Gefährdungen aufgeklärt worden sind, so daß sie sich mit diesem Risiko durch ihren Arbeitsantritt einverstanden erklären können.

Der Pilot einer Fluglinie darf nicht gegen seinen Willen dazu veranlaßt werden, technisch notwendige Testflüge mit einem neuen Typ zu unternehmen, selbst wenn es sein Dienstvertrag ausdrücklich vorsieht.

Ebenso würde der Pilot — trotz technischer Notwendigkeit des Testfluges — die im Verkehr erforderliche Sorgfalt verletzen, wenn er seine Freundin zum Mitflug unter der Vorspiegelung veranlassen würde, es handele sich nur um einen „Schwarzflug" mit einem üblichen Modell.

Die Bedeutung der „Sozialerforderlichkeit" gefährdender Handlungen beschränkt sich demnach im wesentlichen auf die Fälle, in denen durch die fraglichen Betriebe Außenstehende gefährdet werden. Zu nennen ist hier in erster Linie der Straßenverkehr. Die von jedem Straßenverkehrsmittel ausgehende Betriebsgefahr ist für den Bestand der Gesellschaft erforderlich, da sie die für die Sicherung der Existenz der Einzelnen unentbehrliche menschliche Kontaktnahme ermöglicht. Die Zulassung des Straßenverkehrs schlechthin, die Eröffnung und Unterhaltung der Straßen, die Zulassung eines einzelnen Fahrzeuges verletzen deshalb nicht die im Verkehr erforderliche Sorgfalt.

Weiterhin sind die Gefährdungen nicht sorgfaltswidrig, die von anderen Massenverkehrsmitteln ausgehen und Außenstehende gefährden. Der Betrieb von Eisenbahnen z. B. gefährdet zwar nicht die Insassen der Züge, aber den schienengleichen Kreuzungsverkehr. Wegen sozialer Erforderlichkeit ist er aber in den erörterten Grenzen nicht sorgfaltswidrig. Die so häufig unter dem Begriff „erlaubtes Risiko" genannten Betriebe von Gaswerken, Bergwerken und anderen gefährlichen Fabriken werden dagegen nur in wenigen Fällen wegen ihrer Sozialerforderlichkeit Außenstehende gefährden dürfen: es wird nicht erforderlich sein, auf Sicherheitsvorkehrungen zu verzichten, die eine Gefährdung Außenstehender verhindern können bzw. eine Verletzung „fremder" Rechtsgüter als ungewöhnliche Folge dieses Betriebes erscheinen lassen können.

6. Mit diesem Begriff der Sozialerforderlichkeit werden ebenfalls Sachverhaltsgruppen erfaßt, bei denen das Verhalten des Verletzten für die Rechtmäßigkeit der Handlung eine Rolle zu spielen schien.

Soweit gefährdende Handlungen sozialerforderlich sind, kommt es nämlich auf den Willen bzw. auf eine wie immer auszugestaltende Zustimmung des Gefährdeten nicht an. Es dürfen dann, aber auch nur in diesem Rahmen, Gefährdungen „oktroyiert" werden.

III. Sozialübliche Gefährdungshandlungen

Eine ganze Reihe von Gefährdungshandlungen, die nach bisheriger Meinung als „erlaubtes Risiko" oder als „sozialadäquat" zuzulassen sind, können nicht als sozialerforderlich angesehen werden.

Das sind einmal die Gefährdungen, die mit Vergnügungs- und Unterhaltungsstätten, aber auch mit Sportbetätigungen aller Art verbunden sind. Zum andern handelt es sich um solche Gefährdungen, die gleichsam nur an der Schwelle des Unrechts stehen: Handlungen, die wegen ihrer Harmlosigkeit und wegen einer allgemeinen Übung gar keinen Anlaß zur Reflexion über Recht und Unrecht zu geben scheinen.

z. B.:
Drängeln in einer Menschenmenge ist rechtsgutsgefährdend. Denn es ist nicht unvorhersehbar, daß die Umstehenden dadurch kleinere Verletzungen erleiden, die unter den Begriff der Körperverletzung subsumierbar sind.

Solche Gefährdungshandlungen sind „gang und gäbe". Wie oben dargestellt, bestehen aber entscheidende Bedenken, sie aus diesem Grunde für den Verkehr als notwendig anzuerkennen[81]. Mögen diese Handlungen auch aus dem menschlichen Zusammenleben nicht hinweg-

---

[81] Siehe oben S. 108.

zudenken sein, es ist für die Existenz der Menschen nicht erforderlich, gefährdende Sport- und Unterhaltungsarten oder gefährdende Nachlässigkeiten zuzulassen. Damit ist allerdings noch kein endgültiges Urteil über die Handlungen gefällt. Es mag durchaus sein, daß sie aus anderen, noch näher zu erörternden Gründen nicht die im Verkehr erforderliche Sorgfalt verletzen. Es besteht aber kein zwingender Anlaß, diese Handlungen schon unter dem Gesichtspunkt der Verkehrsnotwendigkeit zu legalisieren und somit zuzulassen, daß ohne Rücksicht auf den Willen der Betroffenen Gefährdungen oktroyiert werden können.

Damit kann auch die „Sozialüblichkeit" nicht dazu dienen, unter dem Gesichtspunkt des besonderen Wertes der Interessen an der Handlungsfreiheit die Zulassung von gefährdenden Sport- und Vernügungsveranstaltungen und anderen „üblichen" Gefährdungsquellen zu erklären. Der Wille des Gefährdeten, der möglicherweise einer solchen Gefährdung entgegensteht, darf also nicht mit dem Hinweis auf die Sozialüblichkeit des betreffenden Risikos überspielt werden.

IV. Rechtfertigungssituationen

Im zweiten Teil dieser Arbeit war dargestellt worden, daß bei der Prüfung, ob eine Handlung die im Verkehr erforderliche Sorgfalt verletzt, auch die Merkmale einer „Rechtfertigungssituation" zu berücksichtigen sind[82]. Jetzt erhebt sich die Frage, ob unvorsätzliche, gefährdende Handlungen verkehrsnotwendig sind, wenn der Handelnde zur vorsätzlichen Verletzung des Rechtsgutes ausdrücklich berechtigt war. z. B.:

(1) Der Grenzpolizist A trifft mit einem nur zur Warnung abgegebenen Schuß den Flüchtling B, zu dessen Verletzung oder Tötung er nach den Dienstvorschriften berechtigt war[83].

(2) Der Förster C sieht, wie der Wilderer D das Gewehr anlegt, um auf ihn zu schießen. Als er sein eigenes Gewehr hochreißt, um auf D zu schießen, löst sich vorzeitig ein Schuß, der den D trifft.

In den Beispielsfällen sind die für die eingetretenen Verletzungen ursächlichen Handlungen unvorsätzlich, aber gefährdend gewesen. Denn es ist weder ungewöhnlich, daß ein in Richtung eines Menschen abgegebener Warnschuß diesen Menschen trifft, noch ist es unvorhersehbar, daß sich beim Anlegen eines Gewehres in Richtung eines Menschen vorzeitig ein Schuß löst.

Würde man aber solche gefährdenden Handlungen nicht zulassen, so würde das menschliche Zusammenleben wesentlich gestört. Denn dann

---

[82] Siehe oben S. 84 ff.
[83] Diesen Sachverhalt hatte das OLG Frankfurt zu beurteilen. Es verurteilte wegen fahrlässiger Tötung (NJW 1950, 119).

E. Besonderer Wert der Interessen an der Handlungsfreiheit 115

dürfte — wie Fall (2) zeigt — nur der Rechtsgenosse von einem Recht, Verletzungshandlungen zu begehen, Gebrauch machen, der sicher ist, daß jede anderweitige Gefährdung des ihm rechtlich preisgegebenen Rechtsgutes durch seine Handlung ausscheidet. Diese Sicherheit wird kaum jemand haben, vor allem nicht in den oft in Sekundenschnelle zu Entscheidungen nötigenden Rechtfertigungssituationen.

Fall (1) zeigt dagegen eine andere mißliche Konsequenz: Derjenige, der von dem ihm eingeräumten Recht keinen Gebrauch machen will und freiwillig den Rechtsgüterschutz über seine Handlungsfreiheit stellt, wird beim Mißlingen seines Planes ggf. bestraft. Auf diesem Weg würde geradezu die Notwendigkeit geschaffen, Rechte voll auszuschöpfen: jedem Polizisten wäre nur zu raten, gezielt zu schießen, sobald es ihm das Recht erlaubt. Denn riskiert er nur noch einen zusätzlichen Warnschuß, so kann er sich damit strafrechtliche Folgen einhandeln, die er leicht durch forsches Handeln hätte vermeiden können.

Diese Konsequenzen würden die ausdrücklich anerkannten Eingriffsrechte entwerten oder in einen gegenteiligen Sinn verkehren. Es ist deshalb verkehrsnotwendig, unvorsätzliche, gefährdende Handlungen zuzulassen, wenn dem Handelnden die vorsätzliche Handlung erlaubt ist. Solche Handlungen verletzen nicht die im Verkehr erforderliche Sorgfalt[84].

Welzel[85] und *Armin Kaufmann*[86] würden dagegen eine Sorgfaltswidrigkeit der Täter in den genannten Fällen annehmen und diese allenfalls erst gerechtfertigt sein lassen. Nach ihrer Meinung entscheidet aber über die Sorgfaltswidrigkeit das Urteil des einsichtigen und besonnenen Menschen in der Lage des Täters[87]. Sicher wird ein einsichtiger und besonnener Mensch es *generell* als sorgfaltswidrig bezeichnen, einen Warnschuß in die Richtung eines Menschen abzugeben oder ein entsichertes Gewehr gegen einen Menschen zu erheben. Dieses Urteil müßte aber der Sorgfaltstyp revidieren, wenn er *sämtliche* tatsächlichen Umstände berücksichtigt, wie es zur Ermittlung der in einer *konkreten* Situation erforderlichen Sorgfalt notwendig ist. Denn der einsichtige und besonnene Verfolger A, der einen zusätzlichen Warnschuß abgibt, wird nun zu Recht seine Aufmerksamkeit in erster Linie darauf richten, den Flüchtenden B nicht aus den Augen zu lassen. Er wird sich nicht darauf konzentrieren können, mit seinem Schuß nicht den Flüchtenden zu gefährden — das käme sogar einer Verletzung seiner Dienstpflichten nahe. Noch deutlicher zeigt es das zweite Beispiel: Der ein-

---

[84] *Klöne*, S. 96.
[85] LB, S. 137 f.
[86] ZfRV 1964, 46 f.
[87] *Welzel*, LB, S. 132; *Armin Kaufmann*, ZfRV 1964, 51.

sichtige und besonnene Förster C, der auf den Wilddieb D schießen will, wird alles andere tun, als an die Vermeidung von Schäden für D zu denken. Das Anheben des Gewehres in Richtung des D würde er nicht als sorgfaltswidrig bezeichnen — er wollte ja den Bruchteil einer Sekunde später den Abzug betätigen. Es erschiene unverständlich, müßte er darauf achten, nicht eher den Abzug zu berühren, bis er des Treffers sicher wäre. Ein solcher Sorgfaltstyp, der seine Entscheidung auch in der anomalen Situation nach einer fiktiven Normalsituation ausrichtet, wäre nicht einsichtig und besonnen. Es gibt in einer konkreten Situation nur eine erforderliche Sorgfalt; man kann nicht trennen zwischen der Verletzung der „an sich erforderlichen" Sorgfalt und einer „gerechtfertigten Sorgfaltswidrigkeit"[88].

Für unsere Untersuchung ist festzustellen, daß das Verhalten des Verletzten auch in diesen Fällen Einfluß auf die Sorgfaltswidrigkeit besitzt. Hat der Verletzte eine Rechtfertigungssituation für den Täter herbeigeführt, so ist dessen Handlung nicht sorgfaltswidrig, soweit die vorhersehbaren Rechtsgutsverletzungen objektiv erforderlich sind, um das „Recht" des Täters durchzusetzen[89].

F. Gemindertes Interesse am Rechtsgüterschutz

I. Allgemeines

Bisher war dargestellt worden, welche rechtsgutsgefährdenden Handlungen wegen ihrer Verkehrsnotwendigkeit für den Verkehr einen so hohen Wert besitzen, daß deshalb die Wahrnehmung der Interessen am Rechtsgüterschutz zurückstehen muß. Nunmehr ist zu prüfen, bei welchen gefährdenden, aber nicht verkehrsnotwendigen Handlungen die betroffenen Interessen am Rechtsgüterschutz für den Verkehr nur einen geringeren als den generellen Wert besitzen, so daß aus diesem Grunde der Wert der — nicht notwendig besonders hochwertigen — Interessen an der Handlungsfreiheit überwiegt[90]. Dazu ist zunächst zu fragen, aus welchen Gründen im Verkehr den Interessen der Rechtsgutsinhaber am Schutz ihrer Rechtsgüter ein solcher Wert zuerkannt wird, daß deshalb gefährdende und nicht verkehrsnotwendige Hand-

---

[88] Vgl. dazu oben S. 85.

[89] Nur anhangsweise sei darauf hingewiesen, daß auch in Situationen, bei denen eine Rechtfertigung vorsätzlicher Handlungen aufgrund des Güterabwägungsprinzips in Betracht käme (z. B.: überges. rechtfertigender Notstand), Gefährdungshandlungen aufgrund einer entsprechenden Güterabwägung verkehrsnotwendig sind (überhöhte Geschwindigkeit des Arztes auf seiner Fahrt zum Eilfall).

[90] Vgl. oben S. 99.

lungen anderer unterbleiben müssen. Eine abweichende und geringere Bewertung dieser Interessen durch den Verkehr kann dann nur darauf beruhen, daß in bestimmten Sachverhalten diese Gründe ganz oder teilweise nicht mehr zutreffen.

Der Wert, den die Interessen der Rechtsgutsinhaber am strafrechtlichen Schutz dieser Güter für den Verkehr besitzen, wird aus zwei Faktoren gebildet: Zunächst einmal hat der Gesetzgeber entschieden, daß bestimmte Güter strafrechtlich geschützt sein sollen. Eine solche strafrechtliche Anerkennung von Rechtsgütern bedeutet zugleich, daß die Interessen der Rechtsgutsinhaber am Bestand und damit am Schutz ihrer Rechtsgüter geschützt werden sollen. Sie reicht aber noch nicht aus, um den Interessen am Rechtsgüterschutz für den Verkehr einen solchen Wert zu verleihen, daß sie den Wert der Interessen an der Handlungsfreiheit überwiegen. Denn zum andern ist es für eine entsprechende Werteinschätzung durch den Verkehr erforderlich, daß solche Interessen der Rechtsgutsinhaber überhaupt existieren und daß die Rechtsgutsinhaber diese Interessen auch selbst wahren. Nur unter dieser Bedingung erscheint es gerechtfertigt, bei der Ordnung des Verkehrs die Interessen am Rechtsgüterschutz höher als die Interessen an der Handlungsfreiheit zu bewerten. Denn eine sinnvolle Ordnung des menschlichen Zusammenlebens kann von den Rechtsgenossen nicht fordern, Interessen anderer Rechtsgenossen am Schutz ihrer Rechtsgüter zu beachten, wenn diese Rechtsgutsinhaber selbst gar keine Interessen haben oder ihre Interessen selbst nicht wahren[91].

Die gesetzliche Anerkennung von Rechtsgütern kann — jedenfalls im Strafrecht — nur durch den Gesetzgeber geändert werden. Wenn also in bestimmten Situationen der Wert der Interessen am Rechtsgüterschutz gemindert ist, so kann der Grund dafür nur im Fehlen oder in der Verletzung der Interessen durch den Rechtsgutsinhaber selbst liegen. Es ist daher zu prüfen, bei welchen Gefährdungshandlungen von einer solchen „Interessenpreisgabe" ausgegangen werden kann.

II. Interessenmangel

Ein Rechtsgutsinhaber hat dann kein Interesse am Schutz seines Rechtsgutes gegenüber einer Gefährdungshandlung, wenn ihm am Bestand und damit am Schutz seines Rechtsgutes nichts liegt, d. h., wenn er selbst keinen Wert darauf legt, daß eine Rechtsgutsverletzung durch die Gefährdungshandlung unterbleibt.

Von einer solchen inneren Einstellung des Rechtsgutsinhabers gegenüber einer Gefährdung seines Rechtsgutes durch die Handlung eines

---

[91] Vgl. *Noll*, ZStW 77, 1 (20), dazu, daß sich ein Rechtsgutsinhaber auch gegen seine Interessen entscheiden kann.

anderen wird man immer dann ausgehen können, wenn der Rechtsgutsinhaber die mögliche Verletzung erstrebt, oder als sichere Nebenfolge der fraglichen Handlung hinnimmt, oder sich mit der Realisierung der Verletzungsmöglichkeit abfindet. Das sind die Sachverhalte, die mit den Fällen der sogenannten „echten" Einwilligung in den Erfolg übereinstimmen. Sie treten allerdings im Bereich der Fahrlässigkeitsdelikte nicht allzu häufig auf.

z. B.:
> A läßt sich von B auf eine schwierige Bergtour mitnehmen, um durch die damit verbundenen Anstrengungen gesundheitlich evtl. so stark beeinträchtigt zu werden, daß er krankgeschrieben werden kann.

Solche Gefährdungshandlungen, denen gegenüber der Rechtsgutsinhaber kein Interesse am Schutz seines Rechtsgutes besitzt, verletzen nicht die im Verkehr erforderliche Sorgfalt: Im Verkehr sind die Interessen der Handelnden durch die Zulassung dieser Handlungen zu wahren, da kollidierende Interessen am Rechtsgüterschutz nicht vorliegen.

III. Interessenverletzung

1. Bei allen anderen gefährdenden Handlungen wird man im Verkehr nicht davon ausgehen können, daß mit den Interessen an der Handlungsfreiheit keine Interessen der Rechtsgutsinhaber am Schutz ihrer Rechtsgüter kollidieren. Denn die Rechtsgutsinhaber werden entweder gar nicht an eine Rechtsgutsverletzung gedacht haben.

z. B.:
> A tritt eine Autofahrt an, ohne bemerkt zu haben, daß der ansonsten zuverlässige Fahrer B angetrunken ist.

Dann ist auch keine Grundlage für eine positive oder negative Interessenreflektion vorhanden. Oder sie werden an eine Rechtsgutsverletzung zwar gedacht, aber auf ihr Ausbleiben vertraut haben.

z. B.:
> A hat den Zustand des B erkannt, nimmt aber an, „daß schon nichts passieren wird".

Eine solche innere Stellungnahme zeigt aber das Interesse am Bestand und damit am Schutz des Rechtsgutes.

Zu prüfen ist jedoch, ob nicht in diesen Fällen eine *Interessenverletzung* des Rechtsgutsinhabers vorliegt. Dazu muß zunächst erörtert werden, wann man davon ausgehen kann, daß ein Rechtsgutsinhaber gegenüber einer gefährdenden Handlung seine Interessen am Schutz seines Rechtsgutes nicht wahrt. Weiter ist zu fragen, welches Maß eine solche Interessenverletzung erreichen muß, damit im Verkehr die Interessen an der Handlungsfreiheit höher zu bewerten sind, als die Interessen am Rechtsgüterschutz.

Die Interessen der Rechtsgutsinhaber am Schutz ihrer Rechtsgüter werden von den Rechtsgenossen dadurch gewahrt, daß sie rechtsgutsgefährdende und nicht verkehrsnotwendige Handlungen unterlassen. Den gleichen Erfolg — also die Wahrung ihrer Interessen am Rechtsgüterschutz — können die Rechtsgutsinhaber selbst aber nur dadurch erzielen, daß *sie* Gefährdungen für ihre Rechtsgüter durch Handlungen anderer zu vermeiden suchen. Eine Interessenverletzung liegt also dann vor, wenn sie diese Gefährdungen nicht verhindern[92]. Nicht jede dieser Interessenverletzungen kann aber so schwerwiegend sein, daß sie für den Verkehr den Wert dieser Interessen entscheidend vermindert. So kann eine Interessenverletzung das Maß der gegenüber einem Rechtsgut erforderlichen Sorgfalt nur dann verringern, wenn der Rechtsgutsinhaber überhaupt die Möglichkeit hatte, die betreffende gefährdende Handlung zu verhindern — sei es, daß er diese Handlung überhaupt verhindern, sei es, daß er es vermeiden konnte, durch diese konkrete Handlung gefährdet zu werden. Denn nur dann, wenn eine solche Einflußmöglichkeit bestand, konnte der Rechtsgutsinhaber seine Interessen überhaupt wahren.

Entweder muß also der Rechtsgutsinhaber durch sein Handeln die Gefährdung seines Rechtsgutes durch die Handlung eines anderen bedingt haben. Oder er muß eine bestimmte Handlung unterlassen haben, bei deren Vornahme er mit an Sicherheit grenzender Wahrscheinlichkeit die Gefährdung seines Rechtsgutes hätte abwenden können. Nur eine solche Handlung oder ein solches Unterlassen können im Verkehr als Interessenverletzung eines Rechtsgutsinhabers bewertet werden. Im folgenden soll dabei von den interessenverletzenden *Handlungen* ausgegangen werden.

2. Die *Möglichkeit*, eine rechtsgutsgefährdende Handlung eines anderen zu verhindern, genügt allein noch nicht, um eine relevante Interessenverletzung anzunehmen. Denn die Rechtsgutsinhaber werden in fast allen Lebenssachverhalten die Möglichkeit gehabt haben, die Gefährdung zu vermeiden. Dürften die Rechtsgenossen dann immer die Gefährdungshandlungen vornehmen, so wären die Rechtsgüter praktisch nicht geschützt.

Es fragt sich daher, welches *Maß an Sorgfalt* die Rechtsgutsinhaber zur Vermeidung von Rechtsgutsverletzungen durch Handlungen Dritter aufzuwenden haben, um nicht ihre Interessen am Schutz ihrer Rechtsgüter zu verletzen. Es geht dabei nicht etwa um eine *Pflicht* zur Sorgfalt gegen sich selbst. Vielmehr handelt es sich um eine *Obliegenheit*[93]:

---

[92] *Münzberg*, S. 305, erkennt es grundsätzlich an, daß der Rechtsgutsinhaber die Schutzwürdigkeit seiner Interessen herabsetzen kann, wenn er einen zumutbaren Selbstschutz nicht ausübt.
[93] *Münzberg*, S. 305: „Obliegenheit des bedrohten Interessenträgers, sich selbst zu schützen".

3. Teil: Die Verletzung der im Verkehr erforderlichen Sorgfalt

Nur dann, wenn die Rechtsgutsinhaber sich in einem bestimmten Maße darum bemühen, Rechtsgutsverletzungen durch Handlungen anderer zu vermeiden, werden ihre Rechtsgüter strafrechtlich geschützt. Oder: Die Rechtsgenossen haben nur dann gefährdende und nicht verkehrsnotwendige Handlungen zu unterlassen, wenn die gefährdeten Rechtsgenossen nicht selbst diese Gefährdungshandlung sorgfaltswidrig mit herbeigeführt haben.

Um die Frage nach dem Sorgfaltsmaßstab für Rechtsgutsinhaber zu beantworten, ist noch einmal kurz auf die Pflichten der Rechtsgenossen im menschlichen Zusammenleben einzugehen: Sie haben alle nicht verkehrsnotwendigen Handlungen zu unterlassen, bei deren Planung es für einen objektiven Beobachter an ihrer Stelle erkennbar gewesen wäre, daß sie damit fremde Rechtsgüter verletzen können. Diese Pflicht trifft sie, um die Interessen der Rechtsgutsinhaber am Schutz ihrer Rechtsgüter zu wahren. Die eben erwähnte Obliegenheit der Rechtsgutsinhaber verfolgt aber dasselbe Ziel, nämlich die Wahrung der Interessen der Rechtsgutsinhaber am Schutz ihrer Rechtsgüter. Dann erscheint es aber sachgerecht, von den Rechtsgutsinhabern zur Erfüllung ihrer Obliegenheit die gleiche Sorgfalt zu erwarten, wie sie von den anderen Rechtsgenossen zur Erfüllung ihrer auf dasselbe Ziel gerichteten Pflicht verlangt wird. Die Rechtsgutsinhaber können also ihre Interessen nur dadurch wahren, daß sie alle nicht verkehrsnotwendigen Handlungen unterlassen, bei deren Planung sie erkannt haben oder es für einen objektiven Beobachter an ihrer Stelle erkennbar gewesen wäre, daß sie damit Verletzungen für ihre Rechtsgüter durch die Handlung eines anderen verursachen können.

Voraussetzung ist dafür allerdings noch, daß sie in den Fällen, in denen sie die Gefährdung nicht erkannt hatten, diese aufgrund ihrer individuellen geistigen Fähigkeiten hätten erkennen können und daß ihnen die Unterlassung ihrer Handlung zumutbar[94] gewesen wäre. Nur unter dieser Bedingung wird man ihnen jedenfalls ihre „Sorgfaltswidrigkeit gegenüber dem eigenen Rechtsgut" zurechnen können.

Unterlassen sie dann ihre Handlung aber nicht, so verletzen sie ihre Interessen am Schutz ihrer Rechtsgüter. Im Verkehr überwiegt dann der Wert der Interessen an der Handlungsfreiheit des Gefährders den Wert der Interessen am Schutz des gefährdeten Rechtsgutes. Die Ge-

---

[94] *Stoll*, S. 43, nennt zur Frage der Zumutbarkeit des Verzichtes auf eine Gefährdung durch einen anderen die zivilrechtliche Entscheidung RG DAR 1932, 89: Eine Lehramtskandidatin war von ihrem betrunkenen Prüfer zu einer Autofahrt aufgefordert worden, bei der es zu einem Unfall kam. Das RG hielt einen Verzicht auf die Teilnahme wegen der beruflichen Abhängigkeit nicht für zumutbar; in der Mitfahrt sah es deshalb keinen Haftungsverzicht. Ähnlich BGH, VRS 16, 81.

F. Gemindertes Interesse am Rechtsgüterschutz

fährdungshandlung verletzt nicht die im Verkehr erforderliche Sorgfalt.

Eine solche Einschränkung der im Verkehr erforderlichen Sorgfalt verteilt die Verantwortung für den Rechtsgüterschutz jedenfalls im Bereich der Fahrlässigkeitsdelikte im gleichen Maß auf Gefährder und Inhaber des gefährdeten Rechtsgutes. Dieses Ergebnis erfährt eine zusätzliche Rechtfertigung, wenn man auf die eingangs dieser Untersuchung angestellten Erörterungen[95] zurückgreift:

Jeder Teilnehmer am menschlichen Zusammenleben ist in der heutigen Zeit Mitglied einer Gefahrengemeinschaft. Zumindest in unserem Kulturkreis kann jeder Mensch heute Opfer eines Fahrlässigkeitsdeliktes werden, morgen selbst als Täter — oft genug eines gleichgearteten Deliktes — in Betracht kommen. Dabei sind Fremd- und Eigengefährdungen durchweg eng miteinander verbunden. Die Gefährdungshandlungen der Rechtsgenossen führen sehr oft nur deshalb zu einer Rechtsgutsverletzung, weil die Rechtsgutsinhaber dazu durch selbstgefährdendes Verhalten beitragen. Unter diesen Umständen ist es nicht richtig, allein den gefährdenden Rechtsgenossen durch das Risiko einer Bestrafung für den Rechtsgüterschutz verantwortlich zu machen, und die Mitwirkung des Rechtsgutsinhabers an dieser Gefährdung nur unter den engen Voraussetzungen einer echten Einwilligung zu berücksichtigen. Vielmehr entspricht es den Gegebenheiten der Gefahrengemeinschaft des menschlichen Zusammenlebens, dem Rechtsgutsinhaber die gleiche Verantwortung für den Schutz seines Rechtsgutes aufzuerlegen.

Nur auf diesem Wege kann auch eine Verbesserung des Rechtsschutzes erreicht werden. Denn selbst Verschärfungen der Sorgfaltsanforderungen, wie sie z. B. der Tendenz des Gesetzgebers im Straßenverkehrsrecht entsprechen, bleiben ohne Erfolg, wenn nicht auch die Rechtsinhaber selbst das ihnen Mögliche dazu beitragen, Gefährdungshandlungen zu vermeiden, die andere begehen könnten.

Noch eine weitere Überlegung spricht für diese Obliegenheit des Rechtsgutsinhabers: Bei den Vorsatzdelikten wird nach ganz einhelliger Meinung die Strafbarkeit (i. w. S.) aufgrund einer bewußten Eigengefährdung des Verletzten nur dann ausgeschlossen, wenn dieser in die Verletzung *eingewilligt*[96] hat. Vorsätzliche Verletzungen bleiben also straflos, wenn bei Täter und Rechtsgutsinhaber *parallele* subjektive Einstellungen zum Erfolg vorliegen. Dann liegt es nahe, bei den Fahrlässigkeitsdelikten mit ihren geringeren intellektuellen und volunta-

---

[95] Siehe oben S. 11. Vgl. auch *Schüler-Springorum*, Honig-Festschrift, S. 214.

[96] Daraus ergeben sich auch die oben (S. 21) beanstandeten Konsequenzen, Einwilligungen in Handlungen als Einwilligungen in den Erfolg zu bewerten.

tiven Anforderungen an den Täter die Sorgfaltswidrigkeit gefährdender Handlungen und damit die Strafbarkeit des Täters nicht erst dann zu verneinen, wenn der Rechtsgutsinhaber in diese Verletzung eingewilligt hat. Vielmehr können dann auch bei den Fahrlässigkeitsdelikten parallele subjektive Einstellungen von Gefährder und Rechtsgutsinhaber zum Erfolg ausreichen, um die Sorgfaltswidrigkeit der Gefährdungshandlung und damit die Strafbarkeit der Verletzung verneinen zu können.

Für den Fahrlässigkeitstäter reicht nun als *subjektive* Einstellung zum Erfolg die objektive Erkennbarkeit des Erfolges aus[97]. Dann muß aber beim Rechtsgutsinhaber, der die Gefährdung verursacht, das Vorliegen einer objektiven und subjektiven — mithin sogar verengten — Vorhersehbarkeit ebenfalls genügen, um die Sorgfaltswidrigkeit zu verneinen[98].

Die unvorsätzliche, aber vermeidbare Mitwirkung eines Rechtsgutsinhabers an einer unvorsätzlichen, aber gleichermaßen vermeidbaren Gefährdungshandlung führt also zu Recht dazu, daß im Verkehr bei dieser Handlung seine Interessen am Rechtsgüterschutz geringer bewertet werden, als die Interessen des Handelnden an der Vornahme dieser Handlung.

3. Nach den bisherigen Erörterungen scheint es für die Sorgfaltswidrigkeit der Gefährdungshandlung letztlich unerheblich zu sein, ob und inwieweit der Rechtsgutsinhaber die Gefährdung tatsächlich erkannt hat bzw. nicht erkannt hat. Das entscheidende Gewicht liegt darauf, ob der Rechtsgutsinhaber die Gefährdung hätte erkennen können. Andererseits scheint es auch bedeutungslos zu sein, ob und in welchem Maße der Täter die von ihm ausgehende Rechtsgutsverletzung erkannt hat. Denn als erstes Element der Sorgfaltswidrigkeit genügt die objektive Erkennbarkeit der Gefährdung. Nach allgemeiner Meinung spielt es aber allenfalls beim Strafmaß eine Rolle, ob der Täter bewußt oder unbewußt fahrlässig gehandelt hat.

Korrekturen sind jedoch dann erforderlich, wenn im Einzelfall ein Rechtsgutsinhaber eine Gefährdung tatsächlich nicht erkannt hat. Kombiniert man einmal die möglichen intellektuellen Einstellungen des Rechtsgutsinhabers und die des Täters zu der gefährdenden Handlung, so lassen sich folgende Gruppen unterscheiden:

(1) Der Rechtsgutsinhaber hat erkannt, daß durch die Handlung des anderen

---

[97] Der subjektive Bezug ist darin begründet, daß die Erkennbarkeit ein nomologisches Urteil über die dem Täter bekannten realen Umstände ist (vgl. oben S. 89).

[98] Auf die Möglichkeit, mit einer solchen „Parallelwertung" bei einer dogmatischen Berücksichtigung des „Opferverhaltens" zu arbeiten, hat *Schüler - Springorum* hingewiesen (Honig-Festschrift, S. 210).

F. Gemindertes Interesse am Rechtsgüterschutz

sein Rechtsgut mit einer gewissen Wahrscheinlichkeit verletzt werden kann.

(A) Der Täter hat seinerseits erkannt, daß seine Handlung das fremde Rechtsgut verletzen kann.

(B) Der Täter hat dies nicht oder nicht zutreffend erkannt.

(2) Der Rechtsgutsinhaber hat nicht oder nicht zutreffend erkannt, daß durch die Handlung des anderen sein Rechtsgut verletzt werden kann.

(C) Der Täter hat erkannt, daß seine Handlung das fremde Rechtsgut verletzen kann.

(D) Der Täter hat nicht oder nicht zutreffend erkannt, daß seine Handlung das fremde Rechtsgut verletzen kann.

Besitzt der Rechtsgutsinhaber den gleichen oder einen besseren Überblick über die Gefährdung als der Gefährdende, so ergeben sich keine Bedenken, die Sorgfaltswidrigkeit der gefährdenden Handlung zu verneinen. Täter und Rechtsgutsinhaber haben von intellektuellen Grundlagen aus zu der gefährdenden Handlung Stellung genommen, die miteinander vergleichbar sind oder die für den Rechtsgutsinhaber sogar die bessere Basis darstellen. Handelt der Rechtsgutsinhaber trotzdem, so hat er sich mindestens im selben Maße wie der Täter sorgfaltswidrig gegenüber seinem eigenen Rechtsgut verhalten. In den Fällen A, B und D können im Verkehr also zu Recht die Interessen am Rechtsgüterschutz geringer als die Interessen an der Handlungsfreiheit des Gefährders bewertet werden.

Anders muß es aber beurteilt werden, wenn der Rechtsgutsinhaber nicht oder nicht zutreffend erkannt hat, daß er mit seiner Handlung sein Rechtsgut gefährdet, während der Täter die Gefährdung zutreffend beurteilt hat. Im Fall C handelt der Rechtsgutsinhaber auf einer intellektuellen Basis, die der des Gefährders unterlegen ist; der Handelnde besitzt den größeren Überblick über die Folgen seines Tuns. Deshalb kann in diesem Fall im Verkehr nicht davon ausgegangen werden, daß der Rechtsgutsinhaber sich seinem Rechtsgut gegenüber im selben Maße sorgfaltswidrig verhält wie der Täter. Diese intellektuelle Unterlegenheit des Rechtsgutsinhabers ist vielmehr ein tatsächlicher Umstand, der die Sorgfaltspflicht des Täters beeinflußt.

Hat also der Rechtsgutsinhaber die Gefährdung im Gegensatz zum Täter nicht oder nicht im gleichen Maß wie der Täter erkannt, so verletzt die gefährdende Handlung die im Verkehr erforderliche Sorgfalt. Es kann dann nicht darauf ankommen, ob der Rechtsgutsinhaber die Gefährdung hätte erkennen können.

z. B.:
A steigt zu dem angetrunkenen B in das Auto. B erkennt trotz seiner geminderten Einsichtsfähigkeit die von ihm ausgehende Rechtsgutsgefährdung. Er verhält sich so, daß auch A die Trunkenheit und die Gefährdung hätte erkennen können.

A äußert aber gegenüber B seine Zufriedenheit darüber, daß dieser strikter Alkoholgegner sei und ihn somit sicher befördern werde. Er hat also die auf der Fahruntüchtigkeit des B beruhende Gefährdung im Gegensatz zu B nicht erkannt.

Der Antritt der Fahrt durch B ist sorgfaltswidrig. Es spielt keine Rolle, daß A die Gefährdung hätte erkennen können.

Durch diese Voraussetzung für eine relevante Interessenverletzung wird auch der mögliche Einwand ausgeräumt, daß mit einer Einschränkung der Sorgfaltspflicht bei einer Eigengefährdung des Rechtsgutsinhabers die Sorglosigkeit im Verkehr gefördert werde.

Denn ein Rechtsgenosse kann sich nicht darauf verlassen, daß die betroffenen Rechtsgutsinhaber sich selbst gegenüber sorgfaltswidrig verhalten, und deshalb „hemmungslos" gefährden. Soweit er bewußt riskant handelt — und das wären die anstößigen Fälle — trägt er das Risiko, daß die Rechtsgutsinhaber sich *dieser* Gefährdung nicht bewußt aussetzen. Sein Handeln bleibt dann sorgfaltswidrig. Macht er sich dagegen gar keine Gedanken, so ist *einmal* sehr fraglich, ob diese Sorglosigkeit von einem latenten Wissen um die Straflosigkeit gefährdenden Handelns bei Interessenverletzungen herrührt. Nur dann wäre ein Zusammenhang zwischen strafbefreiender Wirkung von Interessenverletzungen und sorgloserem Verhalten der Rechtsgenossen zu erkennen. *Zum andern* trägt er auch hier das Risiko der Bestrafung — denn es besteht ja immer die Möglichkeit, daß der gefährdete Rechtsgutsinhaber die Gefährdung gar nicht erkennen konnte, oder sich seinerseits aus verkehrsnotwendigen Gründen der Gefährdung aussetzte oder daß es ihm nicht zumutbar war, diese Eigengefährdung zu unterlassen.

Die hier vertretenen Konsequenzen einer vermeidbaren Eigengefährdung können also nicht dazu führen, daß die Rücksichtnahme auf andere im heutigen Zusammenleben wesentlich zurückgeht: Das ist auch *Schüler - Springorum* entgegenzuhalten, der einen Lösungsweg wie den hier aufgezeichneten gerade bei Fahrlässigkeitsdelikten für diskutabel hält[99], aber grundlegende Bedenken wegen einer zu weiten Einschränkung des Rechtsgüterschutzes erhebt[100]. Die Einschränkung der Sorgfaltspflichten bei Interessenverletzungen gefährdeter Rechtsgenossen führt also nicht zu dieser mißlichen Konsequenz. Sie ermöglicht vielmehr eine gerechte Verteilung der Lasten, die den Fortschritt begleiten.

4. Somit läßt sich als Ergebnis festhalten:

a) Eine gefährdende Handlung verletzt wegen einer Interessenverletzung des Rechtsgutsinhabers dann nicht die im Verkehr erforderliche

---

[99] Honig-Festschrift, S. 210 u. 214.
[100] a.a.O., S. 210.

F. Gemindertes Interesse am Rechtsgüterschutz

Sorgfalt, wenn der Rechtsgutsinhaber ohne Verkehrsnotwendigkeit diese Gefährdung verursacht hat und wenn

(1) er die mit der fraglichen Handlung verbundene Gefährdung zutreffend erkannt hat oder

(2) er und der Gefährdende die mit dieser Handlung verbundene Gefährdung nicht zutreffend erkannt haben, der Rechtsgutsinhaber diese Gefährdung aber zutreffend hätte erkennen können.

Außerdem muß es dem Rechtsgutsinhaber zumutbar gewesen sein, seine Verursachungshandlung zu unterlassen.

b) Auf die voluntativen Beziehungen des Rechtsgutsinhabers zum drohenden Erfolg kommt es dabei nicht an. Sofern er die Gefährdung zutreffend erkannt hat, kommt als „Interessenverletzung" sowieso nur der Fall infrage, daß der Rechtsgutsinhaber auf den Nichteintritt des Erfolges vertraut hat. Denn die Fallgestaltungen, in denen er bei zutreffender Erkenntnis der Gefährdung den Erfolg erstrebte, als sichere Nebenfolge seiner Handlung hinnahm oder in denen er sich mit dem möglichen Eintritt des Erfolges abfand, waren bereits unter dem Gesichtspunkt des „Interessenmangels" erfaßt worden.

Hat der Rechtsgutsinhaber die Gefährdung dagegen nicht oder nicht zutreffend erkannt, so können seine voluntativen Einstellungen zum Erfolg schon deshalb nicht berücksichtigt werden, weil sie auf einer verfehlten intellektuellen Grundlage beruhen.

c) In der ersten Sachverhaltsgruppe — zutreffende Erkenntnis der Gefährdung durch den Rechtsgutsinhaber — sind die Fallgestaltungen einzuordnen, bei denen h. L. und Rechtsprechung die Zustimmung des Verletzten zur Handlung als Einwilligung in den Erfolg bewerten. Auf die Fragwürdigkeit dieser Konstruktion war schon hingewiesen worden[101]. Die hier entwickelte Lösung entspricht dagegen den realen Gegebenheiten. Der strafrechtliche Schutz wird nicht wegen einer fingierten Einwilligung, sondern deshalb verwehrt, weil der Rechtsgutsinhaber die mit der fraglichen Handlung für ihn verbundene Gefährdung vermeidbar verursacht und damit seine Interessen am Rechtsgüterschutz verletzt hat.

Das Motiv zu seinem Verhalten wird zwar oft sein Vertrauen darauf gewesen sein, daß der mögliche Erfolg nicht eintritt. Das muß aber im Verkehr genauso unberücksichtigt bleiben, wie entsprechende innere Einstellungen des Täters nicht dazu führen können, ihn vom Vorwurf der bewußten Fahrlässigkeit zu entlasten.

z. B.:
(1) A läßt sich vom B in dessen Kraftfahrzeug mitnehmen. A weiß, daß B angetrunken ist, daß es infolge trunkenheitsbedingter Fehlreaktionen des

---
[101] Siehe oben S. 21 ff.

B leicht zu einem Unfall kommen kann und daß er (A) dabei verletzt werden kann. Er vertraut aber darauf, daß nichts passiert (Frank'sche Formel: es wird schon nicht).

B verletzt weder durch den Antritt der Fahrt noch durch einzelne trunkenheits-„adäquate" Fahrfehler die A gegenüber im Verkehr erforderliche Sorgfalt, da dieser gegenüber diesen Gefährdungshandlungen seine Interessen am Rechtsgüterschutz verletzt hat.

(2) Ebenso verletzt ein Kraftfahrer dann nicht durch Fahrfehler die im Verkehr erforderliche Sorgfalt gegenüber anderen Insassen seines Wagens, wenn diese wissen, daß der Fahrer in besonderem Maße zu diesen Fahrfehlern (riskantes Überholen, überhöhte Geschwindigkeit, Nichtbeachtung der Vorfahrt) neigt, trotzdem aber mitfahren.

Hier ist der richtige Ansatzpunkt zur Lösung der Frage, ob bei *Gefälligkeitsmitnahmen* — insbesondere bei der Mitnahme von Ehefrauen und nahen Verwandten — der Sorgfaltsmaßstab gemindert ist[102]. Kennen die Mitgenommenen bestimmte gefährdende Fahrgewohnheiten des Lenkers, so verletzen sie durch ihre Mitfahrt ihre Interessen am Rechtsgüterschutz gegenüber den entsprechenden gefährdenden Handlungen: der Fahrer verletzt durch diese Handlungen ihnen gegenüber nicht die im Verkehr erforderliche Sorgfalt. *Aus diesem Grunde* kann es bei Gefälligkeitsmitnahmen tatsächlich öfter zu einer Minderung der Sorgfaltspflicht kommen, da die Mitgenommenen oft „den Fahrer kennen"[103]. Keineswegs ist aber bei Gefälligkeitsmitnahmen der Sorgfaltsmaßstab generell eingeschränkt: wer seine Interessen nicht verletzt, darf auch bei kostenloser Gefährdung nicht einem Sonderrecht unterstellt werden: ihm gegenüber ist die gleiche Sorgfalt aufzuwenden, wie gegenüber einem Zahlkunden oder Außenstehenden.

d) Wie schon eingangs dieser Untersuchung erwähnt, werden in vielen Lebenssachverhalten die Rechtsgutinhaber die konkrete Gefährdung nicht oder nicht zutreffend erkannt haben; es fehlt dann das Gefährdungsbewußtsein. Gerade für diese Fälle gewinnt die hier entwickelte Lösung erhebliche Bedeutung, da für einen Strafausschluß nicht mehr das Gefährdungsbewußtsein als vorhanden unterstellt zu werden braucht. Immer dann, wenn der gefährdete Rechtsgutinhaber die Gefährdung hätte erkennen und vermeiden können, verletzen die Gefährder nicht die im Verkehr erforderliche Sorgfalt[104]. Nur wenn feststeht, daß der Gefährdende im Gegensatz zum Rechtsgutinhaber die Gefährdung tatsächlich nicht erkannt hat, bleibt der Rechtsgutinhaber strafrechtlich geschützt, auch wenn er die Gefährdung zutreffend hätte erkennen können.

---

[102] Das wird z. B. bejaht von *Stoll*, S. 302; *Beitzke*, MDR 1958, 678; *Schöpe*, MDR 1963, 452; RG JW 1967, 388 (wer von einer Gefälligkeit Gebrauch mache, müsse sie nehmen, wie sie geboten werde). Dagegen ausdrücklich BGH, VRS 9, 94; *Boehmer*, MDR 1958, 896; *Larenz*, Schuldrecht II, S. 547.

[103] Nur die „bekannten" Nachlässigkeiten fallen darunter — andere Fahrfehler nicht.

[104] Zu einem ähnlichen Ergebnis — allerdings im Bereich der Einwilligung — kommen *Baumann* und *Rost* bei „offenkundigen Gefahren" (vgl. dazu oben, S. 25).

F. Gemindertes Interesse am Rechtsgüterschutz

Diese Regelung bringt für den Rechtsgenossen die Notwendigkeit mit sich, Inhaber von Rechtsgütern, die er mit seiner Handlung gefährdet, über diese Gefährdung aufzuklären: Nur dann kann er sicher sein, daß er gegenüber einem Rechtsgutsinhaber, der sich der Gefährdung aussetzt, nicht die im Verkehr erforderliche Sorgfalt verletzt.

z. B.:

(1) A bittet den Kanusportler B, ihn auf einer Wildwasserfahrt mitzunehmen. Zwar sind auch für einen Laien die mit einem solchen Unternehmen verbundenen Gefährdungen nicht unerkennbar. B wird aber sicher mit diesen Gefährdungen vertraut sein, während bei A durchaus falsche Vorstellungen über den tatsächlichen Schwierigkeitsgrad vorhanden sein können. Deshalb wird es sich für B empfehlen, den A entsprechend aufzuklären. Erst dann kann die Mitfahrt des A als Interessenverletzung angesehen werden. Durch die Mitnahme des A verletzt B dann nicht die im Verkehr erforderliche Sorgfalt.

(2) Der LKW-Fahrer C nimmt seinen Kollegen D auf der Ladefläche seines LKW mit, obwohl der Wagen keine Haltevorrichtungen für Personen besitzt. Haben sich beide keine Gedanken über die Gefährdung gemacht, die mit dieser Fahrt für D verbunden ist, so handelt C nicht sorgfaltswidrig: die intellektuellen Grundlagen sind gleich und D hätte die Gefährdung erkennen und vermeiden können[105].

(3) Der Schaustellergehilfe E verletzt die im Verkehr erforderliche Sorgfalt, wenn er den völlig betrunkenen F oder das 5jährige Kind G die Schiffsschaukel allein besteigen läßt. Denn diese Rechtsgutsinhaber können die mit ihrem Zustieg für sie verbundenen Gefährdungen nicht zutreffend erkennen.

IV. Gemeinsame Probleme der „Interessenpreisgabe"

Sowohl in den Fällen des Interessenmangels als auch in den Sachverhalten der Interessenverletzung müssen Besonderheiten beachtet werden, die im folgenden erörtert werden.

1. Der Kreis der Rechtsgutsinhaber, die ihre Interessen preisgeben können.

Nicht jeder Rechtsgutsinhaber kann die Sorgfaltspflicht, die im Verkehr von anderen Rechtsgenossen zu beachten ist, durch sein Verhalten beeinflussen. Der Kreis der in Betracht kommenden Rechtsgutsinhaber wird schon dadurch eingeschränkt, daß der Rechtsgutsinhaber in der Lage sein muß, aufgrund seiner geistigen Fähigkeiten die mit seiner Handlung verbundene Gefährdung durch die Handlung eines anderen zutreffend zu erkennen[106]. Der Rechtsgutsinhaber muß aber auch nach seiner sittlichen Entwicklung imstande sein, die Konsequenzen richtig zu bewerten, die mit den Eingriffen in seine Rechtsgüter zusammen-

---

[105] Siehe zu diesem Beispiel oben S. 24 mit Anm. 73.
[106] Vgl. dazu oben S. 120.

hängen. Nur dann darf im Verkehr davon ausgegangen werden, daß für den Rechtsgutsinhaber in bestimmten Situationen überhaupt Anlaß besteht, die Folgen bestimmter Umstände für seine Rechtsgüter zu bedenken und ggf. sein Handeln danach auszurichten.

z. B.:
> Ein technisch interessierter Zehnjähriger kann durchaus die möglichen Folgen einer Mitfahrt in einem Kraftfahrzeug ohne Bremsen zutreffend erkennen. Im Zweifel wird er aber noch nicht ermessen können, welche nachteiligen Konsequenzen für sein späteres Leben bei einer schweren Verletzung eintreten können. Steigt er in das defekte Fahrzeug ein, so verletzt der Fahrer die ihm gegenüber diesem Kind abzuverlangende Sorgfaltspflicht.

Feste Regeln können nicht aufgestellt werden. Es kommt immer auf den Einzelfall an. Die Geschäftsfähigkeit des BGB ist ohne Bedeutung. Denn die eigene — sogar unbewußt mögliche — Interessenverletzung ist keine Rechtshandlung, die eine entsprechende Anwendung der §§ 105 ff. BGB fordert[107].

2. Die konkrete Erkennbarkeit der vermeidbaren Gefährdung.

Eine relevante Interessenverletzung liegt — wie oben dargestellt — nur dann vor, wenn dem Rechtsgutsinhaber *die* Gefährdung bekannt oder erkennbar war, die seinem Rechtsgut aufgrund einer konkreten Handlung eines anderen drohte. Es ist daher immer sorgfältig zu prüfen, ob der Rechtsgutsinhaber die Gefährdung in ihrem konkreten Kausalverlauf erkennen konnte und ob seine Bedingungssetzung als Interessenpreisgabe gegenüber *dieser* Gefährdung angesehen werden kann.

z. B.:
> A will die Geschwindigkeit seines neuen Motorrades testen. B soll als Sozius mitfahren. Es ist ihm erkennbar, daß es infolge der ggf. zu hohen Geschwindigkeit mit erhöhter Wahrscheinlichkeit zu einem Unfall kommen kann. Trotzdem fährt er mit. Dann verletzt A nicht die im Verkehr erforderliche Sorgfalt, wenn er auf Kosten der Sicherheit zu schnell fährt. Kommt es infolge der Geschwindigkeit zu einem Unfall — A kann einem plötzlichen Hindernis nicht mehr ausweichen oder verliert wegen plötzlicher Straßenglätte die Gewalt über das Fahrzeug, was bei mäßiger Geschwindigkeit nicht passiert wäre —, so hat A bez. der etwaigen Verletzung des B nicht die im Verkehr erforderliche Sorgfalt verletzt[108].

---

[107] *Hellmuth Mayer*, S. 167; *Lenckner*, ZStW 72, 446 (455 f.), und *Schönke - Schröder*, Vorbem. § 51 RZ 39, sehen in der rechtfertigenden Einwilligung eine Rechtshandlung. Diese Frage kann dahingestellt bleiben. Die hier vertretene Lösung stützt sich gerade nicht auf einen „Rechtsschutzverzicht", für den man durchaus gewisse altersmäßige Voraussetzungen fordern könnte. *Schroeder*, S. 31, nimmt an, daß mindestens bis zum 12. Lebensjahr das Bewußtsein entsprechender Gefahren fehlen wird. Diese Untergrenze erscheint realistisch, obwohl es auch hier auf den Einzelfall ankommt.

[108] Beispiel von *Bechtold* (S. 173 f.), der damit zeigen will, daß eine *Einwilligung* des Verletzten nicht die ihm gegenüber erforderliche Sorgfalt be-

Fährt A jedoch nicht nur mit übermäßiger Geschwindigkeit, sondern auch noch besonders riskant — er läßt den Lenker los, schneidet andere Fahrzeuge — so hat B gegenüber diesen Gefährdungshandlungen nicht seine Interessen verletzt: sie waren für ihn nicht erkennbar. Selbst wenn man die Möglichkeit solchen Fehlverhaltens als voraussehbar ansehen würde, so läge keine Interessenpreisgabe vor — insoweit kann sich B auf den Vertrauensgrundsatz berufen.

Ebenso wird bei Trunkenheitsfahrten nur gegenüber *den* Gefährdungen eine Interessenpreisgabe festzustellen sein, die auch bei Beachtung der üblichen Sorgfalt als typische Trunkenheitsfolgen auftreten (verspätete Reaktionen z. B.). Denn die Mitgenommenen werden — insbesondere bei nur geringfügig beeinträchtigter Fahrtüchtigkeit — oft zu Recht darauf vertrauen dürfen, daß der Fahrer ansonsten vorsichtig fährt und die Verkehrsregeln beachtet. Insoweit liegt dann bei ihnen keine relevante Interessenpreisgabe vor. Die Sorgfaltswidrigkeit gefährdender Handlungen entfällt nur bei den trunkenheitsadäquaten Gefährdungen[109].

Lassen allerdings konkrete Anhaltspunkte erkennen, daß der Fahrer sich leichtsinnig verhalten, Verkehrszeichen mißachten oder mit überhöhter Geschwindigkeit fahren wird, so kann auch gegenüber diesen Gefährdungen eine relevante Interessenverletzung vorliegen.

Entscheidend ist in allen Fällen, *welche* Kausalverläufe erkennbar waren und welche *davon* ohne Verkehrsnotwendigkeit vom Gefährdeten verursacht worden sind.

3. Sittenwidrige und lebensgefährdende Handlungen.

Nicht bei allen Fahrlässigkeitstatbeständen, die Rechtsgüter des Einzelnen schützen, kann ohne weiteres angenommen werden, daß bei einem Interessenmangel oder bei einer Interessenverletzung der Rechtsgutsinhaber die Sorgfaltswidrigkeit der Gefährdungshandlung zu verneinen ist. Insbesondere ist zu prüfen, ob und wieweit die Bestimmung des § 226 a StGB Einfluß auf die Sorgfaltspflichten bei Interessenpreisgaben hat[110]. Mit diesem Problem ist eng die Frage verbunden, ob auch der Tatbestand des § 222 StGB aufgrund einer Interessenverletzung oder wegen eines Interessenmangels des Rechtsgutsinhabers ausgeschlossen sein kann.

---

einflussen kann. Seiner Meinung nach habe im gen. Fall der B dem A nicht gestattet, unsorgfältig zu fahren. Vielmehr würde er gerade angesichts der erhöhten Gefährdung (!) Wert auf möglichst sorgfältiges Fahren gelegt haben, so daß die objektive Sorgfaltspflicht nicht gemindert sei (S. 174). Dieser Ansicht kann man aber nur insoweit folgen, daß B nicht in sonstige Fahrfehler eingewilligt hat. In den Fahrfehler, der in der überhöhten Geschwindigkeit zu sehen ist, hat er aber ausdrücklich eingewilligt. Insoweit hat B also keinen Wert auf sorgfältiges Fahren gelegt. Nur diese Alternative kann Bechtold sinnvollerweise gemeint haben, so daß seine Meinung nicht verständlich ist.

[109] Ein Schluß auf die Trunkenheit als Ursache des Fahrfehlers wird zwar immer nahe liegen; trunkenheitsunabhängige Fahrfehler sind jedoch nicht selten: Fehler, die der Fahrer auch in nüchternem Zustand zu machen pflegt.

[110] Nach h. M. gilt § 226 a auch für die fahrlässige Körperverletzung; *Bechtold*, S. 86; *Lackner - Maassen*, § 226 a, Anm. 1; *Maurach*, LB BT, S. 82 f.; *Mezger - Blei*, StuB II, S. 46; *LK - Schäfer*, § 226 a, Anm. I; *Schönke - Schröder*, § 226 a, RZ 1; BGHSt 17, 359.

a) Aus § 226 a StGB ergibt sich, daß der Einzelne zwar über sein Rechtsgut „körperliche Integrität" verfügen darf, daß aber ein Verzicht auf Rechtsschutz bei den Verletzungshandlungen unbeachtlich ist, die gegen die guten Sitten verstoßen.

Ein Verzicht auf Rechtsschutz für ein Rechtsgut oder eine Disposition über das Rechtsgut liegen aber nur dann vor, wenn der Rechtsgutsinhaber bewußt über sein Rechtsgut verfügt. Demnach können aufgrund der Vorschrift des § 226 a nur solche Eigengefährdungen des Rechtsgutsinhabers unbeachtlich sein, bei denen er gegenüber einer sittenwidrigen Gefährdungshandlung in die Verletzung einwilligte. Das sind die Sachverhalte des „Interessenmangels".

Gefährdungshandlungen, die gegen die guten Sitten verstoßen, verletzen also kraft gesetzlicher Bestimmung des § 226 a auch bei einem Interessenmangel die im Verkehr erforderliche Sorgfalt. Damit ist aber noch nichts zu der Frage ausgesagt, ob Gefährdungshandlungen wegen Sittenwidrigkeit auch dann verboten sind, wenn der Rechtsgutsinhaber seine Interessen am Rechtsgüterschutz gegenüber dieser Handlung „verletzt" hat. Denn in den Fallgruppen der Interessenverletzung verfügt ja der Rechtsgutsinhaber gerade nicht bewußt über sein Rechtsgut, so daß § 226 a keine Bedeutung besitzt.

Gleichwohl können sittenwidrige Gefährdungshandlungen auch bei entsprechenden Interessenverletzungen nicht zugelassen werden. Denn eine Gefährdungshandlung, die gegen die guten Sitten verstößt, kann bei der Ordnung des menschlichen Zusammenlebens unter keinem Gesichtspunkt anerkannt werden. Den Interessen an der Handlungsfreiheit kann wegen dieses zusätzlichen Unwertes der Gefährdungshandlung im Verkehr überhaupt kein Wert zuerkannt werden. Bei der hier vorzunehmenden Abwägung zwischen den Interessen an der Handlungsfreiheit und den Interessen am Rechtsgüterschutz überwiegen deshalb die Interessen am Rechtsgüterschutz auch dann, wenn deren Wert durch eine Interessenverletzung für den Verkehr gemindert ist.

Gefährdungshandlungen, die gegen die guten Sitten verstoßen, verletzen also auch bei einer Interessenverletzung des Rechtsgutsinhabers die im Verkehr erforderliche Sorgfalt.

b) Eine Rechtfertigung aufgrund einer Einwilligung des Verletzten wird bei § 222 StGB nach ganz überwiegender Meinung nicht für möglich gehalten. Man folgert aus § 216 StGB, daß ein besonderes schutzwürdiges Interesse der Allgemeinheit am Leben des Einzelnen besteht[111]. Diese Ansicht ordnet das Rechtsgut „menschliches Leben" zwei

---

[111] BGHSt 4, 88 (93); BGH, DAR 1959, 301; BayObLG, VRS 13, 272; *Dalcke - Fuhrmann - Schäfer*, § 222, Anm. 2 d; *Mahling*, S. 76; *Schönke - Schröder*, § 222, RZ 3, anders aber für Lebensgefährdung, § 59, RZ 167; *Dreher*, § 222, Anm. 3; *Welzel*, LB, S. 98.

Inhabern zu: dem Menschen selbst und der Allgemeinheit. Oft wird aber eine Wirkung der Einwilligung bei § 222 auch mit der Begründung abgelehnt, das Leben sei ein Rechtsgut, auf dessen Schutz der Einzelne nicht verzichten könne[112]. Weiter wird darauf hingewiesen, daß eine dem § 226 a entsprechende Vorschrift bei der fahrlässigen Tötung fehle[113].

Dagegen hält es *Keßler* nicht für möglich, entscheidende Schlüsse aus § 216 zu ziehen, da diese Bestimmung auf Fahrlässigkeitsdelikte nicht übertragen werden könne[114]. Ähnlich meint *Bechtold*, daß § 216 deshalb nicht herangezogen werden dürfe, weil der Verletzte nicht in den Erfolg eingewilligt habe. Es liege eine Einwilligung in eine gefährliche Handlung vor, gegen deren Wirksamkeit das Gesetz nichts aussage[115]. *Schröder* läßt zwar die Einwilligung bei § 222 nicht rechtfertigen[116], bezeichnet sie aber andererseits als Grund für die Rechtfertigung auch einer lebensgefährdenden Handlung, da sie ein „erlaubtes Risiko" schaffe[117].

Die Frage, ob bei den Tötungstatbeständen — insbesondere bei § 222 — das geschützte Rechtsgut mehreren Inhabern zusteht, ist für unsere Untersuchung erheblich. Denn dann könnte das Verhalten des Einzelnen nicht ausreichen, um als Interessenverletzung die Sorgfaltspflichten gegenüber diesem Rechtsgut zu beeinflussen. Nimmt man dagegen an, daß in den Tötungstatbeständen das Rechtsgut „Leben" nur dem Einzelnen zusteht, so stellt sich die Frage, wieweit eine Dispositionsbeschränkung des Rechtsgutsinhabers über sein Rechtsgut besteht und ob dadurch auch der mögliche Einfluß seines Verhaltens auf Sorgfaltspflichten anderer eingeschränkt ist.

Die Allgemeinheit besitzt zwar ein großes Interesse an der Existenz des Rechtsgutes „menschliches Leben". Dieses Interesse hat aber seinen Niederschlag darin gefunden, daß das Menschenleben als Rechtsgut deklariert ist und mit besonders hohen Strafdrohungen beschützt wird. Es besteht kein Anlaß, etwa zu einer weiteren Sicherung dieses Interesses die Allgemeinheit als Mitinhaber dieses Rechtsgutes anzusehen. Das verträgt sich nicht mit dem Wesen des Lebens als höchstpersönliches Rechtsgut.

---

[112] *Baumann*, LB, S. 306; *Geerds*, ZStW 72, 61; *Maurach*, LB AT, S. 553; *Mezger - Blei*, StuB I, S. 124; *Renner*, S. 36; ablehnend auch *Hansen*, der das Menschenleben für höherwertig als das Selbstbestimmungsrecht eines Menschen ansieht (S. 56).
[113] BGHSt 4, 88 (93); BayObLG, VRS 13, 272.
[114] S. 98.
[115] S. 181 (im Anschluß an Stellrecht, S. 65 ff.).
[116] *Schönke - Schröder*, § 222, RZ 3.
[117] *Schönke - Schröder*, § 59, RZ 167 f.

132   3. Teil: Die Verletzung der im Verkehr erforderlichen Sorgfalt

Dagegen muß eine besondere Dispositionsbeschränkung des einzelnen Menschen über sein Leben anerkannt werden. Denn § 216 besagt eindeutig, daß der Einzelne nicht mit strafbefreiender Wirkung für den Täter auf Rechtsschutz für sein Leben verzichten kann. Der Rechtsgutsinhaber darf also nicht durch Dritte bewußt über sein Leben verfügen. Willigt er gegenüber lebensgefährdenden Handlungen in seinen Tod ein („Interessenmangel"), so ist das unbeachtlich; die lebensgefährdende Handlung verletzt trotzdem die im Verkehr erforderliche Sorgfalt.

Damit ist jedoch noch nichts darüber entschieden, ob der einzelne Rechtsgutsinhaber nicht durch ein Verhalten, das sich als „Interessenverletzung" darstellt, die den anderen Rechtsgenossen gegenüber seinem Leben obliegenden Sorgfaltspflichten beeinflussen kann. Denn in den als Interessenverletzung zu bewertenden Sachverhalten stellt ja der Rechtsgutsinhaber gerade nicht sein Leben zur Disposition. Die Vorschrift des § 216 ist also hier nicht einschlägig[118]. Insoweit kann *Keßler* und *Bechtold* gefolgt werden, wenn sie auch einen etwas anderen Ausgangspunkt gewählt haben[119].

Ein besonderer Handlungsunwert, der über den durch die Rechtsgutsgefährdung geprägten Unwert hinausgeht, liegt im Gegensatz zu den sittenwidrigen rechtsgutsgefährdenden Handlungen nicht vor. Auch die Interessen an der Vornahme lebensgefährdender Handlungen können also ggf. die wegen einer Interessenverletzung herabgesetzten Interessen am Rechtsgüterschutz überwiegen. Mit anderen Worten: Soweit es nicht um die vom Dispositionsverbot erfaßten Sachverhalte geht, kann die Pflicht zur Sorgfalt auch gegenüber dem Rechtsgut „Leben" eingeschränkt sein. So besteht ja beispielsweise keine Pflicht, lebensgefährdende Handlungen zu unterlassen, wenn sie verkehrsnotwendig sind[120].

Die „Interessenverletzung" kann also auch bei der Frage nach der Sorgfaltswidrigkeit lebensgefährdender Handlungen berücksichtigt werden: nur für die Fälle des „Interessenmangels" greift das *Dispositionsverbot* ein.

Eine Einschränkung ist jedoch zu beachten: Es war eben festgestellt worden, daß ein relevanter Wert der Interessen an der Handlungsfrei-

---

[118] Zwar besagt § 216 StGB, daß „nicht einmal eine Tötung auf Verlangen" gerechtfertigt sei. Daraus kann aber nur geschlossen werden, daß eine Tötung mit bloßer Einwilligung „erst recht" strafbar bleibt. Eine weitere Folgerung a maiore ad minus, wonach das Opfer durch bloße Nachlässigkeit die Strafbarkeit des Täters dann überhaupt nicht beeinflussen könnte (in diese Richtung BayObLGSt 1957, 75) verkennt den Unterschied zwischen irrelevanter bewußter Aufopferung des eigenen Lebens und Situationsumstand, der die konkrete Sorgfaltspflicht prägt.

[119] Siehe oben S. 131; im Ergebnis auch *Schönke - Schröder*, § 59, RZ 167.

[120] So *Schönke - Schröder*, § 59, RZ 167, beim „erlaubten Risiko"; § 59, RZ 168, bei der „sozialen Adäquanz"; *Zipf*, S. 101, bei der „Sozialadäquanz".

heit immer dann fehlt, wenn die Gefährdungshandlung gegen die guten Sitten verstößt. Dann sind die Interessen am Rechtsgüterschutz immer vorrangig. Das gilt dann aber auch bei lebensgefährdenden Handlungen. Gerade lebensgefährdende Handlungen werden deshalb häufig trotz einer Interessenverletzung durch den Rechtsgutsinhaber selbst die im Verkehr erforderliche Sorgfalt verletzen, da sie oft gegen die guten Sitten verstoßen werden[121].

Durch diesen Lösungsweg scheint der gefährdende Rechtsgenosse dann schlechter gestellt zu sein, wenn der gefährdete Rechtsgenosse in die Tötung eingewilligt hat, als wenn dieser sich nur vermeidbar der Möglichkeit einer — ungewollten — Tötung aussetzte. Diese Konsequenz scheint aber nur auf den ersten Blick unbillig zu sein. Einmal hat sich der Gesetzgeber gerade gegen die Anerkennung der *Einwilligung* des Getöteten in die Tötung ausgesprochen: das „Wollen" des Todes durch die Handlung eines anderen soll unbeachtlich sein. Denn es widerspricht der Rechtsordnung im besonderen Maße, bewußt andere zur Tötung zu veranlassen und in hohe moralische Schuld zu führen. Zum andern werden die Fälle, in denen jemand bewußt den Tod durch die unvorsätzliche Handlung eines anderen sucht, sehr selten sein. Entweder sind diese Eigengefährdungen grob unvernünftig, so daß sie gar nicht vorhersehbar sind. Dann ist die Handlung des anderen gar nicht gefährdend. Oder die Gefährdungshandlung wird häufig gegen die guten Sitten verstoßen, so daß sie aus diesem Grunde sorgfaltswidrig bleibt.

c) Die Frage, wann eine gefährdende Handlung gegen die guten Sitten verstößt, kann im Rahmen dieser Arbeit nicht erschöpfend behandelt werden. Es kann nur eine Grundposition aufgezeigt werden.

Nach früher herrschender Meinung und ständiger Rechtsprechung liegt ein Verstoß gegen die guten Sitten vor, wenn eine Handlung dem Anstandsgefühl aller billig und gerecht Denkenden widerspricht[122]. Diese Formel kann mit der Einschränkung gehalten werden, daß wirklich das Anstandsgefühl *aller* billig und gerecht Denkenden verletzt sein muß. Denn nicht alle billig und gerecht Denkenden werden bei der sittlichen Beurteilung einer Handlung immer zum selben Ergebnis kommen[123]. Vielmehr werden gerade bei entscheidend wichtigen Fragen

---

[121] *Arzt*, S. 36, hält eine Tat gegen das Rechtsgut „Leben" stets für sittenwidrig.
[122] BGHSt 4, 88 (91); *Kohlrausch - Lange*, § 226 a, Anm. IV; *Maurach*, LB BT, S. 82; *LK - Schäfer*, § 226 a, Anm. III; *Schönke - Schröder*, § 226 a, RZ 6.
[123] So auch BGHSt 4, 27 (32). a. A. *Eb. Schmidt*, JZ 1954, 374. Anders auch der Große Senat in Strafsachen BGHSt 6, 46 ff. (50 ff.). In diesem Beschluß wurden abweichende ethische Anschauungen vor dem Recht für irrelevant gehalten. Dagegen besonders *Grünwald*, ZStW 73, 36.

3. Teil: Die Verletzung der im Verkehr erforderlichen Sorgfalt

für die verschiedensten Standpunkte Erwägungen vorgebracht werden können. Ein Verstoß gegen die guten Sitten kann also auch dann nicht vorliegen, wenn eine ernst zu nehmende Minderheit aufgrund vernünftiger und nicht sachfremder Erwägungen ihr Anstandsgefühl als nicht verletzt ansieht[124].

Versucht man zu klären, wann eine Gefährdungshandlung als sittenwidrig zu bezeichnen ist, so kann ein Anhaltspunkt dem Verhältnis von Zweck und Ziel der gefährdenden Handlung zu der drohenden Rechtsgutsverletzung mit ihrer konkreten Erfolgswahrscheinlichkeit entnommen werden[125]. Wird mit einer gefährdenden Handlung ein Zweck verfolgt, der in keinem Verhältnis zum Ausmaß der Gefährdung steht, so wird in diesen Fällen das Anstands- und Gerechtigkeitsgefühl aller billig und gerecht Denkenden verletzt sein.

z. B.:
(1) Zwei Logenschließer finden in der Garderobe eines Theaterbesuchers eine Pistole. Sie spielen damit, wobei der eine die Waffe, von der er nicht weiß, daß sie geladen ist, auf den anderen, der sich in Positur stellt, anlegt und abdrückt[126].
Hier steht die mögliche Lebensgefährdung völlig außer Verhältnis zum Ziel der Handlung, „dem Scherz". Diese Handlung ist sittenwidrig, das eigene sorgfaltswidrige Verhalten des getöteten Logenschließers führt nicht dazu, die Sorgfaltswidrigkeit der Handlung seines Kollegen auszuschließen.

---

[124] *Grünwald*, ZStW 73, 36. Die von *Lenckner*, Notstand, S. 176 ff., vorgetragenen Bedenken können diese Meinung nicht widerlegen: Einmal entwickelt *Lenckner* seine Ansicht vornehmlich am Problem des übergesetzlichen rechtfertigenden Notstandes, wo der Täter bei der Kollision zwischen fremden Rechtsgütern zu entscheiden hat. Hier geht es dagegen um die Kollision eines Täterinteresses mit einem fremden Rechtsgut. Zum anderen ergreift gerade *Lenckner* „höchst einseitig Partei (S. 179)" — zugunsten des aufzuopfernden Rechtsgutes. Daß das geopferte Rechtsgut nun in seiner Existenz vernichtet wird, hat auch *Grünwald* nicht verkannt: Jeder Fall des übergesetzlichen Notstandes ist dadurch gekennzeichnet, daß ein Rechtsgut geopfert werden muß. Vom Täter zu verlangen, daß er im entscheidenden Moment den Ausweg nicht nach *seiner* — ernsthaften — sittlichen Überzeugung, sondern in einer Spekulation auf die Weltanschauung des späteren Richters suchen soll, wäre gerade einer sittenbildenden Funktion des Strafrechts nicht dienlich. Im Ergebnis ähnlich (Freispruch, wenn sicheres Werturteil nicht möglich): *Schönke - Schröder*, § 226 a, RZ 6.

[125] Im Ergebnis ebenso: *Arzt*, S. 39, und *Schönke - Schröder*, § 226 a, RZ 5, wo auch zu Recht darauf hingewiesen wird, daß sich kaum danach unterscheiden läßt, ob die Einwilligung oder die Tat gegen die guten Sitten verstößt. Dagegen lehnen RG JW 1928, 2229; *Baumann*, LB, S. 313; *Geerds*, Diss., S. 268; *Hellmuth Mayer*, LB, S. 167, und *LK - Mezger*, Vorbem. 10 e bb vor § 51, ausdrücklich eine Rechtfertigung ab, wenn nur die Einwilligung sittenwidrig ist. a. A.: RGSt 74, 95; BGHSt 4, 88 (91); *Kientzy*, S. 95; *Kohlrausch - Lange*, § 226 a, Anm. III; *Maurach*, LB AT, S. 346; *Mezger - Blei*, StuB I, S. 126; *Schönke - Schröder*, Vorbem. § 51, RZ 45 a; *Welzel*, LB, S. 96.

[126] Vgl. den vom Reichsgericht entschiedenen Fall RGSt 34, 91 ff. Dort ging es allerdings um die Strafbarkeit des Theaterbesuchers, die vom RG angenommen wurde. *Binding*, Normen IV, S. 442, hielt diese Fallgruppen für besonders strafwürdig.

(2) A steigt in den Wagen des betrunkenen B, der ihn in halsbrecherischer Fahrt (Schlangenlinien, überhöhte Geschwindigkeit, Mißachtung von Verkehrszeichen) nach Hause bringt. A hat die Gefährdung klar erkannt und ist mit der Handlungsweise des B einverstanden. Die Fahrt des B weist im Hinblick auf einen etwaigen Todeserfolg und auf eventuelle schwere Körperverletzungen ein alle Anstandsgefühle verletzendes Mißverhältnis zwischen Zweck und Ausmaß des Risikos auf. Insoweit handelt B trotz der Eigengefährdung des A sorgfaltswidrig. Hinsichtlich leichter Körperverletzungen ist ein solches Mißverhältnis dagegen nicht gegeben. Kommt es infolge der Fahruntüchtigkeit des B zu einem Unfall, so ist er nach § 222 zu bestrafen, wenn A getötet wird. Wegen fahrlässiger Körperverletzung ist er dagegen nur dann zu bestrafen, wenn A schwer verletzt wird. Hinsichtlich leichter Körperverletzungen hatte er ja nicht sorgfaltswidrig gehandelt. (Daß die Sorgfaltswidrigkeit einer Handlung je nach dem gefährdeten Rechtsgut verschieden beurteilt werden kann, war oben schon erwähnt worden. Die gleiche Differenzierung ist aber auch entsprechend der verschiedenen Intensitätsgrade der drohenden Rechtsgutsverletzung angebracht[127].)

Fährt B dagegen verhältnismäßig vorsichtig, so gefährdet er — wegen seiner beeinträchtigten Reaktionsfähigkeit — zwar ebenfalls Leib und Leben des A. Diese Gefährdung ist aber nicht sittenwidrig. Denn sie erreicht auch im Hinblick auf einen Todeserfolg oder eine schwere Körperverletzung nicht ein solches Ausmaß, daß das Anstandsgefühl aller vernünftig und sachgerecht Denkenden verletzt ist.

Die Meinung der Rechtsprechung zur Einwilligung bei sittenwidrigen und bei lebensverletzenden Handlungen kann nur bedingt mit den Ergebnissen der hier vertretenen Lösung verglichen werden. Abgesehen davon, daß die Entscheidungen vom Institut der Einwilligung ausgehen und deshalb relativ enge Voraussetzungen für einen Strafausschluß fordern, könnte nur eine genaue Sachverhaltskenntnis die hier interessierenden Fragen exakt klären.

aa) In BGHSt 4, 88 ff. („Wir machen einen Gang") hielt der BGH die Einwilligung des später Getöteten in eine Schlägerei wegen Verstoßes gegen die guten Sitten für unerheblich. Im konkreten Fall wäre nach der hier vertretenen Meinung der tötende Schlag des Angeklagten A als sorgfaltswidrig bezeichnet worden. Das Opfer D war angetrunken und hatte nicht den gleichen Überblick über die Folgen der Tat wie der Angeklagte, der das — wie das Urteil ausdrücklich feststellt[128] — auch wußte. Schon deshalb hätte nach der hier vorgeschlagenen Lösung die Interessenverletzung des Opfers die Sorgfaltspflicht des Täters nicht

---

[127] Gegen diese Meinung könnte eingewandt werden, daß dann erst nach Eintritt des Erfolges über die Sorgfaltswidrigkeit einer Handlung entschieden werden könnte. Das wäre in dieser Allgemeinheit nicht richtig. Die Handlung *ist* sorgfaltswidrig — aber nur gegenüber bestimmten Rechtsgütern und im Hinblick auf die Vermeidung bestimmter Verletzungen. Ob der Täter zu bestrafen ist, stellt sich nach Eintritt des Erfolges heraus — wie immer beim fahrlässigen Erfolgsdelikt.
[128] a.a.O., S. 90.

mindern können. Außerdem hat der BGH zu Recht angenommen, daß der tödliche Schlag gegen die guten Sitten verstieß: D war auf den Angriff noch gar nicht vorbereitet, er stand in einer ungünstigen Position vor einer Wand — der plötzliche Faustschlag des A auf die Schläfe des D verstieß in dieser Situation sicher auch gegen das Anstandsgefühl derjenigen, die ansonsten an einem Faustkampf außerhalb des Boxringes nicht unbedingt Anstoß nehmen —. Der BGH hielt allerdings *jede* körperliche Auseinandersetzung, die sich nicht im Rahmen eines geregelten Sportkampfes bewege, für einen Verstoß gegen die guten Sitten[129]. Diese Meinung geht zu weit. Auch wenn solche Kämpfe auf Feindseligkeit beruhen, verletzt nicht jeder Schlagabtausch das Anstandsgefühl aller vernünftig und sachgerecht Denkenden. Denn nicht in allen Bevölkerungsschichten gilt eine Schlägerei als „unsittlich", und die Rechtsordnung hat das zu berücksichtigen[130].

bb) In dem Sachverhalt, der Grundlage der Entscheidung BGHSt 7, 112 war, hatten der Angeklagte und das Opfer K mit ihren Motorrädern eine Wettfahrt um eine Runde Bier ausgetragen. K war angetrunken und behinderte seinen Konkurrenten bei der Wettfahrt auf das Unvernünftigste. Als er den Angeklagten bei einem Überholmanöver wieder behinderte, stürzten beide. K. wurde tödlich verletzt. Der BGH hielt die Bestrafung nach § 222 für gerechtfertigt. Das Problem einer Einwilligung streift er allerdings nur kurz — bei Tötungshandlungen sei eine Einwilligung ohne Rechtswirkung[131].

Auch hier war festgestellt worden, daß der Angeklagte deutlicher als K die Gefahr überblickt hätte[132]. Das würde ggf. schon ausreichen, die gefährdende Handlung als sorgfaltswidrig zu bezeichnen. Angesichts des hohen Gefährdungsgrades, der mit einer Motorradwettfahrt verbunden ist, der Angetrunkenheit des K und mit Rücksicht auf das Ziel des Unternehmens könnte man aber auch hier einen Verstoß gegen die guten Sitten bejahen.

cc) Anders ist der „Memelfall" des Reichsgerichts zu beurteilen[133]. In diesem Fall hatten die beiden Fahrgäste des angeklagten Fährmannes „das Gefährliche der beabsichtigten Fahrt vollständig und in genau demselben Maße wie der Angeklagte übersehen"[134]. Durch ihre Aufforderung an den Angeklagten, sie trotz seiner Warnung über die Hochwasser führende und vom stürmischen Wetter aufgewühlte Memel überzusetzen, hatten sie ihren eigenen Interessen so zuwidergehandelt,

---

[129] a.a.O., S. 92.
[130] So auch OLG Bremen, NJW 1953, 1364 (1365).
[131] a.a.O., S. 114.
[132] a.a.O., S. 115.
[133] RGSt 57, 172 ff.; vgl. dazu oben S. 18.
[134] RG, a.a.O., S. 174.

daß der Angeklagte nicht mehr verpflichtet war, diese Handlung zu unterlassen. Der Fährmann setzte die beiden auch nicht aus Übermut oder persönlicher Vorteile wegen über: „er hatte erst auf unausgesetztes Drängen und als sie seinen persönlichen Mut in Zweifel zogen, widerwillig nachgegeben und aus Gutmütigkeit, um ihnen gefällig zu sein, sein eigenes Leben mit auf das Spiel gesetzt"[135]. Unter diesen Umständen kann man im Handeln des Fährmanns, der den Kahn so gut wie möglich steuerte, auch keinen Sittenverstoß erkennen: seine Motive für die Fahrt waren verständlich, seine sachgerechte Fahrweise setzte den Grad der Gefährdung herab — auch mit Rücksicht auf den möglichen Todeserfolg kann seine Handlung nicht von allen vernünftig und sachgerecht Denkenden als anstößig empfunden werden.

dd) Die Entscheidung, mit der vom BGH in Zivilsachen die Rechtsprechung zum Handeln auf eigene Gefahr auf eine neue Grundlage gestellt wurde, war schon erwähnt worden[136]. Der später verletzte A, ein 16½jähriger Kraftfahrzeugschlosserlehrling, war mit seinen nur um ein geringes älteren Kollegen B und C im Wagen des fast 20jährigen D mitgefahren. Unterwegs überließ D dem B, der keinen Führerschein besaß, auf dessen Drängen das Steuer. A hatte zunächst Bedenken, aber nur, weil er eine polizeiliche Kontrolle befürchtete. Dann gab er aber seine Einwendungen auf. B verursachte infolge seiner mangelnden Fahrausbildung einen Unfall, bei dem A erheblich verletzt wurde.

Wie schon dargestellt, nahm der BGH hier ohne weiteres ein Verschulden bei B und D an, wollte aber den Schadensersatzanspruch durch § 254 BGB korrigieren[137]. Dem Sachverhalt ist aber zu entnehmen, daß A die mit den Handlungen des D und B verbundenen Gefährdungen zutreffend erkannt hatte[138]. Durch seine Beteiligung an der Fahrt hatte er somit seine Interessen am Rechtsgüterschutz gegenüber den Gefährdungen, die aus den Fahrunsicherheiten des B resultierten, verletzt. Die Handlungen des B und D können auch nicht ohne weiteres als sittenwidrig bezeichnet werden. Immerhin saß der D neben dem Fahrer und konnte die Art des Fahrens beeinflussen. Die von B eingehaltene Geschwindigkeit von ca. 60 std/km brauchte nicht notwendig zu den schlimmsten Befürchtungen zu berechtigen, und eine gewisse kraftfahrtechnische Kenntnis war ja beim Fahrer vorauszusetzen. Berücksichtigt man dazu noch die jugendliche Neigung zum Risiko, die nicht schlechthin negativ zu werten ist, so wird man — unter dem Vorbehalt der genaueren Kenntnis des Falles — diese Fahrt nicht als sittenwidrig bezeichnen können. Sofern nicht Zweifeln an der Einsichtsfähigkeit des

---
[135] RG, a.a.O.
[136] BGHZ 34, 355 ff.
[137] a.a.O., S. 363 ff.
[138] a.a.O., S. 356.

A nachzugehen gewesen wäre, hätten *im Strafverfahren* B und D freigesprochen werden müssen — sie hatten A gegenüber nicht die im Verkehr erforderliche Sorgfalt verletzt.

4. Schranken durch besondere Sorgfaltspflichten oder Rechtsverbote?

Den hier zur „Interessenpreisgabe" vertretenen Thesen stimmt *Geppert*[139] im Ansatz zu: Das bewußte Eingehen eines Risikos seitens des Gefährdeten könne beim Täter das Maß der verkehrsüblichen Sorgfalt zum Nachteil des sich selbst in Gefahr Begebenden relativieren[140]. Da er aber als Voraussetzung für diese Sorgfaltseinschränkung das Gefährdungsbewußtsein beim Gefährdeten fordert, nimmt er im Ergebnis über den Tatbestandsausschluß die gleiche Position ein wie die Meinungen, die unter dem Gesichtspunkt der Einwilligung eine Verletzung dann als gerechtfertigt ansehen, wenn sich der Verletzte der Gefährdungshandlung bewußt ausgesetzt hat[141].

Geppert hat aber für seine, an sich schon sehr enge Einschränkung der verkehrsüblichen Sorgfalt weitere verengende Voraussetzungen aufgestellt, die möglicherweise auch bei der „Interessenpreisgabe" bedeutungsvoll sein könnten.

Eine Sorgfaltseinschränkung kommt seiner Meinung nach dann nicht in Frage, wenn der Täter aufgrund einer besonderen Obhutspflicht den Gefährdeten gerade von dem riskanten Unternehmen abhalten sollte. Eine solche Obhutspflicht nimmt er dann an, wenn dem Gefährdeten die Einsichtsfähigkeit in Umfang und Tragweite der Gefährdungshandlung fehlte[142]. In solchen Fällen wird aber auch nach der hier entwickelten Lösung eine Sorgfaltswidrigkeit bejaht: es kommt für eine Interessenverletzung darauf an, ob der Gefährdete die Rechtsgutsverletzung hätte vorhersehen können. Ist das nicht der Fall, so liegen die Voraussetzungen für eine relevante Interessenverletzung nicht vor. Weiter nennt *Geppert* überlegene physische Fähigkeiten des Täters als Grund für eine besondere Obhutspflicht[143]. Er kann aber damit nur meinen, daß der Täter im Verlauf des konkreten riskanten Unternehmens diese Fähigkeiten einsetzen muß, um eine drohende Rechtsgutsverletzung zu verhindern. Damit geht es aber um die Frage, ob der konkrete Handlungsvollzug sorgfaltswidrig ist, wenn die besonderen physischen Fähigkeiten nicht eingesetzt werden. Das hängt davon ab, ob dem Gefährdeten dieser Kausalverlauf — ohne Einsatz der besonderen Fähigkeiten — erkennbar war und ob er sich ohne Verkehrsnotwendigkeit diesem

---

[139] ZStW 83, 947 ff., vgl. dazu oben, S. 37 f.
[140] a.a.O., S. 992.
[141] Vgl. dazu oben, S. 15 f.
[142] a.a.O., S. 994.
[143] a.a.O.

F. Gemindertes Interesse am Rechtsgüterschutz

Kausalverlauf ausgesetzt hat. Das allein ist entscheidend. Eine besondere Verpflichtung des Täters, nun gleichwohl diese Fähigkeiten einzusetzen, muß verneint werden.

Schließlich sieht *Geppert* in einer Garantenstellung des Täters gegenüber dem Gefährdeten z. B. aufgrund Gesetzes, einen Grund für eine besondere Obhutspflicht[144]. Auch hier ist aber wieder nur entscheidend, ob der Schutzbefohlene seine Interessen an der Vermeidung der konkreten Gefährdungshandlung wirksam preisgegeben hat. Gerade in diesen von *Geppert* genannten Fällen wird allerdings auch das bewußte Eingehen des Risikos durch den Gefährdeten häufig irrelevant sein, eben weil dem Schutzbefohlenen sehr oft die Einsichtsfähigkeit in Umfang und Tragweite der Gefährdungshandlung fehlen wird. Auch werden in der Sphäre des Gefährdeten Zumutbarkeitsfragen häufig eine Rolle spielen. Gleichwohl kann im Verhältnis vom Schutzbefohlenen zum Garanten durchaus eine relevante Interessenpreisgabe in Betracht kommen.

z. B.:
Der 17jährige läßt sich von seinem angetrunkenen Vater im Kraftfahrzeug mitnehmen.

Damit ist aber auch die nächste einschränkende Voraussetzung *Gepperts* für eine Sorgfaltsrelativierung beim bewußten Eingehen eines Risikos durch den Gefährdeten abzulehnen: „Der Täter habe auch und gerade bei freiwilliger Selbstgefährdung eines anderen in der *Ausführung* des gefährlichen Unternehmens eine diesem Risiko entsprechende (meist gesteigerte) Vorsicht und Aufmerksamkeit walten zu lassen[145]." Die Interessenpreisgabe bezieht sich aber immer auf die Gefährdungshandlung in ihrem konkreten Kausalverlauf. Dann ist es völlig unerheblich, ob die konkrete Gefährdung etwa auf einer besonderen Nachlässigkeit des Täters beruht und ob der Gefährdungsgrad bei besonderer Vorsicht hätte herabgesetzt werden können. Wenn allerdings die konkrete, etwa auf „neuer" Nachlässigkeit des Täters beruhende Gefährdungshandlung dem Gefährdeten bei seiner Interessenpreisgabe nicht erkennbar war, ist die Sorgfaltswidrigkeit nicht ausgeschlossen: Dann fehlt es ja an der Voraussetzung für eine wirksame Interessenpreisgabe.

Letztlich fordert *Geppert*, daß das riskante Unternehmen keinem ausdrücklichen Rechtsverbot zuwiderlaufen darf[146]. Auch das ist unerheblich: Es kommt nur darauf an, ob eine Sorgfaltswidrigkeit gegenüber dem tatbestandlich geschützten Rechtsgut vorliegt. Verstößt die Handlung gegen ein — notwendig anderes — Verbot, das *auch* dem

---

[144] a.a.O., S. 994.
[145] a.a.O., in Anlehnung an BGHSt 4, 93 (oben, S. 19).
[146] a.a.O., in Anlehnung an RG JW 1925, 2252 (oben, S. 18, Anm. 33).

Schutz des zur Erörterung stehenden Rechtsgutes dient, so kann dieser Verstoß ein Indiz für die Sorgfaltswidrigkeit sein. Es muß aber keine Verletzung der im Verkehr erforderlichen Sorgfalt vorliegen[147]. Ein Beispiel ist das Mitfahren bei angetrunkenen Kraftfahrzeugführern. Hier kann durchaus eine relevante Interessenverletzung vorliegen. Auf die in diesen Fällen mögliche Sittenwidrigkeit der Gefährdungshandlung, die dann einer relevanten Interessenverletzung entgegensteht, war schon hingewiesen worden.

Gerade diese Begrenzung der Relevanz von Interessenpreisgaben wegen Sittenwidrigkeit wird auch in verschiedenen Fällen, die *Geppert* bei einer Einschränkung des Sorgfaltsmaßstabes ausgenommen wissen will, von Bedeutung sein. Insoweit könnten dann Übereinstimmungen festgestellt werden.

Die von ihm gesetzten Schranken für eine Relativierung des Sorgfaltsmaßstabes sind jedoch weder in ihrer Begründung noch in ihrer Ausgestaltung anzuerkennen.

5. Die Straßenverkehrs-Gefährdungsdelikte (§§ 315 ff. StGB).

Nach dem Inkrafttreten des 2. Straßenverkehrssicherungs-Gesetzes vom 26. 11. 1964 entstand bei den neugefaßten Gefährdungsdelikten der §§ 315 ff. StGB Streit darüber, ob die Einwilligung eines Rechtsgutsinhabers, der als einziger gefährdet ist, rechtfertigende Wirkung besitzt.

Insbesondere bei der Straßenverkehrsgefährdung nach § 315 c bestehen hier unterschiedliche Meinungen. Nach einer im Schrifttum überwiegenden Ansicht kann derjenige, dessen Leib oder Sachen durch die in § 315 c I Z. 1 u. 2[148] näher beschriebenen Handlungen gefährdet werden, diese Tat durch seine Einwilligung in die Gefährdung rechtfertigen. Entweder wird das damit begründet, daß nur der *gefährdete* Mensch oder die *gefährdete* Sache die in dieser Bestimmung geschützten

---

[147] Siehe dazu unten, S. 142 ff.
[148] § 315 c (1): Wer im Straßenverkehr
    1. ein Fahrzeug führt, obwohl er a) infolge... b)... nicht in der Lage ist, das Fahrzeug sicher zu führen, oder
    2. grob verkehrswidrig und rücksichtslos...
    und dadurch Leib oder Leben eines anderen oder fremde Sachen von bedeutendem Wert gefährdet, wird... bestraft.
(3): Wer in den Fällen des Absatzes 1
    1. die Gefahr fahrlässig verursacht oder
    2. fahrlässig handelt und die Gefahr fahrlässig verursacht, wird bestraft.
§ 316 (1): Wer im Verkehr (§§ 315 bis 315 d) ein Fahrzeug führt, obwohl er infolge... nicht in der Lage ist, das Fahrzeug sicher zu führen, wird... bestraft.
(2): Nach Absatz 1 wird auch bestraft, wer die Tat fahrlässig begeht.

F. Gemindertes Interesse am Rechtsgüterschutz

Rechtsgüter seien[149], oder es wird die Meinung vertreten, daß in § 315 c neben den genannten individuellen Rechtsgütern auch die Sicherheit des Straßenverkehrs als selbständiges Rechtsgut geschützt sei, daß aber die Einwilligung des einzigen gefährdeten Rechtsgutsinhabers seine Gefährdung rechtfertige und somit die Gefährdung des Straßenverkehrs nur noch nach § 316 erfaßt werden könne[150].

Eine Gegenmeinung und die Rechtsprechung sehen neben dem individuellen Rechtsgut vor allem die Sicherheit des Straßenverkehrs als geschützt an und folgern daraus, daß der als einziger Gefährdete die Rechtswidrigkeit der Gefährdung durch seine Einwilligung nicht ausschließen könne. Andernfalls würde man ihm das Recht zubilligen, über ein fremdes, der Allgemeinheit zustehendes Rechtsgut zu verfügen[151].

Dieser engen Auffassung kann nicht gefolgt werden. *Langrock* hat überzeugend dargelegt, daß es sich hier um Straftaten handelt, die sich zwar gegen die Allgemeinheit richten, aber zugleich ein „privates Angriffsobjekt" benötigen[152]. Dann kann es aber auch nicht unberücksichtigt bleiben, wenn „das private Angriffsobjekt", der als einziger Gefährdete, dieser Gefährdung zustimmt. Auch wenn man mit *Lackner* den Tatbestand des § 315 c so auffaßt, daß *schon* eine Individualgefährdung ausreichen soll, um die Gefährlichkeit und die Strafwürdigkeit der in § 315 c I Z. 1 u. 2 näher bestimmten Handlungen zu begründen[153], ändert sich nichts an diesem Ergebnis. Denn eine mit Einwilligung des als einzigen gefährdeten Rechtsgutsinhabers vorgenommene Rechtsgutsgefährdung ist gerade nicht geeignet, ein generelles Indiz für diese verkappte Gemeingefährlichkeit darzustellen. Eine Verfügungsbeschränkung des gefährdeten Rechtsgutsinhabers ist also bei § 315 c nicht anzuerkennen. Damit kann aber auch ein mangelndes Interesse des Rechtsgutsinhabers am Schutz seines Rechtsgutes gegenüber einer Gefährdungshandlung nach § 315 c Abs. III[154] dazu führen, die Sorgfaltswidrigkeit der Gefährdungshandlung und damit das Tatbestandsmerkmal der fahrlässigen Individualgefährdung zu verneinen.

Für die Relevanz einer Interessenverletzung spielt dagegen der Streit um das geschützte Rechtsgut gar keine Rolle. Denn der als ein-

---

[149] *Dreher*, § 315 c, Anm. 2; OLG Hamburg VRS 35, 433 („in erster Linie").
[150] *Bickelhaupt*, NJW 1967, 713; *Langrock*, MDR 1970, 684; *Maurach*, LB BT, S. 537 (nicht für Lebensgefährdung); *Schönke - Schröder*, § 315 c, RZ 2 und RZ 33; *Welzel*, LB, S. 453. *Geppert*, ZStW 83, 986, läßt die Einwilligung nur bei Trunkenheitsfahrten rechtfertigen.
[151] BGHSt 23, 261 (264); OLG Karlsruhe, NJW 1967, 2321; OLG Hamm, VRS 36, 279; OLG Düsseldorf, VRS 36, 109; *Lackner - Maaßen*, § 315 c, Anm. 8; LK - *Rüth*, § 315 RZ 35.
[152] MDR 1970, 984; vgl. auch *Maurach*, LB BT, S. 537 (nicht für Lebensgefährdung).
[153] *Lackner*, Gefährdungsdelikt, S. 13.
[154] Für beide Alternativen.

zelner gefährdete Rechtsgutsinhaber kann durch eine Interessenverletzung die gegenüber seinem Rechtsgut erforderliche Sorgfalt beeinflussen. Damit entfällt aber das Tatbestandsmerkmal der „fahrlässigen Individualgefährdung". Soweit es um lebensgefährdende Handlungen geht, kann auf die Ausführungen zu diesem Problem verwiesen werden[155]. Auch bei den Tatbeständen der §§ 315, 315 a und 315 b[156] kann trotz des teilweise darin enthaltenen Hinweises auf die als Rechtsgut geschützte Sicherheit des Straßenverkehrs nichts anderes gelten als bei § 315 c: Soweit eine fahrlässige Individualgefährdung als Tatbestandsmerkmal genannt ist, entfällt die Sorgfaltswidrigkeit und damit dieses Tatbestandsmerkmal, wenn die gefährdeten Rechtsgutsinhaber keine Interessen am Rechtsgüterschutz gegenüber den jeweiligen Gefährdungshandlungen besitzen oder diese Interessen verletzt haben[157].

6. Interessenpreisgabe bei regelwidrigen Gefährdungshandlungen.

Verschiedene Lebensbereiche sind durch besondere Verhaltensregeln geordnet. Darauf war oben schon bei der Erörterung des Vertrauensgrundsatzes hingewiesen worden.

---

[155] Siehe oben S. 130 ff.
[156] § 315 (1): Wer die Sicherheit des Schienenbahn-, Schwebebahn-, Schiffs- oder Luftverkehrs dadurch beeinträchtigt, daß er
1. ... 2. ... 3. ... 4. ...
und dadurch Leib oder Leben eines anderen oder fremde Sachen von bedeutendem Wert gefährdet, wird ... bestraft.
(4): Wer in den Fällen des Absatzes 1 die Gefahr fahrlässig verursacht, wird ... bestraft.
(5): Wer in den Fällen des Absatzes 1 fahrlässig handelt und die Gefahr fahrlässig verursacht, wird ... bestraft.
§ 315 a (1): Mit ... wird bestraft, wer
1. ein Schienenbahn- oder Schwebebahnfahrzeug, ein Schiff oder ein Luftfahrzeug führt, obwohl er infolge ... nicht in der Lage ist, das Fahrzeug sicher zu führen, oder
2. als Führer eines solchen Fahrzeuges ... durch grob pflichtwidriges Verhalten gegen Rechtsvorschriften zur Sicherung des Schienenbahn-, Schwebebahn-, Schiffs- oder Luftverkehrs verstößt
und dadurch Leib oder Leben eines anderen oder fremde Sachen von bedeutendem Wert gefährdet.
(3): Wer in den Fällen des Absatzes 1
1. die Gefahr fahrlässig verursacht oder
2. fahrlässig handelt und die Gefahr fahrlässig verursacht, wird ... bestraft.
§ 315 b (1): Wer die Sicherheit des Straßenverkehrs dadurch beeinträch- daß er
1. ... 2. ... 3. ...
und dadurch Leib oder Leben eines anderen oder fremde Sachen von bedeutendem Wert gefährdet, wird ... bestraft.
(4): Wer in den Fällen des Absatzes 1 die Gefahr fahrlässig verursacht, wird ... bestraft.
(5): Wer in den Fällen des Absatzes 1 fahrlässig handelt und die Gefahr fahrlässig verursacht, wird ... bestraft.
[157] Ausdrücklich ablehnend *Geppert*, ZStW 83, 986.

F. Gemindertes Interesse am Rechtsgüterschutz

Soweit gefährdende Handlungen in diesen Lebensbereichen gegen solche Regeln verstoßen, stellt sich die Frage, ob bei einer entsprechenden Interessenpreisgabe der gefährdeten Rechtsgutsinhaber die Sorgfaltswidrigkeit auch solcher Handlungen zu verneinen ist. Man könnte dazu meinen, daß wegen der Existenz solcher Spezialregelungen die Interessen an der Vornahme regelwidriger Handlungen für den Verkehr einen so geringen Wert haben, daß dieser auch den wegen einer Interessenpreisgabe geminderten Wert der Interessen am Rechtsgüterschutz nicht überwiegen kann. Damit würde aber das Wesen solcher Verhaltensregelungen verkannt. Entweder dienen sie gar nicht dazu, Rechtsgutsverletzungen zu verhindern[158]. Dann ist es nicht gerechtfertigt, sie zur Begründung einer Strafbarkeit heranzuziehen. Oder sie sind gerade erlassen, um Erfolge zu verhindern, deren Verursachung auch strafrechtlich erfaßt wird. Dann sind diese Verhaltensregeln mit den Strafgesetzen identisch, sie stellen sich als Konkretisierungen der strafrechtlichen Verbote oder Gebote dar[159]. Die Regelverletzung kann dann aber nicht mehr als ein Indiz dafür sein, daß die betreffende Handlung auch sorgfaltswidrig im Sinn der entsprechenden Tatbestände ist[160]. Im konkreten Fall muß jedoch immer geprüft werden, ob die Handlung tatsächlich gefährdend und nicht verkehrsnotwendig war. Äußert sich also eine *Regel*verletzung in einer gefährdenden und nicht verkehrsnotwendigen Handlung — und nur um diese Handlungen geht es hier —, so kann schon (und nur) nach den allgemeingültigen Grundsätzen beurteilt werden, ob diese Handlung die im Verkehr erforderliche Sorgfalt verletzt. Der zusätzliche Regelverstoß begründet keinen besonderen Handlungsunwert, der diese Handlung negativ gegenüber anderen, nicht gegen besondere Regeln verstoßenden Handlungen abhebt. Eine Unterscheidung danach, ob eine Gefährdungshandlung gegen besondere Verhaltensregeln verstößt, ist also nicht berechtigt.

Damit ist es auch für die Frage nach der Relevanz einer Interessenpreisgabe unerheblich, ob die Gefährdungshandlung etwa gegen besondere Regeln verstößt[161].

z. B.:
A überschreitet mit seinem PKW auf Veranlassung seines Mitfahrers B die zulässige Höchstgeschwindigkeit von 50 std/km beträchtlich. Damit

---

[158] z. B.: Pflicht, den Führerschein bei sich zu führen (§ 4 II StVZO); Verbot beim Fußballspiel, den Ball mit der Hand zu führen. So auch *Schroeder*, S. 26.

[159] *Baumann*, LB, S. 251; *Jescheck*, LB, S. 440; *Schroeder*, S. 26; *Welzel*, LB, S. 133 f.; BGHSt 4, 185.

[160] *Welzel*, LB, S. 134; ähnlich *LK - Lange*, § 222, RZ 10. Das ist vor allem auch *Zipf* entgegenzuhalten, der den Tatbestandsausschluß durch die Einhaltung des sozialadäquaten Risikos von der Einhaltung der Sicherheitsvorschriften abhängig macht, S. 81.

[161] Vgl. dazu oben, S. 139.

gefährdet er u. a. Leib und Leben des B, wenn z. B. lebhafter Gegenverkehr herrscht. Außerdem verstößt er gegen § 9 StVO. Hat B die Gefährdung erkannt oder war sie ihm im gleichen Maße wie A erkennbar, so verletzt A gegenüber B durch das zu schnelle Fahren nicht die im Verkehr erforderliche Sorgfalt, da B seine Interessen am Rechtsgüterschutz gegenüber dieser gefährdenden Fahrt verletzt hat. Der zusätzliche Verstoß gegen die StVO ist unerheblich für §§ 230 und 222.

Dabei ist allerdings zu beachten, daß eine Interessenpreisgabe oft deshalb nicht angenommen werden kann, weil die Rechtsgutsinhaber auch bei der Erfüllung ihrer „Obliegenheit zum Eigenschutz" sich auf den Vertrauensgrundsatz berufen können.

z. B.:
Hat B dem A keine Veranlassung gegeben, bestimmte Verkehrsregeln zu überschreiten, so kann in seiner Mitfahrt trotz der erkennbaren generellen Möglichkeit solcher Regelverstöße keine Interessenpreisgabe gesehen werden. Anders ist es wieder nur dann, wenn konkrete Anhaltspunkte dafür bestehen, daß A zu solchen Regelwidrigkeiten neigt[162].

Der Vertrauensgrundsatz kann nach den für ihn erforderlichen Voraussetzungen[163] allerdings dann nicht angewandt werden, wenn in bestimmten Lebensbereichen so häufig Regelverstöße vorkommen, daß ein Vertrauen auf ihr Unterbleiben offensichtlich ungerechtfertigt wäre. Das ist vornehmlich bei *Sportverletzungen*[164] der Fall.

Grundsätzlich verletzen sportliche Betätigungen, die Rechtsgüter anderer Sportler gefährden, nicht die im Verkehr erforderliche Sorgfalt, wenn diese Gefährdungshandlungen mit den Regeln der betreffenden Sportart übereinstimmen. Denn diese Gefährdungen sind den gefährdeten Sportlern bekannt oder erkennbar; durch ihre Teilnahme an der betreffenden Übung oder Veranstaltung geben sie gegenüber diesen Gefährdungshandlungen ihre Interessen am Rechtsgüterschutz preis.

Bei verschiedenen Sportarten, insbesondere bei den Kampfspielen, lassen sich aber Regelwidrigkeiten in der Hitze des Gefechtes oft nicht

---

[162] Vgl. oben S. 101.
[163] Vgl. oben S. 100 ff.
[164] Nach h. M. werden *vorsätzliche* Verletzungen, die den Regeln und dem Sinn der betreffenden Sportart entsprechen (Boxen), durch *Einwilligung* des verletzten Teilnehmers gerechtfertigt: *Mahling*, S. 68; *Maurach*, LB BT, S. 83; *Noll*, Überges. Rechtfertigungsgründe, S. 98 (nur für leichte Körperverletzungen); *Renner*, S. 108; *Schönke - Schröder*, § 226 a, RZ 9; *Welzel*, LB, S. 96; BayObLG, JR 1961, 72. Bei Sportarten, die nicht auf Verletzung des Gegners zielen, läßt die h. M. *fahrlässige* Körperverletzungen ebenfalls durch die Einwilligung des Verletzten gerechtfertigt sein, wenn solche Verletzungen erfahrungsgemäß auch bei regelgerechter Sportausübung oder infolge leichter — ggf. nur fahrlässiger — Übertretung der Sportregeln entstehen. *Doerr*, LB, S. 71 Anm. 1; *Mahling*, S. 69; *Maurach*, LB BT, S. 83; *LK - Schaefer*, 226 a, Anm. I; *Renner*, S. 108; *Schönke - Schröder*, § 226 a, RZ 9; BayObLG, JR 1961, 72; NJW 1961, 2072; OLG Braunschweig, NdsRpfl. 1960, 233.

vermeiden[165]. Verschiedene dieser Regelwidrigkeiten gefährden dabei die anderen beteiligten Sportler, wobei sie wegen der Häufigkeit solcher Regelwidrigkeiten nicht auf deren Ausbleiben vertrauen können. Diese Gegebenheiten werden von der h. L. zur Einwilligung des Verletzten berücksichtigt: Danach soll der Sportler durch seine Teilnahme auch in leichte fahrlässige Regelverstöße und damit in die darauf zurückzuführenden Verletzungen einwilligen[166].

Nach der hier vertretenen Lösung kommt es auf diese — in ihren tatsächlichen Voraussetzungen problematische — Einwilligung nicht an. Entscheidend ist vielmehr, ob der gefährdete Sportler das Risiko solcher Gefährdungen, auf deren Unterbleiben er nicht vertrauen konnte, erkannt hatte oder hätte erkennen können. Wenn das der Fall ist, verletzt die Gefährdungshandlung trotz des in ihr begründeten Regelverstoßes nicht die im Verkehr erforderliche Sorgfalt.

In der Regel wird es sich dabei auch um leichtere Regelverstöße handeln.
z. B.:
A trifft beim Fußballspiel das Bein des Gegners B statt den Ball oder rempelt ihn zu stark, so daß er hinstürzt.

Die Schwere des Regelverstoßes ist aber an sich unerheblich. Es kommt auf den Gefährdungsgrad an.
z. B.:
Beim Handballspiel ist es ein grober Regelverstoß, den Ball mit dem Fuß vorwärts zu treiben. Eine Gefährdung fremder Rechtsgüter ist mit dieser Handlung aber nur selten verbunden.

Eine *Grenze* für die Relevanz von Interessenpreisgaben gegenüber regelwidrigen Gefährdungshandlungen ist nach allgemeinen Grundsätzen gegeben: Regelwidrige Gefährdungshandlungen, die sich als Rohheitsakte oder als krasse Rücksichtslosigkeiten darstellen, werden wegen Verstoßes gegen die guten Sitten nicht durch eine Interessenpreisgabe gedeckt werden können[167]. Dabei wird es immer auf das We-

---

[165] Vgl. *Stoll*, S. 286 f., *Zipf*, S. 95.
[166] *Doerr*, S. 71, Anm. 1; *Mahling*, S. 68; *Maurach*, LB BT, S. 83; LK - *Schaefer*, § 226 a, Anm. I; *Schönke - Schröder*, § 226 a, RZ 9; *Schroeder*, S. 30; *Dreher*, § 226 a, Anm. 1 B a; BayObLG, NJW 1961, 2072; JR 1961, 72; OLG Braunschweig, NdsRpfl. 1960, 233. a. A.: *Hansen*, S. 83; *Noll*, Überges. Rechtfert., S. 99 f.; *Stoll*, S. 287; OLG Neustadt (Zivilsache) MDR 1956, 548.
[167] So ausdrücklich für die Rechtfertigung von Sportverletzungen aufgrund einer Einwilligung: *Schönke - Schröder*, § 226 a, RZ 9; allerdings mit dem Hinweis, daß es in diesen Fällen bereits an einer Einwilligung fehlen wird (ebenso *Mahling*, S. 69). Nach dem hier vertretenen Lösungsweg wird es entsprechend oft an einer Erkennbarkeit dieses konkreten Verletzungsvorganges fehlen (siehe oben S. 95). — *Zipf*, S. 95, hält Regelverstöße noch für sozialadäquat und damit tatbestandsirrelevant, wenn sie in der jeweiligen Sportart unvermeidbar sind und deshalb hingenommen werden müssen. Ähnlich wie hier *Hirsch*, LK, § 226 a, RZ 8, der nur bei vorsätzlicher schwerer Mißachtung von Sportregeln die Einwilligung als unbeachtlich ansieht. Im Ergebnis vergleichbar auch *Schroeder*, S. 32.

sen der jeweiligen Sportart ankommen[168]. Bei einem Rugbyspiel wird ein bestimmter körperlicher Einsatz — der regelwidrig ist — infolge der bei dieser Sportart sowieso erheblich geminderten Sorgfaltspflicht in weitaus geringerem Maße als sittenwidrig anzusehen sein, als z. B. bei einem Basketballspiel, in dem schon jede körperliche Berührung des Gegners verboten ist.

> Beispiele für sittenwidrige Gefährdungshandlungen, die gegen die Sportregeln verstoßen: A schneidet beim Autorennen dem B die Bahn ab, so daß dessen Wagen von der Strecke gedrückt wird; C tritt beim Fußballspiel nach dem Ball, obwohl der Torwart am Boden liegt und den Ball unter dem Leib verborgen hält.

Im Gegensatz zur h. M.[169] kann jedoch nicht danach unterschieden werden, ob der Regelverstoß vorsätzlich oder unvorsätzlich erfolgte. Denn sehr viele Regelübertretungen werden vorsätzlich begangen, ohne daß die Taten als roh oder besonders rücksichtslos bezeichnet werden können. Sind also nach dem Wesen der betreffenden Sportart diese Verstöße nicht als sittenwidrig anzusehen, so wird der Rechtsschutz der gefährdeten Sportler nicht unvertretbar beeinträchtigt, wenn diese Gefährdungen wegen einer Interessenpreisgabe nicht als sorgfaltswidrig bezeichnet werden können.

z. B.:
> Die sog. Foulspiele im Fußballsport erfolgen meist vorsätzlich — die Verletzungsmöglichkeit ist trotzdem nur gering. Außerdem wird die Furcht vor einer notfalls spielentscheidenden Sportstrafe (z. B.: Elfmeter) die Spieler eher von Regelwidrigkeiten abhalten als die Drohung mit dem Staatsanwalt.

Gegen eine Berücksichtigung der Einwilligung bei der Frage nach der Rechtswidrigkeit regelwidriger Verletzungshandlungen sprechen sich besonders *Stoll* und *Hansen* aus.

Nach *Stoll* ist bei Sportwettkämpfen nur das in regelgerechten Handlungen liegende Risiko erlaubt[170]. Soweit ein Sportler regelwidrig, aber durch die Hitze des Gefechtes bedingt Verletzungen verursacht habe, sei das eine Frage der persönlichen Vorwerfbarkeit, gehöre also zum Schuldbereich[171]. Dieses Ergebnis ist einmal darin begründet, daß *Stoll* überhaupt die Fahrlässigkeit im Zivilrecht als Schuldmerkmal ansieht. Eine Kritik daran wäre ein Systemstreit und soll hier unterbleiben. Bedenken bestehen aber dagegen, daß *Stoll* es entscheidend auf die

---

[168] Vgl. *Zipf*, S. 95.

[169] *Jescheck*, LB, S. 446; *Mahling*, S. 69; *Maurach*, LB BT, S. 83; *Dreher*, § 226 a, Anm. 1 B a; BayObLG JR 1961, 72. a. A.: *Renner*, S. 108.

[170] S. 261 ff. Zur Begründung verweist er nicht auf eine Einwilligung, sondern auf die nach den sozialethischen Anschauungen veränderte Pflichtenstellung des Sportlers.

[171] S. 287 f. Ähnlich BGH, VersR 1953, 28 (29).

F. Gemindertes Interesse am Rechtsgüterschutz

Regelwidrigkeit einer Handlung abstellt. Denn die Sportregeln haben keinen zwingenden Einfluß auf die Frage, ob die im Verkehr erforderliche Sorgfalt zur Vermeidung tatbestandsmäßiger Erfolge verletzt ist. Im ersten Ansatz kommt es dafür auf den gefährdenden Charakter einer Handlung an, der auch bei regelwidrigen Handlungen durchaus verneint werden kann. *Stoll* ist allerdings insoweit zu folgen, als bei sorgfaltswidrigen Handlungen im Einzelfall durchaus die Schuld des Täters wegen Übereifers, Überreizung oder Provokation gemindert oder ausgeschlossen sein kann. Das ist aber ein allgemeines Problem.

Hansen vertritt die Ansicht, daß der Sportler *nicht* in das Risiko fahrlässiger Regelverstöße einwillige. Er weist darauf hin, daß im Sport ein anderer Sorgfaltsmaßstab gelte, als im übrigen menschlichen Zusammenleben[172]. Womit aber nun diese Veränderung des Sorgfaltsmaßstabes rechtlich begründet wird, läßt er offen. Auch äußert er sich nicht dazu, wie eng oder weit dieser andere Maßstab gefaßt werden muß. Nur in einem kann *Hansen* gefolgt werden: im Sport gilt ein anderer Sorgfaltsmaßstab. Sportler „dürfen" in höherem Maße ihre Mitkonkurrenten gefährden, als es dem normalen Verkehrsteilnehmer gegenüber den anderen Verkehrsteilnehmern gestattet ist. Dieser weite Sorgfaltsmaßstab geht jedoch auf die entsprechende Eigengefährdung der anderen Teilnehmer zurück[173]. In welchem Umfange Eigengefährdungen relevant sind, richtet sich aber im wesentlichen danach, wieweit in der jeweiligen Sportart Gefährdungen für die betroffenen Teilnehmer erkennbar sind. Gehören dazu auch regelwidrige Handlungen, so kann unter den eben genannten Voraussetzungen der Sorgfaltsmaßstab gemindert sein.

Regelwidrige gefährdende Sporthandlungen verletzen also nicht notwendig die im Verkehr erforderliche Sorgfalt.

7. „Nachträgliche" Interessenpreisgaben.

a) In Lehre und Rechtsprechung wird eine Einwilligung des Verletzten nur dann für erheblich gehalten, wenn sie vor der Verletzungshandlung erfolgte[174]. Nachträgliche Einwilligungen sollen unbeachtlich sein.

---

[172] S. 83.
[173] Hier liegt der eigentliche Grund für die „veränderte Pflichtenstellung" des Sportlers. Die sozialethischen Anschauungen, die nach *Stoll* (vgl. Anm. 170) die erhöhte Gefährdungsbefugnis zulassen, können nur Grenzen ziehen — aber keine Gefährdungen aufzwingen. Darauf läuft es aber hinaus, wenn man die entscheidende Bedeutung des Verhaltens der gefährdeten Sportler verkennt.
[174] *Baumann*, LB, S. 312; *Geerds*, ZStW 74, 44; *Geppert*, ZStW 83, 954; *Hansen*, S. 113, 153; *Lackner - Maassen*, § 226 a Anm. 2 a; *LK - Hirsch*, § 226 a, RZ 3; *Hellmuth Mayer*, LB, S. 166; *Mezger - Blei*, StuB I, S. 126;

Auch die Interessenpreisgabe — sei es der Fall des Interessenmangels, sei es eine Interessenverletzung — scheint nur dann relevant zu sein, wenn sie vor der Gefährdungshandlung erfolgt. Denn die Interessenpreisgabe soll nach der hier vertretenen Meinung Einfluß auf die Sorgfaltswidrigkeit einer bestimmten Handlung haben. Ob eine Handlung die im Verkehr erforderliche Sorgfalt verletzt, muß aber bei der Vornahme der Handlung beurteilt werden können. Demnach scheint die Interessenpreisgabe nur dann Bedeutung zu besitzen, wenn sie *vor* der fraglichen Handlung erfolgte.

Es ist jedoch fraglich, ob diese Folgerung auch für die Fälle zutrifft, in denen ein Rechtsgutsinhaber sein Rechtsgut erst *nach* der gefährdenden Handlung, aber vor Eintritt des Erfolges sein Rechtsgut der Gefährdung aussetzt.

Eine solche nachträgliche Eigengefährdung kann dann in Frage kommen, wenn eine Handlung zwar rechtsgutsgefährdend ist, aber noch kein konkretes Rechtsgut gefährdet, oder wenn sich der Wahrscheinlichkeitsgrad für einen bestimmten Erfolgseintritt nach der Handlung erhöht. In diesen Fällen kann ein Rechtsgutsinhaber auch nach der Handlung sein bisher noch nicht gefährdetes Rechtsgut den von der Handlung ausgelösten gefährdenden Kausalketten so aussetzen, daß es erst jetzt gefährdet ist. Die abstrakte Gefährdung schlägt damit in eine konkrete Gefährdung um. Oder er kann durch sein Verhalten dazu beitragen, daß sein schon konkret gefährdetes Rechtsgut noch stärker gefährdet wird[175].

z .B.:
(1) Der Kfz-Mechaniker A repariert am Wagen des B die schadhafte Bremse unsachgemäß. B fährt los und nimmt unterwegs den Anhalter C mit. Leben und Gesundheit des B und aller potentiellen anderen Insassen werden schon durch die fehlerhafte Reparatur bzw. durch die Übergabe dieses Fahrzeuges gefährdet. Für B besteht dabei schon eine konkrete Gefährdung. Mit Antritt der Fahrt verstärkt sich für B diese Gefährdung. Das abstrakt gefährdete Leben des C wird dagegen erst mit seinem Zustieg konkret gefährdet.
(2) D eröffnet einen Steinbruch und gefährdet damit die einzustellenden Arbeiter. Kommt E einige Tage später zum Arbeitsantritt, so konkretisiert sich die Gefährdung erst jetzt auf dessen Rechtsgüter.

Noll, Überges. Rechtfertigungsgründe, S. 132; *Dreher*, § 226 a Anm. 1 A; *Welzel*, LB, S. 96; RG JW 34, 2235; BGHSt 7, 294 (295); 17, 359 (360); so grundsätzlich auch *Maurach*, LB BT, S. 83; *LK - Mezger*, Vorbem. § 51, Anm. 10 e cc; *Schönke - Schröder*, Vorbem. § 51 RZ 42; vgl. aber deren Einschränkungen (nächste Anmerkung).

[175] *Maurach*, LB BT, S. 83, hält es für zweifelhaft, in diesen Fällen einer Einwilligung jede Wirkung abzusprechen. *LK - Mezger*, Vorbem. § 51, Anm. 10 e cc, und *Schönke - Schröder*, Vorbem. § 51, RZ 42, wollen bei einer nach Tatbeginn erfolgten Einwilligung Versuch annehmen. Das ist dann aber nur bei den Vorsatzdelikten von Bedeutung.

F. Gemindertes Interesse am Rechtsgüterschutz

Bei den bisherigen Erörterungen war diese Frage offengelassen worden. Es war nur darauf abgestellt worden, ob der Rechtsgutsinhaber die „Gefährdung" durch sein Handeln verursacht hat. In den Beispielen ist das jeweils der Fall: Die konkrete Gefährdung ist durch das Handeln der Rechtsgutsinhaber bedingt worden.

Wenn aber die Rechtsgutsinhaber die bereits laufende Gefährdung erkennen oder zutreffend erkennen können, gleichwohl aber durch ihre Handlung die Gefährdung auf ihr Rechtsgut konkretisieren oder die Gefährdung verstärken, so besteht sachlich kein Unterschied zu den Sachverhalten, in denen sie durch ihr Handeln erst die Gefährdungs*handlung* bedingen: in beiden Alternativen hätten sie die konkrete Gefährdung durch ein Unterlassen ihrer Handlung vermeiden können; in beiden Alternativen geben sie ihre Interessen am Rechtsgüterschutz gegenüber einer bestimmten Gefährdung preis.

Trotzdem scheinen die hier zu untersuchenden Fälle nicht bei der Frage nach der Sorgfaltswidrigkeit der Gefährdungs*handlung* berücksichtigt werden zu können, da eben die Handlung schon vor der Eigengefährdung des Rechtsgutsinhabers erfolgt ist.

Wenn aber die Gefährdungshandlung vorgenommen wird, besteht schon die Möglichkeit, daß bei einer erst später erfolgenden Gefährdungskonzentration auf ein bestimmtes Rechtsgut oder bei einer Gefährdungsverstärkung für ein bestimmtes Rechtsgut dessen Inhaber seine Interessen preisgibt. Dann ist es nicht unvertretbar, die Sorgfaltswidrigkeit einer Gefährdungshandlung mit einer entsprechenden Einschränkung zu bestimmen: Gefährdende und nicht verkehrsnotwendige Handlungen verletzen die im Verkehr erforderliche Sorgfalt gegenüber allen gefährdeten Rechtsgütern *mit Ausnahme solcher* Rechtsgüter, deren Inhaber — vermeidbar und ohne Verkehrsnotwendigkeit — eine zunächst nur abstrakte Gefährdung auf ihre Rechtsgüter konkretisieren oder die konkrete Gefährdung verstärken.

Auf die o. a. Beispiele angewandt, ergibt sich damit

zu (1): Erkennt der Autobesitzer B das mangelhafte Funktionieren der Bremsen und fährt er trotzdem weiter, so verletzt er seine Interessen am Schutz seiner Rechtsgüter gegenüber dieser Gefährdung. Kommt es infolge des Bremsschadens zu einem Unfall und wird B verletzt, so kann A nicht wegen fahrlässiger Körperverletzung bestraft werden: ex post hat sich ergeben, daß B zu den Rechtsgutsinhabern gehörte, denen gegenüber der Gefährder A keine Sorgfaltspflicht zur Vermeidung seiner Gefährdungshandlung besaß.

Wird auch der mitgenommene Anhalter C verletzt, und hat dieser die Gefährdung nicht erkannt, bzw. war sie ihm nicht erkennbar, so ist A zu bestrafen: gegenüber den Rechtsgütern des C war seine Sorgfaltspflicht nicht eingeschränkt.

zu (2): War für E die mit seinem Arbeitsantritt für ihn verbundene Gefährdung erkennbar oder kannte er sie, so verletzt er durch die Arbeitsaufnahme seine Interessen am Rechtsgüterschutz — die infolge eines Steinniederganges erfolgende Verletzung des E stellt sich nicht als Realisierung einer *verbotenen* Gefährdung durch D dar, da gegenüber solchen Rechtsgutsinhabern wie E keine Pflicht für D zur Vermeidung der entsprechenden Gefährdungshandlung — Betriebseröffnung — bestand.

b) Bei abstrakt gefährdenden Handlungen und bei Gefährdungshandlungen, deren Gefährdungsgrad sich durch das Verhalten des Gefährdeten noch verstärken kann, kann zwar somit im Zeitpunkt ihrer Vornahme noch nicht endgültig bestimmt werden, ob sie die im Verkehr erforderliche Sorgfalt verletzen bzw. ob sie verboten sind. Das ist aber nichts Besonderes. Die Sorgfaltswidrigkeit einer gefährdenden Handlung kann sowieso verschieden beurteilt werden, je nachdem, zu welchem gefährdeten Rechtsgut man sie in Beziehung setzt[176]. Auch eine Differenzierung nach den Intensitätsgraden der drohenden Verletzung ist möglich. Dann ist es auch vertretbar, die Sorgfaltswidrigkeit einer Handlung entsprechend den möglichen, verschiedenen Inhabern gefährdeter Rechtsgüter verschieden zu beurteilen.

Es ist auch nicht zu befürchten, daß eine Berücksichtigung nachträglicher Interessenpreisgaben zu einem Nachlassen der allgemein geübten Sorgfalt führt. Denn wer eine Gefährdungshandlung vornimmt und dabei bewußt eine spätere konkrete Eigengefährdung eines Rechtsgenossen einkalkuliert, wird bestraft, wenn dieser Rechtsgenosse die Gefährdung nicht oder nicht im gleichen Maße erkennt[177]. Gefährdet er unbewußt oder hat er die Gefährdung nicht zutreffend erkannt, so könnte das zwar in einigen Fällen auf ein latentes Wissen um solche „glücklichen" Konstellationen zurückzuführen sein. Gleichwohl besteht hier auch das Risiko, daß dann tatsächlich eine Interessenpreisgabe nicht erfolgt, etwa weil der betreffende Rechtsgutsinhaber die Gefährdung nicht erkennen konnte. Will ein Rechtsgenosse dem Vorwurf unsorgfältigen Handelns entgehen, so bleibt ihm also nur die Möglichkeit, ganz auf seine Handlung zu verzichten. Diese Konsequenz ist nicht unbillig — ungerecht wäre es dagegen, wenn ein gefährdender Rechtsgenosse trotz einer vermeidbaren Eigengefährdung des — verletzten — Rechtsgutsinhabers nur deshalb strafrechtlich zur Verantwortung gezogen werden soll, weil diese Interessenpreisgabe erst *nach* der gefährdenden Handlung erfolgt ist.

c) Wie eben schon erwähnt, kann auch eine nachträgliche Interessenpreisgabe nur dann relevant sein, wenn die eigengefährdende Handlung des verletzten Rechtsgutsinhabers nicht verkehrsnotwendig gewesen ist und wenn ihm die Unterlassung seiner Handlung zugemutet werden konnte.

---

[176] Vgl. oben S. 86.
[177] Auf die Erkennbarkeit kommt es nicht an, da in diesem Fall der Gefährder dem Opfer intellektuell überlegen ist (vgl. oben S. 123).

F. Gemindertes Interesse am Rechtsgüterschutz

Besonders zu erwähnen sind in diesem Zusammenhang die Angehörigen rettender Berufe, die ihre Rechtsgüter bewußt, aber aus Gründen der Verkehrsnotwendigkeit, den Gefährdungen Dritter aussetzen.

Es handelt sich dabei um Mitglieder von Berufssparten, die zum Wohle der Allgemeinheit sich oft Gefährdungen aussetzen müssen[178]. Sie haben auf ihr Streben nach Selbsterhaltung zu höherem Nutzen verzichtet. Hierzu rechnen z. B. Ärzte, Feuerwehrleute, Polizisten[179]. Daß es diese Berufe gibt, ist eine Erfahrungstatsache, die bei der Ermittlung sorgfaltswidriger Handlungen berücksichtigt werden muß. Wer also ein Feuer in einem menschenleeren Gebäude legt, kann sich nicht auf die Unvorhersehbarkeit berufen, wenn bei der Brandbekämpfung ein Feuerwehrmann verletzt wird. Denn es gehört zum allgemeinen, d. h., nicht auf Angehörige bestimmter Verkehrskreise beschränkten, Erfahrungswissen, daß bei Bränden die Feuerwehr eingreift und daß die Wehrangehörigen dabei unter Gefahr für Leib und Leben tätig werden. Allerdings ist dabei insoweit eine Begrenzung gegeben, als davon ausgegangen werden kann, daß die Feuerwehrleute sich nicht in völlig unvernünftigem Maße der Gefährdung aussetzen.

Gleiches gilt für den motorisierten Verbrecher, der auf einsamer Landstraße in überhöhtem Tempo vom Tatort flieht: wenn ein später die Verfolgung aufnehmender Polizeiwagen bei der Annäherung infolge der zu hohen Geschwindigkeit verunglückt, war diese Eigengefährdung der Polizisten vorhersehbar. Die Sorgfaltswidrigkeit der gefährdenden Handlung ist nicht deshalb ausgeschlossen, weil die Rechtsgutsinhaber sich den Gefährdungen bewußt ausgesetzt haben: diese Eigengefährdungen sind verkehrsnotwendig.

Fraglich ist, ob auch das Eingreifen von *Geistlichen* verkehrsnotwendig ist. Einen dafür interessanten Fall hat der BGH im sogenannten Pockenarzturteil[180] entschieden, ohne allerdings auf die entscheidende Frage einzugehen.

Ein Arzt war an Pocken erkrankt von einer Reise zurückgekehrt und hatte, ohne die Anzeichen seiner Krankheit zu beachten, seinen Dienst im Krankenhaus aufgenommen. Der Krankenhausseelsorger, der sich freiwillig zu anderen, von dem Arzt angesteckten Personen in die Quarantäne begeben hatte, wurde angesteckt.

Der BGH bestrafte den Arzt wegen fahrlässiger Körperverletzung. Die Einwilligung des Seelsorgers in die Gefährdung wurde für unbe-

---

[178] Diese „Helfer" werden allerdings auch oft „echte" Interessenpreisgaben auf sich nehmen, d. h., vor der Gefährdungshandlung. Dann gelten die allgemeinen Grundsätze.
[179] Vgl. *Schönke - Schröder,* Vorbem. § 51 RZ 42.
[180] BGHSt 17, 359 f.; zustimmend: *Geyer* in LM Nr. 8 zu § 226 a; zweifelnd *Maurach,* LB BT, S. 83.

achtlich gehalten, weil das fahrlässige Verhalten des Angeklagten — die Dienstaufnahme in der Klinik — schon abgeschlossen gewesen sei, als der Seelsorger sich in die Quarantäne begeben hatte. Die Einwilligung könne sich aber immer nur auf ein zukünftiges Verhalten eines anderen beziehen[181].

An der Vorhersehbarkeit dieser Verletzung bestehen zwar keine Zweifel[182]. Es ist zumindest in unserer Rechtssphäre eine Erfahrungstatsache, daß Priester Kranke aufsuchen, um ihnen geistlichen Beistand zu leisten. Fraglich ist jedoch, ob diese Eigengefährdung verkehrsnotwendig war. Krankenbesuche durch Geistliche könnten nun allenfalls unter dem Gesichtspunkt der Sozialerforderlichkeit als verkehrsnotwendig angesehen werden. Religiöse Betreuung ist jedoch nicht erforderlich, um die äußere Existenz der Menschen und damit den Bestand der menschlichen Gesellschaft zu gewährleisten. Sie kann deshalb nicht als verkehrsnotwendig angesehen werden.

Auch unter den anderen Gesichtspunkten des überwiegenden Interesses an der Handlungsfreiheit kann die Tätigkeit von Geistlichen nicht eingeordnet werden. Zwar könnte man meinen, daß es Priestern nicht *zugemutet* werden kann, auf die Besuche bei Kranken zu verzichten, besonders, wenn diese selbst nach ihnen verlangen. In den Fällen der vermeidbaren Eigengefährdung wird aber die Frage nach der Zumutbarkeit deshalb gestellt, weil davon die Bestrafung des Gefährders abhängt. Genauer ist also zu fragen, ob es Rechtsgutsinhabern zugemutet werden kann, sich den Auswirkungen von Gefährdungshandlungen ohne strafrechtlichen Schutz auszusetzen. In unserem Kulturkreis wird diese Frage bei Priestern aller Religionen wohl unbedenklich zu bejahen sein.

In dem vom BGH entschiedenen Fall hatte sich also der Geistliche ohne Verkehrsnotwendigkeit der Gefährdung ausgesetzt. Es konnte ihm auch zugemutet werden, dafür keinen strafrechtlichen Schutz in Anspruch zu nehmen. Der erkrankte Arzt hatte dem Priester gegenüber nicht die im Verkehr erforderliche Sorgfalt verletzt; er hätte freigesprochen werden müssen[183].

Anders wäre es, wenn es um die Gefährdung von Angehörigen der Erkrankten gegangen wäre. Diesem Personenkreis wird es — ausge-

---

[181] BGHSt 17, 360. Gegen das Urteil hat sich *Rutkowsky* (NJW 1963, 185) ausgesprochen. Seine Erwägungen laufen aber im wesentlichen auf ein Regreßverbot hinaus, während er sich mit dem hier interessierenden Problem der Genehmigung nicht auseinandersetzte.

[182] Anders *Rutkowsky*, a.a.O.

[183] a. A.: *Schönke - Schröder*, der die nachträgliche Einwilligung generell dann nicht berücksichtigen will, wenn der Einwilligende sittlich zu seiner selbstgefährdenden Tat verpflichtet war (Vorbem. § 51 RZ 42).

nommen vielleicht bei leichten und kurzfristigen Krankheiten — nicht zuzumuten sein, auf einen persönlichen Besuch bei den Erkrankten zu verzichten. Hätten sich also Angehörige der von dem Pockenarzt Infizierten bei Besuchen in der Klinik angesteckt, so hätte der Angeklagte deshalb wegen fahrlässiger Körperverletzung bestraft werden müssen; die Sorgfaltspflicht ist für die Fälle von nachträglichen Eigengefährdungen gegenüber von Angehörigen primär Gefährdeter ebensowenig ausgeschlossen, wie das gegenüber behandelnden Ärzten oder dem Pflegepersonal der Fall ist.

V. Verkehrstypische Interessenpreisgabe bei Massengefährdungen

1. Nach den vorstehenden Erörterungen verletzen gefährdende und nicht verkehrsnotwendige Handlungen die im Verkehr erforderliche Sorgfalt, wenn die Rechtsgutsinhaber die von ihnen mitverursachte Gefährdung nicht zutreffend erkannt hatten und auch nicht imstande waren, die Gefährdung richtig zu beurteilen.

Bei bestimmten gefährdenden und nicht verkehrsnotwendigen Handlungen erscheint es jedoch fraglich, sie als sorgfaltswidrig zu bezeichnen, obwohl feststeht, daß Inhaber von gefährdeten Rechtsgütern die Gefährdung nicht erkannt hatten oder nicht erkennen konnten.

Im wesentlichen sind das Handlungen, von denen die Teilnehmer an Massenveranstaltungen oder allgemein zugänglichen Gefährdungsquellen gefährdet werden:

z. B.:
(1) Bei einem Autorennen werden die Zuschauer gefährdet. Verschiedene von ihnen werden nicht dazu imstande sein, die mit ihrem Besuch für ihr Leben und ihre Gesundheit verbundenen Gefährdungen zutreffend zu überblicken. Es sind Kinder, die ohne Begleitung Erwachsener zuschauen, Geistesschwache oder ggf. Erstbesucher. Weiter ist es Erfahrungstatsache, daß viele Besucher sich über die Gefährdung keine Gedanken machen, obwohl sie zur zutreffenden Erkenntnis der Gefährdung in der Lage wären. Diese Personengruppen sind dann den Gefährdern — Rennleiter, Rennfahrer, Veranstalter — intellektuell unterlegen; eine Interessenpreisgabe kann nach den o. a. Grundsätzen nicht in Betracht kommen.
Gibt der Rennleiter das Startzeichen, fährt der Rennfahrer los, so gefährden sie demnach Leben und Gesundheit auch von solchen Personen, bei denen nicht von einer relevanten Interessenpreisgabe gegenüber diesen Handlungen ausgegangen werden kann. Wären die betr. Gefährdungshandlungen deshalb als sorgfaltswidrig zu bezeichnen, so müßten sie generell unterlassen werden: es ist praktisch unmöglich, alle Besucher über die Gefährdungen umfassend aufzuklären oder die Nichteinsichtsfähigen zu erkennen und am Besuch der Veranstaltung zu hindern. Nur so *könnten* dann Sorgfaltspflichtverletzungen vermieden werden.
(2) Es ist durchaus nicht ungewöhnlich, daß Zuschauer erstmals einen Rosenmontagszug sehen und weder wissen noch wissen können, daß sie hier auf

das Werfen mit harten Gegenständen (Parfümfläschchen, Schokoladentafeln, Eispackungen, Bonbons) gefaßt sein müssen[184]. Auch hier ist es ausgeschlossen, daß die Insassen der ersten Wagen vor jedem Wurf danach forschen, ob etwa Zuschauer aus Norddeutschland anwesend sind, die mit solchen fliegenden Geschenken nicht rechnen[185].

Solche Gefährdungshandlungen werden vielfach als „erlaubtes Risiko" oder als „sozialadäquat" für zulässig gehalten. Wie oben schon erwähnt, können sie aber nicht als verkehrsnotwendig angesehen und deshalb auch nicht wegen eines hohen Wertes der Interessen an der Handlungsfreiheit zugelassen werden.

2. Gegenüber diesen Gefährdungshandlungen können aber die Interessen der gefährdeten Rechtsgutinhaber am Schutz ihrer Rechtsgüter im Verkehr *geringer* bewertet werden. Dazu berechtigen die Erwägungen, die dem Begriff der „Sozialadäquanz" und der von *Larenz* im Zivilrecht entwickelten Lehre vom „sozialtypischen Verhalten"[186] zu grundeliegen.

a) Denn einmal handelt es sich um Eigengefährdungen, die ein überlieferter Bestandteil des heutigen Soziallebens sind. Die allgemeine Rechtsüberzeugung nimmt auch keinen Anstoß daran, daß diese Handlungen ohne Rücksicht darauf vorgenommen werden, ob die Rechtsgutsinhaber ausnahmslos die Gefährdung erkannt hatten oder hätten erkennen können. Es wäre nicht abwegig, in diesen Fallgestaltungen das Anwendungsgebiet der „Sozialadäquanz" zu sehen und auf eine entsprechende Einsicht in die Gefährdung oder Einsichtsfähigkeit zu verzichten. Den Interessen der Rechtsgutinhaber würde dann im Verkehr deshalb ein geminderter Wert beigemessen, weil die Rechtsgutinhaber ihre Rechtsgüter einer sozialadäquaten Gefährdung ohne Zwang ausgesetzt haben.

b) Zum andern sind aber auch die Gefährdungen, die mit dem Besuch solcher Veranstaltungen oder Gefährdungsstätten verbunden sind, allgemein bekannt. Die gefährdenden Handlungen erfolgen in räumlich

---

[184] Das Landgericht Köln hatte im Urteil vom 24. 4. 1956 (VersR 1958, 332) einen Fall zu entscheiden, in dem ein Zuschauer des Rosenmontagszuges durch ein aus dem Zug geworfenes Bonbon am Auge verletzt wurde. Das Landgericht wies die zivilrechtliche Klage des Verletzten wegen „Einwilligung in die Verletzung" ab. *Stoll* (S. 63) kritisiert zu Recht diese Unterstellung, die allerdings der damaligen Rechtsprechung zum Handeln auf eigene Gefahr entsprach.

[185] Der Tatbestand des genannten Urteils zeigt, daß in solchen Fällen auch mit einer Zustimmung zur *Handlung* nicht einmal immer dann gerechnet werden kann, wenn der Zug schon eine Zeitlang an den Gefährdeten vorübergezogen ist und ihnen die „Gefahren" durch die ersten Bonbonausschüttungen klar geworden sein müssen: Der Verletzte stand fast bewegungslos eingekeilt in der Menge. Seinem Bleiben hätte man also nicht zwingend die Zustimmung in die gefährdenden Handlungen entnehmen können.

[186] Allgemeiner Teil, S. 448 ff.

und ggf. auch zeitlich abgegrenzten Bereichen. Der weitaus überwiegenden Zahl aller Rechtsgenossen, die als potentielle Gefährdete in Betracht kommen, sind diese Gelegenheiten als Gefährdungsquellen bekannt oder erkennbar. Aus diesem Grunde kann im Verkehr auch zu Recht davon ausgegangen werden, daß die weitaus meisten Besucher gegenüber diesen Gefährdungshandlungen ihre Interessen am Rechtsgüterschutz preisgegeben haben. Wer eine solche Gefährdungsstätte aufsucht, gefährdet also seine Rechtsgüter in einer Art und Weise, die typisch ist für eine in diesen Verkehrsbereichen übliche „echte" Interessenpreisgabe. Der Verkehr hat sich auch auf diese Interessenpreisgaben eingestellt. Dann ist es aber auch gerechtfertigt, die geminderte Sorgfaltspflicht gegenüber *allen* Personen gelten zu lassen, die sich in der für diesen Verkehrskreis typischen Art und Weise selbst vermeidbar gefährden. Im Interesse der gefährdenden Mitglieder dieses Verkehrsbereiches können die Interessen derjenigen, die ihre Rechtsgüter in zurechenbarer Art und Weise selbst gefährden, nicht anders bewertet werden als die Interessen von Rechtsgutsinhabern, die im Sog dieser „echten" Eigengefährdungen ihre Rechtsgüter denselben Gefährdungen aussetzen, dabei aber die Gefährdung nicht zutreffend erkannt hatten und auch nicht zutreffend hätten erkennen können.

Es kann bei diesen Gefährdungen auch nicht darauf ankommen, ob die *einsichtsfähigen* Rechtsgutsinhaber im Gegensatz zu den gefährdenden Rechtsgenossen die Gefährdung etwa tatsächlich nicht zutreffend erkannt hatten. Gerade die allgemeine Üblichkeit solcher Gefährdungen wird oft dazu führen, daß die Besucher latent damit vertraut sind und sich keine besonderen Gedanken über die Gefährdungen machen. Das darf aber in diesen Fällen nicht zu Lasten der Gefährder gehen: hier ist also eine Ausnahme vom Grundsatz der Vergleichbarkeit der intellektuellen Grundlagen anzuerkennen.

c) Gefährdungshandlungen verletzen also auch gegenüber nicht einsichtsfähigen oder nicht einsichtigen Rechtsgutsinhabern dann nicht die im Verkehr erforderliche Sorgfalt, wenn diese Gefährdungen sozialüblich sind und wenn die Rechtsgutsinhaber verkehrstypisch ihren Interessen zuwiderhandeln.

2. Die Gefährdungen müssen allerdings aus der Natur der einzelnen Veranstaltungen heraus zu erklären und unvermeidbar sein. Gefährdungshandlungen sind deshalb insoweit nicht zulässig, als die Gefährdungen durch Sicherheitsvorkehrungen vermieden werden könnten, die den Zweck einer Teilnahme von Zuschauern und die Eigenart des Unternehmens nicht entscheidend beeinträchtigen.

z. B.:
Bei Autorennen dürfen an gefährlichen Kurven keine Zuschauerplätze eingerichtet werden. Es muß ein bestimmter Sicherheitsabstand zwischen

Rennbahn und Zuschauerplätzen eingehalten werden. Durch Aufstellen von Strohballen sind weitere Sicherungen zu schaffen. Schließlich haben Ordner darauf zu achten, daß sich Zuschauer nicht in für sie gesperrte Bereiche vorwagen[187].

Die Zuschauer werden allerdings nicht auf räumlich so weit von der Rennbahn getrennte Plätze verwiesen werden können, daß keine Gefährdungen für sie entstehen können. Denn dann wäre der Sinn des Zuschauens, das Rennen aus der Nähe zu betrachten, vereitelt.

Schließlich dürfen keine erheblichen Rechtsgutsverletzungen zu erwarten sein, oder der Wahrscheinlichkeitsgrad des Erfolgseintrittes muß verhältnismäßig gering sein. Andernfalls wäre es nicht zu vertreten, unter dem Gesichtspunkt der verkehrstypischen Interessenverletzung teilweise auch Gefährdungen zu oktroyieren.

In den Beispielsfällen trifft das zu: die geworfenen Geschenkartikel beim Rosenmontagszug verursachen nur selten — aber nicht in ungewöhnlichem Maße — Verletzungen; die Schäden sind durchweg auch nicht sehr erheblich. Schließlich sind bei Autorennen tödliche oder schwere Verletzungen der Zuschauer glücklicherweise nur sehr selten zu beklagen.

G. Vergleich mit den bisher vertretenen Meinungen

I. Die Einwilligung des Verletzten

Nach der hier entwickelten Lösung kommt dem Verhalten des Verletzten im Bereich der Fahrlässigkeitsdelikte eine wesentliche größere Bedeutung zu, als die Lehre von der Einwilligung des Verletzten annimmt.

1. Die Strafbarkeit ist nicht nur dann ausgeschlossen, wenn der Verletzte bewußt auf Rechtsschutz für sein Rechtsgut verzichtet. Auch durch bewußte oder unbewußte eigene Nachlässigkeit kann der Rechtsgutsinhaber den Umfang der ihm gegenüber im Verkehr erforderlichen Sorgfaltspflichten vermindern. Nach den hier aufgestellten Grundsätzen brauchen die Rechtsgenossen bei ihren hinsichtlich einer Rechtsgutsverletzung unvorsätzlichen Handlungen nicht den tatsächlichen Willen der Inhaber von gefährdeten Rechtsgütern zu erforschen. Damit entfallen insbesondere die Schwierigkeiten, die bei der Frage nach dem aktuellen Gefährdungsbewußtsein bei einer „Einwilligung" bestehen. Auch braucht nicht mehr auf die so anfechtbare Konstruktion zurückgegriffen zu werden, daß derjenige, der einer gefährdenden Handlung zustimmt, damit auch den Erfolg in Kauf nimmt.

---

[187] Vgl. dazu OLG Karlsruhe, VRS 7, 404, wo vom Veranstalter eines Autorennens ähnliche Sicherheitsmaßnahmen verlangt werden.

G. Vergleich mit den bisher vertretenen Meinungen 157

Soweit es um den Einfluß des Verhaltens des Verletzten geht, werden das Risiko einer Bestrafung und das Risiko, eine Verletzung von Rechtsgütern zu erleiden, nach anderen Prinzipien aufgeteilt: der Schutz der Rechtsgüter vor unvorsätzlichen Verletzungen hängt davon ab, wie die Inhaber von Rechtsgütern selbst ihre Interessen am Schutz ihrer Rechtsgüter wahrnehmen. Grundsätzlich können dabei die Rechtsgutsinhaber von den anderen Rechtsgenossen nicht mehr Sorgfalt zur Vermeidung von Rechtsgutsverletzungen in bestimmten Situationen verlangen, wie sie selbst in dieser Situation aufzubringen fähig und bereit sind.

Die entscheidende Differenzierung ergibt sich dabei aus dem Vergleich der bei dem Täter und dem Rechtsgutsinhaber tatsächlich vorhandenen intellektuellen Beziehung zur Rechtsgutsgefährdung. Die Interessen des Rechtsgutsinhabers sind im Verkehr im wesentlichen immer dann geringer zu bewerten, wenn er die Gefährdung im gleichen Maße oder besser überblickt als der Täter.

Mit dieser in ihren Grundzügen wiederholten Lösung wird den Erfordernissen des heutigen Verkehrs besser Rechnung getragen als mit den bisher vertretenen Meinungen zur Frage der Einwilligung des Verletzten. Das vor allem durch die technische Entwicklung so erhöhte Risiko von Rechtsgutsverletzungen kann nicht mehr überwiegend von den anderen Rechtsgenossen getragen werden: wer sich am gefährdenden Sozialleben beteiligt, wird vor unvorsätzlichen Verletzungshandlungen strafrechtlich nur geschützt, wenn er selbst darum besorgt ist, Gefährdungen für seine Rechtsgüter zu vermeiden.

2. a) Die hier aufgezeigte Lösung kommt den Thesen von Hans *Stoll* nahe.

Auch *Stoll* läßt das Verhalten der Rechtsgutsinhaber den Umfang der im Verkehr zu beachtenden Sorgfaltspflichten beeinflussen. Dabei verzichtet er ausdrücklich auf „das fruchtlose Spiel mit dem Begriff des Gefährdungsbewußtseins"[188]. Seiner Meinung nach kann eine Selbstgefährdung die dem Gefährder obliegenden Sorgfaltspflichten auch dann beschränken, wenn die Gefahr offenkundig war, oder wenn der Sich-Gefährdende die Gefahr zu erkennen vermochte[189]. Er versucht allerdings nicht, feste Kriterien für diese „echten" Fälle des Handelns auf eigene Gefahr aufzustellen. Er meint, daß letztlich immer die herrschenden sozialethischen Anschauungen den Ausschlag dafür geben, in welchem Maße die Rechtsgenossen befugt sind, andere Rechtsgutsinhaber einer Gefährdung auszusetzen[190]. So läßt er auch die bewußte

---
[188] Handeln auf eigene Gefahr, S. 256.
[189] Vgl. oben S. 48.
[190] a.a.O., S. 257.

Eigengefährdung nicht den Pflichtenkreis des Gefährders beschränken, wenn das mit den herrschenden sozialethischen Anschauungen unvereinbar wäre[191]. Insbesondere bei Trunkenheitsdelikten sollen diese „riskanten Touren" nicht wegen einer Gefahrübernahme durch den Verletzten zugelassen werden[192]. Dieses Problem ist oben unter dem Gesichtspunkt der Sittenwidrigkeit der gefährdenden Handlung erörtert worden[193]. Allerdings sind dabei nicht so enge sittliche Maßstäbe an die gefährdenden Handlungen angelegt worden, daß sich die Ergebnisse mit den von *Stoll* vertretenen Lösungen zu diesen Fällen der „unechten Gefahrübernahme" decken würde. Die *herrschenden* sozialethischen Anschauungen sind eben nicht ohne weiteres identisch mit dem Anstandsgefühl *aller* billig und gerecht Denkenden[194]. Aber das ist eine sekundäre Frage, die mit den hier zu untersuchenden wesentlichen Problemen nicht zusammenhängt.

Weiter hat *Stoll* keine Abgrenzung zwischen Begriffen wie „erlaubtes Risiko", „Sozialadäquanz" und dem „Handeln auf eigene Gefahr" vorgenommen. Selbst wenn *Stoll* in weitem Umfang den gleichen Kreis von gefährdenden Handlungen als nicht sorgfaltswidrig ansieht, der auch hier nicht als Verletzung der im Verkehr erforderlichen Sorgfalt bezeichnet wird, so sollte doch versucht werden, die eigentlichen Gründe für diese Bewertungen aufzudecken.

Darauf, daß *Stoll* das Handeln auf eigene Gefahr als Schuldproblem behandelt, während es nach der hier vertretenen Meinung bereits um das Unrecht geht, war schon hingewiesen worden[195].

b) Eine teilweise Übereinstimmung ist bei der Abhandlung von *Hirsch* über „Soziale Adäquanz und Unrechtslehre" zu finden[196]. Nach seiner Meinung überläßt es das Strafrecht der Disposition des Einzelnen, ob er seinen Körper oder sein Leben dadurch einer Gefährdung aussetzt, daß er in einen Bereich erhöhter Gefahr eintritt, in dem ihm gegenüber nur die Sorgfalt angewandt wird, die die gefährliche Tätigkeit ihrer Natur nach zuläßt. „Die gefährdeten Rechtsgüter bedürfen in diesen Fällen selbstgewählter Gefahr noch nicht des Schutzes durch das Eingreifen des Strafrechtes[197]." Zwar beschäftigt sich *Hirsch* nur mit Fällen, in denen das selbstgewählte Risiko aus Handlungen herrührt, die eine sozialinadäquate Gefährdung[198] oder die Erhöhung einer

---

[191] S. 253.
[192] S. 307, S. 313.
[193] Siehe oben S. 133 ff.
[194] Siehe oben S. 133.
[195] Siehe oben S. 47.
[196] ZStW 74, 79 ff.
[197] ZStW 74, 96, Anm. 79.
[198] a.a.O., S. 95 (z. B.: Schmuggelschiff, Bordellbetrieb).

G. Vergleich mit den bisher vertretenen Meinungen

sozialadäquaten Gefährdung[199] darstellen. Immerhin stimmt er insoweit mit der hier vertretenen Lösung überein, als er dem Verhalten des Verletzten Einfluß auf die Sorgfaltswidrigkeit und damit auf das Unrecht des Fahrlässigkeitsdeliktes einräumt.

Mit der Frage des Gefährdungsbewußtseins hat er sich allerdings nicht näher beschäftigt.

c) *Geppert* und *Zipf* stimmen mit dem Ergebnis dieser Untersuchung insoweit überein, als sie es entschieden ablehnen, aus dem bewußten Eingehen eines Risikos eine Einwilligung in den Erfolg zu fingieren. Sie halten deshalb zu Recht das Institut der Einwilligung nicht für geeignet, die Problematik der Risikoübernahme durch den Gefährdeten zu lösen. Beide sehen den Ausweg darin, in bestimmten Fällen der bewußten Selbstgefährdung die Verwirklichung des Tatbestandes bei den Fahrlässigkeitsdelikten zu verneinen. In diesem Rahmen *können* sich ihre Ergebnisse mit der hier vertretenen Lösung decken. *Zipf*[200] verweist jedoch zu pauschal auf die Sozialadäquanz und läßt damit — wie diese Untersuchung gezeigt hat — einen ganzen Katalog von Situationen unberücksichtigt, in denen der Rechtsgüterschutz vorrangig bleibt. Die Beachtung von Sicherheitsvorschriften kann nicht genügen: sie stellt allenfalls ein Indiz für die Sorgfaltsgemäßheit dar. Die unbewußten Eigengefährdungen des Rechtsgutsinhabers läßt *Zipf* dagegen völlig unberücksichtigt und wird damit berechtigten Interessen des Verkehrs nicht gerecht.

Dieser Einwand ist auch gegenüber dem Lösungshinweis von *Geppert*[201] zu machen, obwohl er zutreffend im Verhalten des Verletzten einen Grund dafür sieht, das Maß der ihm gegenüber zu beachtenden Sorgfalt einzuschränken. Für diese Relativierung fordert er aber das Gefährdungsbewußtsein des Verletzten und stellt weitere einengende Voraussetzungen auf, denen nicht zu folgen ist. Im Ergebnis räumt er deshalb auch nur in wenigen Fällen dem Verhalten des Verletzten Einfluß auf die Strafbarkeit des Täters ein.

d) Gestützt wird die hier vertretene Auffassung im wesentlichen von den Untersuchungen *Münzbergs*[202]. Denn auch er schränkt die im Verkehr erforderliche Sorgfalt — die er allerdings als spezielles Rechtswidrigkeitsmerkmal ansieht — dann ein, wenn der Verletzte seiner Obliegenheit, sich selbst zu schützen, zuwider gehandelt hat[203].

Münzberg hat aber nur dieses Prinzip aufgezeigt. Nähere Vergleiche können deshalb nicht angestellt werden.

---
[199] a.a.O., S. 96.
[200] Vgl. dazu oben, S. 35.
[201] Vgl. dazu oben, S. 37 f.
[202] Siehe oben S. 49.
[203] S. 305.

e) Die Versuche von *Baumann* und *Rost*[204], bei offenkundigen Gefahren auf das Gefährdungsbewußtsein zu verzichten, kommen den Ergebnissen dieser Arbeit unter einem Teilaspekt entgegen[205]. Schließlich ist noch *Schüler - Springorum* zu erwähnen, der einen Lösungsweg, wie er hier näher aufgezeichnet wurde, durchaus für akzeptabel hält[206], ihm letztlich jedoch nur deshalb nicht zustimmt, weil er — zu Unrecht — eine zu große Einschränkung des Rechtsgüterschutzes fürchtet.

f) Soweit im übrigen die neuere Literatur die Eigengefährdung des Verletzten behandelt, wird ihr unter dem Gesichtspunkt der Einwilligung nur dann strafausschließende Kraft beigemessen, wenn der Verletzte zumindest das Gefährdungsbewußtsein hatte. Entscheidende Übereinstimmungen können deshalb nicht verzeichnet werden.

Parallelen können nur insoweit gezogen werden, als diese Autoren die Verletzung der im Verkehr erforderlichen Sorgfalt als Tatbestandsmerkmal ansehen. Ausdrückliche Folgerungen für den Einfluß des Verhaltens auf die objektive Sorgfaltspflicht sind aber nicht zu finden.

II. Die Selbstgefährdung

Die Sachverhalte der gemeinschaftlichen bewußten Selbstgefährdung[207] brauchen nicht gesondert erörtert zu werden. Sie lassen sich zwanglos unter die Fälle der relevanten Interessenpreisgabe einordnen.

Die Rechtsgenossen, die sich bewußt gegenseitig gefährden, kennen und erstreben sogar die Handlung des anderen und haben dabei die Gefährdung durchweg zutreffend erkannt. In den in der Literatur genannten Fällen kann also davon ausgegangen werden, daß sie ihre Interessen am Rechtsgüterschutz gegenüber den Gefährdungshandlungen verletzt haben. Sie selbst und ihre Mitgefährder verletzen also nicht die im Verkehr erforderliche Sorgfalt.

z. B.:
> Bergsteiger verabreden eine gefährliche Klettertour; Ärzte unternehmen einen Versuch mit einem noch nicht erforschten Mittel, wobei sie sich gegenseitig auf ihre Reaktionen beobachten; Forscher begeben sich auf eine Expedition in unwegsames Gelände; Studenten rudern mit einem originalgetreu nachgebauten Wikingerboot über den Ozean.

Auch eine einseitige Selbstgefährdung, bei der ein Rechtsgutsinhaber allein die Herrschaft über das Tatgeschehen ausübt, beeinflußt die Sorgfaltspflichten derjenigen, die Voraussetzungen für dieses Unternehmen schaffen oder Beihilfe leisten. Das ist der Fall bei dem Veran-

---

[204] Siehe oben S. 25; S. 33 f.
[205] Vgl. dazu oben, S. 126.
[206] Vgl. dazu oben, S. 124.
[207] Siehe oben S. 39.

stalter eines Stierkampfes in seinem Verhältnis zum Stierkämpfer, der allein imstande ist, das Geschehen zu steuern und ggf. zu beherrschen. Der Veranstalter hat allerdings bei seinen organisatorischen Maßnahmen zur Durchführung des Kampfes Maßnahmen für den Fall vorzubereiten, daß der Matador die Herrschaft über das Geschehen verliert, z. B., wenn er vom Stier auf die Hörner genommen worden ist und kampfunfähig am Boden liegt. Für einen solchen Fall müssen Helfer bereitgestellt sein, die das Tier von seinem Opfer ablenken und den Verletzten retten. Werden solche Maßnahmen nicht vorbereitet, so würde die Eröffnung der Veranstaltung gegen die im Verkehr erforderliche Sorgfalt im Hinblick auf Leib und Leben des Matadors verstoßen. Hätte der Matador allerdings auf solche Schutzmaßnahmen verzichtet, so wäre diese Interessenpreisgabe zumindest gegenüber der Lebensgefährdung wegen Sittenwidrigkeit irrelevant.

III. Das Mitverschulden

Ein Teil der hier auf Grund des Verhaltens des Verletzten schon nicht als sorgfaltswidrig bezeichneten Gefährdungen wird in der Literatur nur unter dem Begriff des Mitverschuldens erfaßt[208]. Hauptsächlich sind dies die Sachverhalte der nachträglichen bewußten Eigengefährdung. In der Literatur werden Tatbestandsmäßigkeit, Rechtswidrigkeit und Schuld des Fahrlässigkeitstäters angenommen. Je nach Einzelfall soll eine Strafmilderung in Betracht kommen[209].

Es ist aber gezeigt worden, daß bei einer Abwägung des Wertes der Interessen am Rechtsgüterschutz mit dem Wert der Interessen an der Handlungsfreiheit im Verkehr auch diese Handlungsweisen zu berücksichtigen sind, um eine sinnvolle und lebensnahe Ordnung des menschlichen Zusammenlebens zu erreichen. Dabei werden weder die Verkehrsteilnehmer untragbaren Konsequenzen ausgesetzt, noch wird den Tätern ein Freibrief erteilt. Da es um abstrakt gefährdende Handlungen geht, sind diese grundsätzlich gegenüber allein in Betracht kommenden Rechtsgütern sorgfaltswidrig. Die Pflicht zur Sorgfalt besteht nur nicht partiell gegenüber bestimmten Rechtsgütern, von denen noch nicht sicher ist, ob sie von ihren Inhabern auch tatsächlich der Gefährdung ausgesetzt werden. Sofern also ein rechtskundiger Täter auf einen solchen Sachverhalt hinspekulieren sollte, würde er das Risiko tragen, daß dann der Rechtsgutsinhaber doch nicht, zumindest nicht bewußt, sein Rechtsgut der Gefährdung aussetzt. Dann würde der Täter bestraft, und zwar aus dem gleichen Grunde wie der Täter beim Fahr-

---

[208] Siehe oben S. 41.
[209] Siehe oben S. 42.

lässigkeitsdelikt überhaupt, der sich sorgfaltswidrig verhält und zu Unrecht darauf hofft, daß der Erfolg nicht eintreten werde. Soweit jemand eine solche auf ihn zukommende Gefährdung erkannt hat und sich ihr trotzdem aussetzt, erscheint es nur gerecht, ihn als einen der Rechtsgutsinhaber anzusehen, denen gegenüber eine Sorgfaltspflicht bestand.

IV. Erlaubtes Risiko und Sozialadäquanz

Die vorliegende Untersuchung hat schließlich zwischen den Sachverhalten unterschieden, in denen Rechtsgenossen die anderen Rechtsgenossen ohne Rücksicht auf deren Interessen aus Gründen der Verkehrsnotwendigkeit einer Gefährdung aussetzen dürfen, *und* den Sachverhalten, in denen ihnen das nur bei einer entsprechenden Interessenpreisgabe der Rechtsgutsinhaber gestattet werden darf. Dabei wurde versucht, das wegen seiner Sozialerforderlichkeit „erlaubte Risiko" mit festen Konturen einzugrenzen. Das erschien sinnvoll, um einen schillernden Begriff auf seinen Grundgedanken zurückzuführen und ihn aus seiner verwirrenden Verflechtung mit Begriffen wie „Sozialadäquanz", „verkehrsrichtiges Verhalten", „Vertrauensgrundsatz" und „Einwilligung des Verletzten" zu lösen.

Der Sozialadäquanz ist nur ein beschränkter Anwendungsbereich in den Fällen der „verkehrstypischen Eigengefährdungen" zugewiesen worden. Ob sie bei den Fahrlässigkeitsdelikten noch zusätzliche Bedeutung besitzt, mußte bezweifelt werden: die vielfach als sozialadäquat bezeichneten Gefährdungen bei Spiel, Sport und Unterhaltung ziehen ihre Zulässigkeit aus dem Verhalten des Verletzten; die „an der Schwelle des Unrechts"[210] stehenden Beeinträchtigungen sind entweder gar nicht als „gefährdend" anzusehen, oder ihnen stehen ebenfalls relevante Interessenpreisgaben der Rechtsgutsinhaber gegenüber, oder es besteht kein Grund, den Rechtsgutsinhabern diese Gefährdungen aufzuzwingen.

---

[210] *Schaffstein*, ZStW 72, 374.

Literaturverzeichnis

Allfeld: Lehrbuch des Deutschen Strafrechts, 9. Auflage des von Hugo Meyer begründeten Lehrbuchs, Allgemeiner Teil, Leipzig 1934.

Alsen: Die Bedeutung der Einwilligung bei der Körperverletzung, Dissertation Köln, Würzburg 1933.

Arzt: Willensmängel bei der Einwilligung, Frankfurt 1970.

von Bar: Gesetz und Schuld im Strafrecht, Band III: Die Befreiung von Schuld und Strafe durch das Strafgesetz, Berlin 1909.

Bassenge: Der allgemeine strafrechtliche Gefahrbegriff und seine Anwendung im zweiten Teil des Strafgesetzbuches und in den strafrechtlichen Nebengesetzen, Dissertation, Bonn 1961.

Baumann: Strafrecht, Allgemeiner Teil, Lehrbuch, 5. Auflage, Bielefeld 1968.

— Schuld und Verantwortung, JZ 1962, 41.

Baumann, Oberstlandesgerichtsrat: Kausalzusammenhang bei Fahrlässigkeitsdelikten, DAR 1955, 210.

Bechtold: Die Wirkung der Einwilligung des Verletzten, Dissertation, Köln 1962.

Beitzke: Anmerkung zum Urteil des BGH vom 25. 3. 1958, MDR 1958, 678.

Beling: Grundzüge des Strafrechts, 11. Auflage, Tübingen 1930.

Bemann: Das durchgehende Gespann — Zur Problematik des Schmerzensgeldanspruches, VersR 1958, 583.

Bettermann: Anmerkung zum Beschluß des BGH (GZS) vom 4. 3. 1957, NJW 57, 986.

Bickelhaupt: Einwilligung in die Trunkenheitsfahrt, NJW 1967, 713.

Binding: Die Normen und ihre Übertretung, Band IV: Die Fahrlässigkeit, Leipzig 1919.

Blanke: Die subjektiven Rechtfertigungselemente, Dissertation, Bonn 1960.

Bockelmann: Operativer Eingriff und Einwilligung des Verletzten, JZ 1962, 525.

— Verkehrsstrafrechtliche Aufsätze und Vorträge, Hamburg 1967.

Böhmer, Emil: „Normale" und „ungewöhnliche" Gefahren bei Gefälligkeitsfahrten, MDR 1958, 896.

— Zum Begriff des Handelns auf eigene Gefahr im Verkehrsrecht, VersR 1957, 205.

— Bei Sichbegeben in eine erlaubte Gefahr ist § 254 BGB anzuwenden, MDR 1961, 661.

Literaturverzeichnis

Böhmer, Emil: Anwendung des Mitverschuldens als Ausfluß des Verbots widersprüchlichen Verhaltens, VersR 1961, 771.

— Zum Begriff der Gefälligkeitsfahrt, JR 1957, 338.

Boldt: Zur Struktur der Fahrlässigkeitstat, ZStW 68, 335.

Breithaupt: Volenti non fit iniuria, Berlin 1891.

Bühring: Die rechtliche Bedeutung der Einwilligung des Verletzten bei der Körperverletzung nach geltendem deutschem Strafrecht, Dissertation, Göttingen 1920.

Creifelds: Wird bei einem Verstoß gegen die guten Sitten die Einwilligung im Strafrecht irrelevant? Breslau 1929.

Cüppers: Anmerkung zum Urteil des OLG Frankfurt (Main) vom 12. 7. 1949, NJW 1950, 119.

Dalcke - Fuhrmann - Schäfer: Strafrecht und Strafverfahren, 37. Aufl., Berlin 1961.

Deutsch: Fahrlässigkeit und erforderliche Sorgfalt, Eine privatrechtl. Untersuchung, Köln, Berlin, Bonn, München 1963.

Doerr: Deutsches Strafrecht, Allgemeiner Teil, Stuttgart 1930.

Dohmen: Für und wider den Rechtfertigungsgrund des verkehrsrichtigen Verhaltens, Dissertation, Köln 1965.

Dohna, Graf zu: Zum neuesten Stand der Schuldlehre, ZStW 32, 323.

Dreher: Strafgesetzbuch, 33. Aufl., München 1972.

Engisch: Untersuchungen über Vorsatz und Fahrlässigkeit im Strafrecht, Berlin 1930.

— Die Kausalität als Merkmal der strafrechtlichen Tatbestände, Tübingen 1931.

— Der Unrechtstatbestand im Strafrecht, in: Hundert Jahre deutsches Strafrecht, Festschrift zum hundertjährigen Bestehen des deutschen Juristentages, Bd. I, S. 401, Karlsruhe 1960.

Exner: Fahrlässiges Zusammenwirken, Festgabe für Reinhard von Frank, Band 1, S. 569, Tübingen 1930.

Flad: Handeln auf eigene Gefahr, Recht 1919, Sp. 13.

Flume: Anmerkung zum Urteil des BGH vom 14. 3. 1961, JZ 1961, 605.

Frank: Das Strafgesetzbuch für das Deutsche Reich, 18. Aufl., Tübingen 1931.

Fuchs: Trunkenheit am Steuer und Einwilligung des Fahrgastes, DAR 1956, 149.

Gallas: Zum gegenwärtigen Stand der Lehre vom Verbrechen, ZStW 67, 1.

Geerds: Einwilligung und Einverständnis des Verletzten im Strafgesetzentwurf, ZStW 72, 42.

— Einwilligung und Einverständnis des Verletzten, Dissertation, Kiel 1953.

Geigel: Der Haftpflichtprozeß, 12. Aufl., München und Berlin 1964.

Geilen: Einwilligung und ärztliche Aufklärungspflicht, Bielefeld 1963.

Geppert: Rechtfertigende „Einwilligung" des verletzten Mitfahrers bei Fahrlässigkeitsstraftaten im Straßenverkehr?, ZStW 83, 948.

Gerhardt: Handeln auf eigene Gefahr, Dissertation, Göttingen 1962.

Gerland: Die Selbstverletzung und die Verletzung des Einwilligenden, VDA II, 487, Berlin 1908.

Geyer: Urteilsanmerkung, LM Nr. 8 zu § 226 a.

Grünwald: Das unechte Unterlassungsdelikt, ungedr. Dissertation, Göttingen 1957.

— Die Aufklärungspflicht des Arztes, ZStW 73, 5.

Gülde: Anmerkung zum Urteil des OLG Düsseldorf, DAR 1951, 160.

Haase: Anmerkung zum Beschluß des BGH (GZS) vom 4. 3. 1957, NJW 1957, 1315.

Haefliger: Über die Einwilligung des Verletzten im Strafrecht, Schweizerische Zeitschrift für Strafrecht, 1952, 92.

Hälschner: Der Zweikampf im Verhältnis zur Tötung und Körperverletzung, GS 35, 161.

Hall, K. A.: Fahrlässigkeit im Vorsatz, Marburg 1959.

Hansen: Die Einwilligung des Verletzten bei Fahrlässigkeitsdelikten, im besonderen das bewußte Eingehen eines Risikos durch den Geschädigten, Dissertation, Bonn 1963.

Hardwig: Die Zurechnung, Hamburg 1957.

Hartung: Schlägermensur und Strafrecht, NJW 1954, 1225.

Hartwig: Die Körperverletzung des Einwilligenden nach dem Strafgesetzbuch, GS 82, 301 und 83, 27.

Henkel: Zumutbarkeit und Unzumutbarkeit als regulatives Rechtsprinzip, Festschrift für Edmund Mezger, S. 249, München und Berlin 1954.

von Hippel: Lehrbuch des Strafrechts, Berlin 1932.

Hirsch: Die Lehre von den negativen Tatbestandsmerkmalen, Bonn 1960.

— Soziale Adäquanz und Unrechtslehre, ZStW 74, 78.

Hofer: Die Einwilligung des Verletzten, Dissertation, Zürich 1906.

Honig: Die Einwilligung des Verletzten, Teil I: Die Geschichte des Einwilligungsproblems und die Methodenfrage, Mannheim, Berlin, Leipzig 1919.

Horn: Untersuchungen zur Struktur der Rechtswidrigkeit, Berlin 1962.

Jagusch: Straßenverkehrsrecht, 19. Aufl., München 1971.

Jakobs: Studien zum fahrlässigen Erfolgsdelikt, Berlin 1972.

Jescheck: Lehrbuch des Strafrechts, Allgemeiner Teil, 2. Aufl., Berlin 1972.

— Aufbau und Behandlung der Fahrlässigkeit im modernen Strafrecht, Freiburg im Breisgau 1965, Zitierweise: „Aufbau".

Joski: Die Einwilligung des Verletzten, Dissertation, Erlangen 1899.

Kaufmann, Armin: Lebendiges und Totes in Bindings Normentheorie — Normlogik und Strafrechtsdogmatik, Göttingen 1954 (Zitierweise: „Normentheorie").

— Das fahrlässige Delikt, Zeitschrift für Rechtsvergleichung (ZfRV), Wien 1964, 41.

Kaufmann, Armin: Die Dogmatik der Unterlassungsdelikte, Göttingen 1959.

Keßler: Die Einwilligung des Verletzten in ihrer strafrechtlichen Bedeutung, Berlin und Leipzig 1884.

Kienapfel: Das erlaubte Risiko im Strafrecht, Frankfurt (Main) 1966.

Kientzy: Der Mangel am Straftatbestand infolge Einwilligung des Rechtsgutsträgers, Tübingen 1970.

Klee: Selbstverletzung und Verletzung eines Einwilligenden, GA 48, 177; 337 u. 49, 248.

Klöne: Die Tatfahrlässigkeit im Aufbau der Straftat, Dissertation, Hamburg 1964.

Klug: Sozialkongruenz und Sozialadäquanz im Strafrechtssystem, Festschrift für Eberhard Schmidt, S. 249, Göttingen 1961.

Köhler: Deutsches Strafrecht, Allgemeiner Teil, Leipzig 1917.

Kohlhaas: Strafrechtlich wirksame Einwilligung bei Fahrlässigkeitstaten? DAR 1960, 348.

Kohlrausch - Lange: Strafgesetzbuch mit Erläuterungen und Nebengesetzen, 43. Aufl., Berlin 1961.

Krauß: Erfolgsunwert und Handlungsunwert im Unrecht, ZStW 76, 19.

Krumme: Urteilsanmerkung zu BGH LM Nr. 2 zu § 226 a.

Lackner: Das konkrete Gefährdungsdelikt im Verkehrsstrafrecht, Berlin 1967.

Lackner - Maassen: Strafgesetzbuch mit Erläuterungen, 7. Aufl., München 1972.

Lange: Herrschaft und Verfall der Lehre vom adäquaten Kausalzusammenhang, AcP 156, 114.

Langrock: Zur Einwilligung in die Verkehrsgefährdung — BGH, MDR 1970, 689; MDR 1970, 982.

Larenz: Allgemeiner Teil des deutschen bürgerlichen Rechts, 2. Aufl., München 1972; Lehrbuch des Schuldrechts, II. Band, Besonderer Teil, 10 Aufl., München 1972.

Leipziger Kommentar: Begründet von Ebermayer, Lobe, Rosenberg, herausgegeben von Nagler, 6. Aufl., Berlin 1944; Strafgesetzbuch, begründet von Ebermayer, Lobe, Rosenberg, fortgeführt von Nagler, 8. Aufl., herausgegeben von Jagusch, Mezger, Schaefer und Werner, 1. Band, Berlin 1957, 2. Band, Berlin 1958; Strafgesetzbuch, begründet von Ebermayer, Lobe, Rosenberg, 9. Aufl., herausgegeben von Baldur und Willms, Berlin, New York, 1972 und 1973, zitierte Bearbeiter: Hirsch, Lange, Rüth.

Lenckner: Der rechtfertigende Notstand, Tübingen 1965.

— Die Einwilligung Minderjähriger und deren gesetzlicher Vertreter, ZStW 72, 446.

von Liszt-Schmidt: Lehrbuch des deutschen Strafrechts, 26. Aufl., 1. Band, Berlin 1932.

Lorenz: Der Maßstab des einsichtigen Menschen, Dissertation, München 1964.

Mahling: Die strafrechtliche Bedeutung von Sportverletzungen, Dissertation, Berlin 1939.

Maihofer: Zur Systematik der Fahrlässigkeit, ZStW 70, 159.

Maurach: Deutsches Strafrecht, Lehrbuch, Allgemeiner Teil, 4. Aufl., Karlsruhe 1971; Besonderer Teil, 5. Aufl., Karlsruhe 1969.

May: Das verkehrsrichtige Verhalten als Rechtfertigungsgrund, NJW 1958, 1262.

Mayer, Hellmuth: Strafrecht, Allgemeiner Teil, Stuttgart und Köln 1953.

— Strafrecht, Allgemeiner Teil, Studienbuch, Stuttgart, Berlin, Köln, Mainz 1967.

Mayer, Max Ernst: Der allgemeine Teil des Deutschen Strafrechts, Heidelberg 1919.

Mergenthaler: Das „verkehrsrichtige Verhalten", JZ 1962, 53.

Mezger: Strafrecht, Ein Lehrbuch, 2. Aufl., München und Leipzig 1933. Zitierweise: „LB".

— Studienbuch, Band 1, Allgemeiner Teil, 9. Aufl., München und Berlin 1960.

— Die subjektiven Unrechtselemente, GS 89, 207.

Mezger - Blei: Strafrecht I, Allgemeiner Teil, Studienbuch, 14. Aufl., München 1970. Zitierweise: „StuB I".

— Strafrecht II, Besonderer Teil, 9. Aufl., München 1966, Zitierweise: „StuB II".

Müller, M. L.: Die Bedeutung des Kausalzusammenhangs im Straf- und Schadensersatzrecht, Tübingen 1912.

Münzberg: Verhalten und Erfolg als Grundlagen der Rechtswidrigkeit und Haftung, Frankfurt (Main) 1966.

Niese: Die moderne Strafrechtsdogmatik und das Zivilrecht, JZ 1956, 457.

— Finalität, Vorsatz und Fahrlässigkeit, Tübingen 1951.

— Ein Beitrag zur Lehre vom ärztlichen Heileingriff. Festschrift für Eb. Schmidt, S. 364, Göttingen 1961.

Nipperdey: Rechtswidrigkeit, Sozialadäquanz, Fahrlässigkeit, Schuld im Zivilrecht, NJW 1957, 1777.

Noll: Übergesetzliche Rechtfertigungsgründe, im besonderen die Einwilligung des Verletzten, Basel 1955. Zitierweise: „Noll".

— Tatbestand und Rechtswidrigkeit: Die Wertabwägung als Prinzip der Rechtfertigung, ZStW 77, 1.

Nowakowski: Zu Welzels Lehre von der Fahrlässigkeit, Eine Besprechungsabhandlung, JZ 58, 335; 388.

Oehler: Das objektive Zweckmoment in der rechtswidrigen Handlung, Berlin 1959. Zitierweise: „Zweckmoment".

— Die erlaubte Gefahrsetzung und die Fahrlässigkeit, Festschrift für Eb. Schmidt, Göttingen 1961.

— Das erfolgsqualifizierte Delikt als Gefährdungsdelikt, ZStW 69, 503.

von Olshausen: Kommentar zum Strafgesetzbuch für das Deutsche Reich, 12. Aufl., §§ 1 - 72, Berlin 1942, §§ 184 - 246, Berlin 1944.

Palandt: Bürgerliches Gesetzbuch, bearbeitet von: Danckelmann, Degenhart, Heinrichs, Keidel, Lauterbach, Putzo, Thomas, 32. Aufl., München 1973.

Pfersdorff: Die Einwilligung des Verletzten als Strafausschließungsgrund, Dissertation, Straßburg 1897.

Plümpe: Die Gefährdung im Straßenverkehr (§§ 315 a, 316 II StGB), Dissertation, Bonn 1956.

Rehberg: Zur Lehre vom „Erlaubten Risiko", Zürich 1962.

Renner: Die Einwilligung als Tatbestandsmangel und als Rechtfertigungsgrund, Dissertation, München 1962.

Roedenbeck: „Volenti non fit iniuria" nach der Schrift Keßlers: „Die Einwilligung des Verletzten in ihrer strafrechtlichen Bedeutung". GS 37, 124.

Roeder: Die Einhaltung des sozialadäquaten Risikos und ihr systematischer Standort im Verbrechensaufbau, Berlin 1969.

Rost: Die Rechtfertigungsgründe bei Fahrlässigkeitsdelikten, Dissertation, München 1965.

Rother: Haftungsbeschränkung im Schadensrecht, München und Berlin 1965.

— Adäquanztheorie und Schadensverursachung durch mehrere, NJW 1965, 177.

Roxin: Offene Tatbestände und Rechtspflichtmerkmale, Hamburg 1959, Zitierweise: „Tatbestände".

— Abgrenzung von bedingtem Vorsatz und bewußter Fahrlässigkeit, Jus 1964, 53.

— Täterschaft und Teilnahme, 2. Aufl., Hamburg 1967, Zitierweise: „Täterschaft".

— Pflichtwidrigkeit und Erfolg bei fahrlässigen Delikten, ZStW 74, 411.

von *Rozycki:* Die Einwilligung im Reichsstrafrecht unter besonderer Berücksichtigung der Entwürfe, Dissertation, Königsberg 1928.

Rudolphi: Unrechtsbewußtsein, Verbotsirrtum und Vermeidbarkeit des Verbotsirrtums, Göttingen 1969.

Rutkowsky: Anmerkung zum Urteil des BGH in NJW 1963, 165.

Salm: Das vollendete Verbrechen Teil 1: Über Fahrlässigkeit und Kausalität, Hlbd. 1: Der Tatbestand des fahrlässigen Erfolgsdelikts, Berlin 1963.

Sauer: Allgemeine Strafrechtslehre, 3. Auflage, Berlin 1953.

Schäfer - v. Dohnanyi: Nachtrag zur 18. Auflage des Kommentars zum StGB von R. Frank, Tübingen 1936.

Schaffstein: Soziale Adäquanz und Tatbestandslehre, ZStW 72, 369.

Schaper: Begriff und allgemeiner Tatbestand des Verbrechens, Holtzendorff's Handbuch des deutschen Strafrechts, II. Band, S. 85, Berlin 1871.

Schmidhäuser: Strafrecht, Allgemeiner Teil, Tübingen 1970.

Schmidt, Eberhard: Schlägermensur und Strafrecht, JZ 1954, 369.

— Soziale Handlungslehre, in: Festschrift für Engisch, S. 339, Frankfurt 1969.

Schmitt: Subjektive Rechtfertigungselemente bei Fahrlässigkeitsdelikten? Jus 1963, 64.

Schönke: Strafgesetzbuch, Kommentar, 4. Aufl., München und Berlin 1949.

Schönke - Schröder: Strafgesetzbuch, Kommentar, 16. Aufl., München 1972.

Schöpe: Nochmals: Zum Ausmaß der Kraftfahrerhaftung bei Gefälligkeitsfahrten, MDR 1963, 452.

Schrey: Der Gegenstand der Einwilligung des Verletzten, Breslau 1928.

Schroeder: Sport und Strafrecht, in „Sport und Recht", herausgegeben von Schroeder und Kauffmann, Berlin, New York 1972, S. 21.

Schüler - Springorum: Über Victimologie, Festschrift für Richard M. Honig, Göttingen 1970, S. 201.

Schwab: Die deliktische Haftung bei widerrechtlichem Verweilen des Verletzten im Gefahrenbereich, JZ 1967, 13.

Soergel - Siebert: Bürgerliches Gesetzbuch, Band 2, 10. Aufl. 1967.

Staudinger: Kommentar zum BGB, Band II, Recht der Schuldverhältnisse, 1. Teil, Teil 1 b (§ 242), 11. Aufl., bearbeitet von Weber, Berlin 1961.

Stellrecht: Die Einwilligung bei Fahrlässigkeitsdelikten, Dissertation, Heidelberg 1949.

Stoll, Hans: Das Handeln auf eigene Gefahr, Berlin und Tübingen 1961.

— Zum Rechtfertigungsgrund des verkehrsrichtigen Verhaltens, JZ 1958, 137.

Stratenwerth: Die Bedeutung der finalen Handlungslehre für das Schweizerische Strafrecht, SchwZStr 81, 179.

— Entwicklungstendenzen der neueren deutschen Strafrechtsdogmatik, Juristenjahrbuch 1961/2, S. 211.

— Prinzipien der Rechtfertigung, ZStW 68, 41.

— Arbeitsteilung und ärztliche Sorgfaltspflicht, Festschrift für Eb. Schmidt, S. 383, Göttingen 1961.

— Strafrecht, Allgemeiner Teil I, Köln, Berlin, Bonn, München 1971, Zitierweise: „LB".

Traeger: Die Einwilligung des Verletzten und andere Unrechtsausschließungsgründe im zukünftigen Strafgesetz, GS 94, 113.

Ulsenheimer: Das Verhältnis zwischen Pflichtwidrigkeit und Erfolg bei den Fahrlässigkeitsdelikten, Bonn 1965.

Wangemann: Handeln auf eigene Gefahr, NJW 1955, 85.

— Handeln auf eigene Gefahr und Verschuldenshaftung, MDR 1956, 385.

Wachenfeld: Lehrbuch des Deutschen Strafrechts, München 1914.

von Weber: Grundriß des deutschen Strafrechts, 2. Aufl., Bonn 1948.

Wegner: Strafrecht, Allgemeiner Teil, Göttingen 1951.

Weigelt: Streiflichter, in: DAR 1957, 232.

— Körperverletzung mit Einwilligung des Verletzten, DAR 1962, 233.

Welzel: Das deutsche Strafrecht, 8. Aufl., Berlin 1963, 11. Aufl., Berlin 1969, Zitierweise: „LB".

Welzel: Das neue Bild des Strafrechtssystems, 4. Aufl., Göttingen 1961, Zitierweise: „Das neue Bild".

— Fahrlässigkeit und Verkehrsdelikte, Karlsruhe 1961. Zitierweise: „Verkehrsdelikte".

Wessels: Strafrecht, Allgemeiner Teil, 2. Aufl., Karlsruhe 1972.

Wiethölter: Der Rechtfertigungsgrund des verkehrsrichtigen Verhaltens, Karlsruhe 1960.

Wimmer: Die Fahrlässigkeit beim Verletzungsdelikt, ZStW 70, 196.

Wussow: Zur Lehre von der Sozialadäquanz, NJW 1958, 891.

Zipf: Einwilligung und Risikoübernahme im Strafrecht, Neuwied und Berlin 1970.

Zippelius: Erfolgsunwert oder Handlungsunrecht, NJW 1957, 1707.

Printed by Libri Plureos GmbH
in Hamburg, Germany